Arthur L. Williams

# Das Prinzip Gewinnen

mvg
Wir geben Antworten

# Business Training

Brian Tracy
**Verkaufsstrategien für Gewinner**
Was erfolgreiche Verkäufer besser machen können
Taschenbuch

ISBN 3-478-81249-6

Dr. Sonja A. Buholzer
**Frauen starten durch**
Erfolgsstrategien für Gewinnerinnen
Taschenbuch

ISBN 3-478-81240-2

Daniel Zanetti
**1001 Tipps zur Mitarbeitermotivation**
Verblüffende Ideen für einen motivierenden Alltag
Taschenbuch

ISBN 3-478-81254-2

Klaus D. Tumuscheidt
**Überleben im Projekt**
10 Projektfallen und wie man sie umgeht
Taschenbuch

ISBN 3-478-81255-0

Joseph T. Straub
**Jetzt bin ich Chef**
Der Survival-Guide für die ersten Monate
Taschenbuch

ISBN 3-478-81242-9

Judi James
**Power Image**
Mehr Erfolg durch positive Ausstrahlung und überzeugendes Auftreten
Taschenbuch

ISBN 3-478-81250-X

**Jetzt bei Ihrem Buchhändler**

**www.mvg-verlag.de**
**86895 Landsberg**

Arthur L. Williams

# Das Prinzip Gewinnen

Tun Sie alles, was Sie tun können,
und Sie werden alles erreichen!

mvg

Die Deutsche Bibliothek – CIP-Einheitsaufnahme

**Williams, Arthur L.:**
Das Prinzip Gewinnen: tun Sie alles, was Sie tun können, und Sie werden alles erreichen! Arthur L. Williams. [Aus d. Amerikan. übertr. von Miriam Magall]. – Sonderausg. – Landsberg am Lech : mvg, 2001
(mvg-Paperbacks ; 08874)
Einheitssacht.: All you can do is all you can do <dt.>
ISBN 3-478-08874-7

*Für meine Angela*
*Sie fiel mir in der zweiten Klasse ins Auge*
*und ist seither die Frau meines Herzens.*
*Sie ist die perfekteste Frau,*
*die Gott je einem Mann gab.*

1.–12. Auflage erschienen unter ISBN 3-478-81123-6



Umschlaggestaltung: Vierthaler & Braun, München
Satz: SatzStudio Pfeifer, Gräfelfing
Druck- und Bindearbeiten: Ebner Ulm
Printed in Germany 08874/701702
ISBN 3-478-08874-7

# Inhalt

# Vorwort

Dies ist das Buch einer wahren amerikanischen Erfolgsstory. Als ich Art Williams kennenlernte, war ich Vorsitzender des Verbraucherschutzverbandes in Georgia. Zu jenem Zeitpunkt war Art bereits Multimillionär, allerdings wäre ich nie darauf gekommen, hätte man es mir nicht vorher gesagt. Sein einfaches Verhalten war entwaffnend. Sein zerknittertes weißes Hemd mit der gelockerten Krawatte und der Freizeithose entsprachen nicht dem Bild, das man sich damals – und auch heute noch – von einem erfolgreichen Menschen machte. Seine offene, herzliche Art unterschied sich völlig von dem eher abweisenden, vorsichtigen Verhalten, das ich im Umgang mit anderen Unternehmensleitern kennengelernt hatte.

„Sie und ich wollen nur das Beste für den Verbraucher", erklärte er mir. Diese Worte eines Geschäftsmannes nahm ich anfänglich mit jener Skepsis auf, wie man sie von einem Verbraucheranwalt erwartet. Aber im Laufe der weiteren Bekanntschaft mit Art Williams verschwand meine anfängliche Skepsis.

Bereits bei unserem ersten Gespräch erwähnte er, daß sein Unternehmen, die A. L. Williams, die *Prudential* bald mit ihren Versicherungsverträgen überflügeln werde. Ich dachte mir, „da will es ein Neuling mit einer der größten, ältesten, ehrwürdigsten und fest etablierten Branchen mit über 2 000 Firmen aufnehmen und sie auf den Kopf stellen, um Nummer Eins zu werden. Na denn, viel Glück!"

Und was ist seither geschehen? Heute verkauft die A. L. Williams nicht nur mehr Versicherungsverträge als *Prudential*, sondern auch mehr als einige der größten Lebensversicherungsgesellschaften *zusammengenommen*. 1987 allein schloß die A. L. Williams Lebensversicherungsverträge in der schwindelerregenden Höhe von 81 Milliarden Dollar ab – *Prudential*, der bisherige Marktführer, erzielte nur 26,5 Milliarden Dollar. Damit übertraf A. L. Williams Unternehmen, deren Namen seit den Anfängen des Versicherungswesens ein fester Begriff waren.

Alles begann 1977, als Art – ein erfolgreicher Footballtrainer, aus dem erst ein erfolgreicher Verkäufer, dann ein erfolgreicher Geschäftsführer geworden war – zusammen mit 85 anderen Personen ein eigenes Unternehmen gründete. Viele in dieser Gruppe waren, wie Art, vorher Lehrer und Trainer an einer Oberschule gewesen. Zu Beginn sah es nicht danach aus, daß sie bald Erfolg haben würden.

Sie beschlossen, auf die üblichen Verträge im Versicherungsgeschäft zu verzichten und statt dessen *Risikolebensversicherungen* und *Investitionen* anzubieten. Schließlich führte diese Idee zu umwälzenden Änderungen in der Versicherungsbranche, die in den USA jahrzehntelang von der Unsicherheit des Verbrauchers profitiert hatte.

Die fünfundachtzig Gründungsmitglieder glaubten an den amerikanischen Traum des persönlichen Erfolgs. Sie wollten ihr eigener Herr sein, ein eigenes Unternehmen aufbauen, über das sie selbst bestimmen konnten, und sie wollten ihren Familien finanzielle Unabhängigkeit sichern.

Der Traum wurde wahr. Anfang 1988 gab es bei der A. L. Williams über fünfhundert Menschen mit einem sechsstelligen Einkommen und mehr tatsächliche Millionäre als in jedem anderen knapp zehnjährigen Unternehmen.

Darüber hinaus ist die A. L. Williams heute der größte Verband finanzieller Dienstleistungen der Welt; ein dynamisches Netz von Menschen, das sich von Kanada bis Puerto Rico und Guam über die gesamten Vereinigten Staaten erstreckt – eine beispiellose Erfolgsgeschichte.

Enthält die Geschichte über A. L. Williams auch Lektionen, die Ihnen nützen können? Ich glaube schon. In diesem Buch finden Sie die Geheimnisse, die aus jedem Menschen einen Gewinner machen können. Dazu gehören die von Art Williams sein ganzes Leben lang vertretenen Anschauungen. Wenn Sie seine einfach dargelegten, freimütigen Gedanken und Vorstellungen lesen, erkennen Sie schnell, daß er ein schöpferisch veranlagter Mensch ist. Er findet neue, ungewöhnliche Wege zum Erfolg für Menschen, die vielleicht sonst nie den Weg in die erträumte Position in der Geschäftswelt gefunden hätten.

Bevor Sie weiterlesen, zwei kurze Warnungen:

*Erstens*, dieses Buch ist kein Rezept für den schnellen Weg zum Reichtum. Obwohl Art Williams häufig Ausdrücke und Beispiele aus dem Sport verwendet, strebt er nicht die Weltmeisterschaft an. Seine Theorie für den Erfolg sieht eher methodisches Arbeiten und „sich-an-den-Spielplan-halten“ vor sowie positives Denken und Durchführen! Durchführen! Durchführen!

*Zweitens*, dieses Buch ist nicht unbedingt für jedermann geeignet. Es enthält ungewöhnliche Gedanken darüber, wer in der Geschäftswelt ein Gewinner sein kann.

Und das ist nicht ungefährlich, denn diese Gedanken sind höchst ansteckend. Stellen Sie sich also darauf ein, Ihr ganzes Leben von Grund auf zu ändern, schon wenn Sie sich in das erste Kapitel vertiefen!

*Dr. phil. Tim Ryles*,
*Anwalt für Verbraucherfragen*

# Einleitung

Sie kennen jene Mitmenschen? Sie stammen aus privilegierten Verhältnissen, ihre Eltern haben ein Universitätsdiplom, üben einen freien Beruf aus oder sind von Haus aus vermögend. Selbstverständlich waren sie auf der Universität.

Sie sind groß, schlank, sehen gut aus und sind bestens angezogen. Ihre charismatische Persönlichkeit bringt ihnen Achtung und Bewunderung ein. Sie haben Erfolg in allem, was sie in Angriff nehmen, vom Tennis bis zu ihren geschäftlichen Unternehmungen. Sie haben eine hübsche Frau und phantastische Kinder. Alles an ihnen ist perfekt.

Ich bin sicher, daß Sie solche Menschen kennen, den einen oder anderen sogar persönlich. Das sind die Menschen, die *Glück haben*. Man weiß einfach, daß aus ihnen einmal etwas wird – schon von klein auf, denn von ihnen *erwartet man*, daß sie erfolgreich sind.

Jetzt stelle ich Ihnen einen anderen Menschen vor. Man könnte ihn eher als untersetzt bezeichnen, er sieht auch nicht besonders gut aus. Wenn Sie ihm auf der Straße begegneten, würden Sie sich bestimmt nicht nach ihm umdrehen. Er war ein Durchschnittsschüler, und er kommt aus einer durchschnittlichen Familie. In der Schule war er ein ganz guter Sportler, aber er kann nicht einmal Tennis spielen.

Diese zweite Person wird Ihnen vielleicht bekannt vorkommen, vielleicht ähneln Sie ihr – auf jeden Fall trifft die Beschreibung haargenau auf mich zu. Was kann aus einem Durchschnittsmenschen schon werden? Ich will es Ihnen sagen:

Ich leite heute eines der am schnellsten wachsenden Unternehmen in Amerika: Mein Unternehmen hat allein 1987 private Lebensversicherungen im Wert von 81 Milliarden Dollar abgeschlossen; mein Unternehmen hat Büros in 49 Staaten der USA sowie in Puerto Rico, Guam und Kanada. Im Alter von 33 Jahren gründete ich meine eigene Gesellschaft und mit 37 war ich Millionär.

Mein Unternehmen, die A. L. Williams, hat während seines zehnjährigen Bestehens mehr Manager mit einem sechsstelligen Einkommen und mehr Millionäre hervorgebracht als jedes andere Unternehmen in der amerikanischen Geschäftswelt.

Wie kam es dazu, und wie hat es jemand wie ich, der nur wenige Jahre zuvor noch Football-Trainer war und gerade ein Jahreseinkommen von 10 700 Dollar hatte, in der amerikanischen Unternehmenswelt „geschafft"?

Genau darum geht es in diesem Buch, es handelt von einem Mann, der eigentlich nicht gewinnen sollte. Ich hatte anfangs den ironischen Titel wählen wollen „Wie man gewinnt, wenn man so aussieht wie ich".

Wer sagte, Art Williams darf eigentlich kein Gewinner sein? Nun, praktisch alle: die Gesellschaft, meine Freunde und Nachbarn und sogar die meisten Verwandten – und das Schlimmste war, ich pflichtete ihnen bei. Dort, wo ich herkomme, wird jemand wie Art Williams nicht so einfach Millionär, er fährt auch kein Auto der Oberklasse, und er leitet kein Riesenunternehmen. Er macht alles im kleinen. Niemand erwartet mehr von ihm.

Aber warum ist das so? Warum wollte das Schicksal einen durchschnittlichen, einen unauffälligen Art Williams? Warum erwartete man von ihm, sich mit einem bescheidenen Lebensstandard zufriedenzugeben und sich mit dem zu begnügen, was das Schicksal ihm zuzuschieben gedachte?

Darauf will ich in diesem Buch antworten. Und ich möchte erklären, warum Art Williams *es doch geschafft hat*.

Ich habe dieses Buch geschrieben, weil ich nicht dabei zusehen will, wie Menschen durch vorgefaßte Meinungen „erschlagen" werden. Ich war frustriert, wenn ich mit ansehen mußte, wie die von mir trainierten Jugendlichen voller Hoffnungen und mit großen Träumen ihren Abschluß machten und dann in der Welt dermaßen schnell kleingemacht wurden, daß sie aufgaben, noch bevor sie angefangen hatten.

Ich wollte auch nicht weiter mit ansehen, wie Menschen zu arbeiten anfangen, brennend gerne etwas Besonderes in ihrem Leben beginnen wollen, dennoch aber fast Todesangst davor haben, weil sie glauben, die entsprechende Bildung, Abstammung oder das richtige Auftreten nicht zu haben.

Vor nunmehr 20 Jahren betrat ich die Geschäftswelt als Teilzeitvertreter eines Unternehmens, das befristete Versicherungen und Investitionen anbot. Damals entdeckte ich einige faszinierende Dinge, die ich mit Menschen wie Ihnen teilen möchte. Ich sah, daß man zum Erfolg keine außergewöhnlichen Fähigkeiten braucht. Auch als der allergewöhnlichste Mensch der Welt kann man etwas Ungewöhnliches aus seinem Leben machen.

Ich deckte ein paar Geheimnisse auf, die hinter jedem Gewinner stehen, und ich fand einige Methoden, mit denen es bei gewöhnlichen Menschen wie mir klappt, also Menschen, deren einziger Antrieb die Bereitschaft zu arbeiten ist und der brennende Wunsch, „jemand zu sein“. Ich möchte diese Geheimnisse mit jenen teilen, die – genau wie ich noch vor kurzer Zeit – dort draußen stehen und darauf brennen, aus ihrem Leben etwas Besonderes zu machen, ohne zu wissen, wie sie es anfangen sollen.

Viele stimulierende Ratgeber und Selbsthilfebücher hinterlassen in mir ein Gefühl der Leere. Zahlreiche Verfasser haben in irgendeinem Bereich als einzelne Erfolg gehabt, oder aber sie verstehen es großartig, Geschichten zu erzählen oder andere zu motivieren. Einige Autoren haben ziemlich aufwendige Theorien über den Erfolg entwickelt.

Störend ist dabei die Tatsache, daß viele dieser Menschen zwar wirklich selbst Erfolg hatten, aber bei den meisten weist nichts darauf hin, daß sie auch anderen zu Erfolg verholfen haben. Diese Menschen können zwar ihre eigene einmalige Geschichte erzählen, das bedeutet aber noch lange nicht, daß auch Sie ihren Weg zum Erfolg beschreiten können.

Das ist genauso wie mit den Diätbüchern. Jemand verliert

nach einiger Anstrengung Gewicht und schreibt anschließend ein Buch darüber. In jeder Buchhandlung gibt es Hunderte davon. Aber mit den meisten Schlankheitskuren erzielt man nicht den gewünschten Erfolg. Die offiziellen Statistiken zeigen deutlich, daß jeweils nur eine von 200 Personen, die sich einer Schlankheitskur unterziehen, auch Erfolg damit hat – auch noch ein Jahr später.

Das gleiche kann einem auch mit Selbsthilfebüchern passieren. Meiner Ansicht nach können nur wenige Leser daraus dauerhaften Gewinn ziehen. Warum ist das so? Weil diese Methoden sich nicht auf einer breiten Skala bewährt haben; nur allzuoft hat man es mit Hirngespinsten und unrealistischen Theorien zu tun.

Im Unterschied dazu haben sich die in diesem Buch beschriebenen Grundsätze bewährt, denn das System als solches hat sich bewährt, nicht nur in *meinem* Leben, sondern auch im Leben *Tausender* anderer Menschen. Dieses System war also nicht nur für eine Person zu einem bestimmten Zeitpunkt und an einem bestimmten Ort gültig; es hat bei vielen verschiedenen Menschen in vielen verschiedenen Situationen funktioniert – und über einen längeren Zeitraum hinweg. Hier nur einige Beispiele:

Rusty Crossland war Lehrer und Trainer mit einem Jahresgehalt von 10 000 Dollar, als er seine Arbeit bei der A. L. Williams aufnahm. Er folgte den Grundsätzen dieses Buches, und heute besitzt Rusty ein millionenschweres Geschäft mit einem Einkommen von 918 515 Dollar allein im Jahr 1987.

Lawrence Walker war Universitätsstudent ohne jedes Einkommen, als er Ernst damit machte zu gewinnen. Im vergangenen Jahr verdiente er 291 082 Dollar und wurde einer unserer landesweiten Verkaufsleiter.

Brenda Sharp brachte ihr Geschäft in Pasadena, Kalifornien, 1987 206 135 Dollar ein – ein ganz erheblicher Sprung von ihrem früheren Einkommen von 23 000 Dollar jährlich als Hauswirtschafterin.

Jerry Dancer arbeitete als Laborant in Phoenix mit einem Jahreseinkommen von 15 000 Dollar, als er diese Grundsätze anwendete. Heute jongliert er mit einem sechsstelligen Geschäftseinkommen.

Hubert Humphry aus Atlanta war Eisenbahningenieur, als er zum erstenmal vom Erfolg anderer in unserem Unternehmen hörte. Die 18 000 Dollar, die er bei der Eisenbahn verdiente, galten damals als annehmbares Einkommen; aber die 1 500 000 Dollar, die ihm sein Geschäft vergangenes Jahr brachte, gefallen ihm weitaus besser.

Anne Baxter hatte als Hausfrau nie zuvor gearbeitet, als sie wegen familiärer Schwierigkeiten plötzlich Arbeit suchen mußte. Dank der Grundsätze in diesem Buch baute Anne ein eigenes Geschäft auf, und in knapp fünf Jahren verfügte sie über ein Einkommen von 284 620 Dollar.

Diese Personen – und Hunderte andere – bezeugen, daß die Grundsätze hier tatsächlich etwas wert sind, und zwar in *allen* Lebensbereichen. Mit den Grundsätzen, die ich in diesem Buch ausführlich beschreibe, kann man sich eine Spitzenfußballmannschaft, ein erstrangiges Unternehmen oder eine ebenso erstklassige Familie aufbauen.

Gleichgültig, ob man ein Mann oder eine Frau ist, ein Universitätsdiplom besitzt oder nicht, ob man alt oder jung ist – mit diesen Grundsätzen gewinnt man im Leben.

Allerdings möchte ich nicht so verstanden werden, daß Erfolg mit viel Geld gleichzusetzen ist. Man kann im Geschäftsleben und im persönlichen Bereich zur Spitzenklasse gehören, ohne viel Geld zu besitzen. Umgekehrt kann man zwar Multimillionär, aber trotzdem ein Versager sein, wenn der Erfolg nicht auf Integrität, einem guten Charakter und Ehrlichkeit dem Mitmenschen gegenüber beruht. In meinem Selbstverständnis bedeutet Erfolg die Verwirklichung *Ihrer* Lebensziele und -träume, gleichgültig, welcher Art sie sind. Es bedeutet, jemand zu werden, auf den man stolz sein kann; es bedeutet, seinem Leben eine andere Richtung zu geben.

Wenn sie mir gleichen, wenn auch Sie meinen, Sie seien hier auf der Erde, um etwas Besonderes aus Ihrem Leben zu machen, wenn sie stets wie eine Feder angespannt sind und es nicht ertragen können, einfach gewöhnlich und durchschnittlich zu sein, wenn Sie so unbedingt „jemand sein" möchten, daß Sie es kaum mehr aushalten, obwohl Sie ständig hören, das passe gar nicht zu Ihnen, dann ist dieses Buch genau das richtige für Sie. Fangen Sie gleich zu lesen an, und beginnen Sie damit, Ihr Leben in 30 Tagen zu ändern.

Der Satz „*Tun Sie Ihr Bestmögliches – aber nicht weniger –, das ist genug*" ist das Leitmotiv meines Lebens. Es war für mich die bisher größte Offenbarung auf meinem Weg. Rückblickend sieht alles einfach aus, aber ich brauchte Jahre dazu.

Dieses Leitmotiv steht im Mittelpunkt meines Programms auf dem Weg zum Erfolg, und es hat mein Leben verändert. Ich habe gelernt, daß man kein Genie zu sein braucht, um aus seinem Leben etwas Großes zu machen und finanziell unabhängig zu werden. Meine Botschaft ist, daß man immer sein Bestes geben muß und gleichzeitig der bleiben muß, der man ist. Man muß immer so gut sein, wie es nur möglich ist, und das großartige Erlebnis für mich war es zu erkennen, daß das Bestmögliche zu geben für jeden einzelnen von uns wirklich auch ausreicht. Ich bitte alle meine Leser darum, mir zu folgen, denn ich möchte mein System weitergeben an Menschen, die in ihrem Leben gewinnen wollen. Ich weiß, daß dieses System funktioniert, denn ich habe es selbst erleben dürfen. Ich versichere Ihnen, wenn es jemand wie ich schafft, dann schaffen auch Sie es – ungeachtet Ihrer gegenwärtigen Umstände.

Vor allem sollten Sie jetzt gleich damit beginnen: Tun Sie nur Ihr Bestmögliches, und dieses Bestmögliche genau in diesem Augenblick Ihres Lebens wird genug sein, um all das zu erreichen, was Sie sich vorgenommen haben.

*Arthur L. Williams*

Sollten Sie Fragen an den Autor haben, wenden Sie sich bitte an folgende Adresse:

Arthur L. Williams
3473 Satellite Boulevard, Suite 211
Duluth, GA 31136

Alle Tantiemen dieses Buches werden der „A. L. Williams Family and Marriage Resources" im Namen von Angela Hancock Williams als Schenkung überlassen. Sie steht als Inspiration hinter dem Programm – ein gemeinnütziger Verband, der Geschäftsleuten hilft, zu Hause *und* am Arbeitsplatz Erfolg zu haben –, und ich könnte mir keinen besseren Weg vorstellen, um sie zu ehren.

# Kapitel 1
# Jeder möchte jemand sein

*Der Mensch ist, was er denkt.*
*Albert Ellis*

Jeder möchte jemand sein. Das ist eine Tatsache. Ich denke, der Wunsch, jemand sein zu wollen, inspiriert uns alle. Gleichgültig, wer wir sind oder woher wir kommen, ganz tief in unserem Inneren glauben wir, daß wir etwas Besonderes, daß wir anders sind.

Jeder wächst mit diesen Gefühlen auf. Wenn Kinder Cowboy und Indianer spielen, möchte jedes Kind Sheriff sein. Kinder sehen fern, und sie möchten der Astronaut, der Tennisspieler,die Ballerina oder der Arzt sein. Sie sehen die Olympiade im Fernsehen, und sie möchten Ski fahren oder Schlittschuh laufen und eine Goldmedaille gewinnen. Alle Kinder sind Träumer. Das ist bei ihnen so natürlich wie das Atmen.

Kürzlich ließ die Lehrerin einer fünften Klasse ihre Schüler aufschreiben, wie sie sich ihre zukünftige Laufbahn vorstellen. Ihre Antworten zeigen, was ich damit meine.

Der kleinste Junge in der Klasse hatte vor, bei der Olympiade im Schwimmen oder beim Rodeln eine Goldmedaille zu gewinnen!

Zwei Mädchen wollten Präsident der Vereinigten Staaten werden. (Eine zog auch Rechtsanwältin oder Richterin in Betracht.)

Ein Junge schwankte zwischen Filmstar und Rockstar. (Ich glaube, er wird beides.)

Ein Junge zeigte den Ehrgeiz, der mir gefällt: Er wollte Pilot einer F-14 oder Weltraumforscher werden und darüber hinaus „Abwehrspieler bei den Dallas Cowboys, *jede Saison* ein Spitzenspieler und *jedes Jahr* beim Super Bowl dabei sein und *gewinnen*!“

Diese Kinder sind nicht außergewöhnlich. Alle Kinder machen dieses „Wenn-ich-groß-bin"-Spiel mit. Solange sie klein sind, kommt es ihnen nicht in den Sinn, daß sich Hindernisse oder Schranken ihrem Traum in den Weg stellen könnten. Sie sehen nur die Möglichkeiten. Noch haben sie nichts von Verantwortung gehört. Sie wissen auch noch nicht, daß die Gesellschaft jene am wohlwollendsten betrachtet, die nichts in Frage stellen. Und sie haben noch nicht diese Dinge gelernt, die *man* sagt und denkt.

Noch dürfen sie ungehindert die großartigsten Träume haben. Von Einschränkungen haben sie nichts gehört; sie wissen nur, was Wünsche sind. Sie sehen den Weg in ihre Zukunft und eine große offene Tür, die sie dorthin führt.

Warum auch nicht? Alle um sie herum ermutigen sie unermüdlich. Sie leben wie in Watte verpackt, umgeben von Eltern und anderen Erwachsenen, die ihnen unablässig versichern, wie einmalig, wie klug, wie hübsch und wie wundervoll sie sind. Sie kommen sich wie der Mittelpunkt der Welt vor.

## Das „Freitagabend-Gefühl"

Ich habe sieben Jahre an einer Oberschule unterrichtet, und es war eine herrliche Zeit. Als Sportlehrer und Trainer liebte ich ganz besonders die Freitagabende. Die Jungen der Footballmannschaft zogen sich dann um und waren vor dem Spiel ganz aufgeregt vor Anspannung. Die Cheerleaders sprangen auf und ab, die Blaskapelle spielte das Kampflied, und die Fans schrien aus voller Kehle. Alle sahen uns und jubelten uns zu.

Wahrscheinlich trainierte ich deshalb diese Altersgruppe so gerne: Mir gefielen diese jungen Menschen, angefüllt bis zum Rand mit ihren großen Plänen und großen Träumen, bevor sie lernen mußten, wie hart das Leben sein kann.

Zu jenem Zeitpunkt ihres Lebens war die Welt voller Aufregung und neuer Erlebnisse. Das war die Zeit, in der sie begannen, mit Mädchen auszugehen. Sie machten ihren Führerschein; sie schlossen sich einem Athletikteam, einem Klub oder einer gesellschaftlichen Gruppe an. Im großen und ganzen fühlten sie sich wohl und waren mit sich und ihrem Leben zufrieden. Das Leben machte ihnen Spaß.

### Das Ende eines Traums

Jeder hatte einmal dieses besondere Freitagabend-Gefühl als junger Mensch.

Nur was geschieht dann? Was läuft falsch, wenn diese hoffnungsvollen jungen Menschen erwachsen geworden sind? Warum verlieren so viele ihre Illusionen?

Im Grunde genommen, ist es ganz einfach.

Sie machen ihren Schulabschluß und dann beginnt der Erwachsenenalltag, der nicht so sorglos verläuft. Die Arbeits- und Verdienstmöglichkeiten entsprechen nicht ihren Vorstellungen. Sie fühlen sich zunehmend frustriert. Sie sind verheiratet und haben zwei Kinder, ihre Verpflichtungen häufen sich.

Dann erwachen sie eines Morgens und sagen sich: *Das Leben ist an mir vorübergegangen. Das Leben hat mir eine schlechte Karte ausgehändigt.* Sie sind nicht mehr voller Vitalität, Lebensfreude und voller Erwartungen. Die Menschen, die einst aufbrechen wollten, die Welt zu erobern, *haben einfach aufgegeben.*

Das Gefühl, im Leben Optionen und Möglichkeiten zu haben, verschwindet und macht der Einstellung Platz, alles hinzunehmen, alles zu akzeptieren, was das Leben ihnen bietet. Sie gewöhnen sich allmählich daran, durchschnittlich und gewöhnlich zu sein. Sie lassen sich vom Leben führen.

Ich weiß nur zu gut, wie das funktioniert, denn ich erinnere mich noch daran, wie es bei mir war. Ich hatte das Glück, großartige Eltern zu haben, die stets positiv eingestellt waren. Mein Vater war Footballtrainer; er unterstützte und ermutigte mich, als ich heranwuchs.

In der Oberschule hatte ich die besten Trainer der Welt. Diese beiden Männer, Tommy Taylor und West Thomas, halfen mir und ermunterten mich. Sie gaben mir das Gefühl, daß auf der ganzen Welt niemand so besonders sei wie ich. Meine Heimatstadt, das kleine Cairo in Georgia, war insofern ungewöhnlich, als man sich dort, obwohl sie nur knapp zehntausend Einwohner hatte, ganz besonders für junge Menschen einsetzte. Die ganze Stadt unterstützte die Jugendprojekte, die die Kinder von Cairo mit allen vorstellbaren positiven Erfahrungen bekanntmachten.

Ich wuchs als eines jener Kinder heran, für die das Leben ein wunderschönes Erlebnis ist. Mit dieser Lebenseinstellung ging ich aufs College und heiratete Angela, meine große Liebe seit meiner Kindheit. Schon früh hatte ich das Gefühl, unter einem guten Stern geboren worden zu sein.

Dann widerfuhr mir auf einmal ein wenig von dem, was die wirkliche Welt zu bieten hatte. Mein Vater starb im Alter von 48 Jahren unerwartet an einem Herzinfarkt. Meine Mutter kämpfte sich mühsam durchs Leben. Es fiel mir schwer, meinen Lebensunterhalt zu verdienen. Ich erfüllte mir meinen Traum und wurde Sporttrainer, aber ich verdiente dabei nicht allzuviel. Ich hatte inzwischen eine Familie und mußte meine Frau und zwei Kinder ernähren.

Ich träumte von finanzieller Sicherheit für meine Familie und versuchte auf verschiedene Weise, zusätzlich Geld zu verdienen. Aber die große Chance, von der ich geträumt hatte, bot sich mir einfach nicht. Ich versuchte es als Schiedsrichter beim Basketball. An Freitagabenden lief ich dann drei Stunden lang auf dem Platz umher, Eltern und Trainer schrien mich an – und das alles für 12 Dollar pro Abend!

Einmal beschlossen alle Trainer, Weihnachtsbäume zu verkaufen. Man stelle sich vor: Zwei Wochen lang hantierten wir jeden Abend in eisiger Kälte mit diesen kratzigen Bäumen. Als wir unseren Gewinn aufteilten, erhielt jeder 75 Dollar dafür.

Dann sah ich eine Zeitungsanzeige: „Lehrer und Trainer!

Vorzüglicher Nebenverdienst!“ Es ging um den Verkauf von Enzyklopädien. Die Aussicht, etwas verkaufen zu müssen, verursachte mir zwar Unbehagen, aber das Geschäft war attraktiv. Ich nahm an einem kurzen Lehrgang teil und lernte, an die Türen zu klopfen. Mir wurden mehr Türen vor der Nase zugeschlagen, als ich es je für möglich gehalten hätte! Mir fehlte dafür einfach die Begabung. Bald wurde es so schlimm, daß mir schon übel wurde, wenn ich mich nur einer Türe näherte. Mein Magen verkrampfte sich. Zu guter Letzt verkaufte ich zwei Enzyklopädien: eine meiner Frau und eine zweite einem Freund. Diese Erfahrung hatte bewiesen, daß ich nicht in der Lage war, irgend etwas zu verkaufen.

Und doch war ich sofort wieder begeistert, als ich in einer Beratungsstelle für Trainer jemanden kennenlernte, der gerade mit dem Verkauf eines Trainingsapparates begonnen hatte, angeblich eine neue Generation von Trainingsmaschinen für Sportler. Er bot mir die Alleinvertretung dafür an. Ich war fasziniert: Hier, dachte ich, habe ich die Gelegenheit, direkt zu Beginn in etwas Großes einzusteigen. Ich kaufte mehrere Hundert von den Apparaten, nur um dann festzustellen, daß jeder andere im Süden genau die gleiche „Alleinvertretung“ erhalten hatte. Wieder einmal versuchte ich, die Ablehnung und den täglichen üblen Nachgeschmack zu verarbeiten. Das Ergebnis war immer das gleiche: Der „Apparat“ erwies sich nicht als Schlager, und die Ablehnung, die ich überall einstecken mußte, brachte mir knapp 200 oder 300 Dollar ein.

Kommt Ihnen das bekannt vor? Haben auch Sie nicht schon die gleiche Erfahrung gemacht? Ich wette darauf, denn wir machen sie alle. Diese Art von Erfahrung vernichtet gründlich alle Hoffnungen und Träume. Man gibt sein Bestes und muß dafür solche Schläge einstecken, daß man es nicht einmal mehr versuchen möchte.

Obwohl ich schon nebenher Versicherungen verkauft hatte, konnte ich kaum glauben, auf welche Ablehnung ich stoßen würde, als ich beschloß, meine eigene Firma zu gründen.

So suchten wir zum Beispiel ein Unternehmen, das die von uns verkauften Policen weiterbearbeitete. Nur mit großer Mühe fand sich der Geschäftsleiter einer bekannten Versicherungsgesellschaft dazu bereit, mit mir zu sprechen. Kurz danach kam der Präsident dieser Firma nach Atlanta und bat mich um ein Treffen. Ich war ganz aufgeregt, denn ich dachte, er würde mir mitteilen, die Gesellschaft habe beschlossen, unser Anliegen zu unterstützen. Wir trafen uns zum Abendessen.

Er blickte mir gerade in die Augen und meinte: „Art, ich zweifle keinen Augenblick daran, daß es Ihnen *nicht* gelingen wird."

Er verfuhr übel mit mir, und es schmerzte. Ich wollte nach Hause, unter die Bettdecke kriechen und nie wieder hervorkommen.

Aber ich gab nicht auf. Die Reaktion dieses Mannes erweckte meinen Ehrgeiz, ihm das Gegenteil zu beweisen. Ich beschloß, mich nicht von der Meinung eines anderen über mich oder meine Ideen schlagen zu lassen.

## Gibt es irgendeine gute Botschaft?

Ja, die gute Botschaft ist, daß man von der Meinung anderer nicht abhängig ist! Man muß nicht der bleiben, der man gerade ist. Man braucht nicht durchschnittlich und gewöhnlich zu bleiben. Man muß es nicht hinnehmen, von anderen niedergedrückt zu werden.

Nichts und niemand kann einen daran hindern, das zu tun, was man möchte. Aber man muß die ersten Schritte selber gehen. Man wird keine Hilfe von anderen bekommen (wenn doch, um so besser). Man kann sich nur auf eines verlassen:

*Auf sich selbst.*

Hier der erste Schritt für den, der gewinnen will: Fangen Sie an, an sich selbst zu glauben!

Als erstes muß man verstehen, wie wichtig es ist, diesen ursprünglichen Glauben an sich selbst wieder zu aktivieren.

Wenn Sie gewinnen möchten, müssen Sie *wieder* an sich zu glauben beginnen.

- Sie müssen *wieder* wie ein Kind träumen können!
- Sie müssen *wieder* daran glauben, daß Sie etwas Besonderes sind!
- Sie müssen sich *wieder* als Gewinner betrachten!
- Sie müssen *wieder* erleben, daß Sie mit Ihrem Leben etwas Besonderes anfangen, daß Sie anders sind!

Nur der mangelnde Glaube an sich selbst, hält die Menschen davon ab zu gewinnen.

Wenn man anderen Menschen erlaubt, einen zu demütigen, verliert man das Vertrauen, das man als Heranwachsender besaß. Aber man kann es zurückerhalten, und Sie müssen es zurückerobern, wollen Sie Ihr Leben verändern.

Wer an sich glaubt, verfügt über großen Reichtum. Ich erinnere mich an einen Burschen, der in einem unserer Büros in Florida für die *A. L. Williams* arbeiten wollte. Er war einer der unscheinbarsten Menschen, die man sich vorstellen kann. Er fuhr in einem Lastwagen vor, keinem kleinen Lieferwagen, sondern einem Fünftonner-Kipp-Lastwagen. Er trug ein buntkariertes Hemd, karierte Shorts und leuchtend rote Socken. Jeder, der den Burschen sah, fragte sich: „Um Himmels willen! Wer ist denn das?"

Alle Geschäftsleiter der Gruppe wollten ihn weiterreichen. Sie waren sicher, daß er keine Aussichten hatte, deshalb wollte niemand seine kostbare Zeit mit ihm verschwenden. Aber er kehrte immer wieder zurück. Schließlich gab der stellvertretende Bezirksvorsitzende nach und stellte ihn ein. Als der neue Vertreter zur ersten Runde aufbrach, kletterte der stellvertretende Vorsitzende widerstrebend in den Kipplaster und begleitete ihn.

Heute ist der Mann mit dem Kipplaster selbst stellvertretender Bezirksvorsitzender mit entsprechend hohem Gehalt. In den Augen der Gesellschaft hatte dieser Bursche keinerlei Aussichten auf Erfolg. Er sah nicht danach aus, und er fuhr nicht den richtigen Wagen.

Aber dieser Bursche *glaubte daran*, Erfolg zu haben. Er glaubte, er könnte sein Leben ändern, eine Herausforderung annehmen und dabei Erfolg haben. Die Ansichten anderer über ihn kümmerten ihn nicht. Er glaubte, er würde es schaffen, und er ließ sich nicht durch die negativen Reaktionen entmutigen.

Dieser Mann besaß die Macht des Glaubens an sich selbst. Und es hat sich gelohnt.

Jetzt sagen Sie vielleicht: „Art, im wirklichen Leben ist das anders. Als Erwachsener muß man die Dinge akzeptieren, wie sie sind. Menschen wie ich können einfach nicht gewinnen!"

Ich werde Ihnen widersprechen.

Man muß überhaupt nichts akzeptieren. Nur Verlierer sprechen und denken so. Deshalb verliert man, wenn man die Dinge einfach hinnimmt. Man erhält vom Leben das, wofür man kämpft.

Jerry Dancer war „von Natur aus" kein Sportler. Und doch trainierte er solange, bis er in seiner Heimatstadt von den Sportjournalisten zum Sportler des Jahres gewählt wurde. Mehrere Beobachter wichtiger Colleges verfolgten sein Baseballspiel und zeigten Interesse daran, ihm ein volles Stipendium zu geben. Jerry Dancer wollte aufs College gehen, Baseball spielen und Zahnmedizin studieren. Zu jenem Zeitpunkt seines Lebens befand sich Jerry wie die meisten Menschen ganz oben.

Dann versetzte die rauhe Wirklichkeit ihm einen Schlag nach dem anderen: Er war für ein volles Stipendium als Sportler nicht gut genug. Man bot ihm schließlich nur ein Halbstipendium an, aber die Familie konnte die Differenz nicht bezahlen. Zusätzlich bekam er Schwierigkeiten im Unterricht. Er verließ das College und kehrte in seine Heimatstadt zurück, um mit seinem Vater in einem Chemieunternehmen zu arbeiten.

Eines Tages zog Jerry das Fazit aus seinem Leben und meinte, es sei vorbei damit: Er hatte das College nicht abgeschlossen; er war kein Baseball-Spieler geworden, ebensowenig ein Zahnarzt. In seinen Augen war er ein Versager.

Jerry hatte aufgegeben. Er versuchte es nicht mehr, er war aus dem Konkurrenzkampf ausgeschieden. Eines Tages lernte er jemanden aus unserem Unternehmen kennen, der der Ansicht war, Jerry passe gut in unser Geschäft. Aber Jerry zeigte keinerlei Interesse. Er sah sich einige Male im Unternehmen um, lehnte dann aber ab. Er glaubte einfach nicht mehr, ihm könne noch irgend etwas Positives begegnen.

Nachdem Jerry schon über neun Monate lang abgelehnt hatte, spürte er doch etwas Hoffnung in sich. Vielleicht – aber nur vielleicht – könnte er es schaffen. Vielleicht hätte er eine Chance. Er beschloß, es einmal zu versuchen. Er krempelte praktisch sein ganzes Leben um. Heute ist Jerry landesweiter Verkaufsleiter, eine der höchsten leitenden Stellungen unseres Unternehmens. Er ist veranwortlich für eine große Organisation und führt ein Leben, von dem er beim Chemieunternehmen nicht einmal geträumt hatte. Wenn er zurückblickt, sieht er, wie nahe daran er gewesen war, aufzugeben und weniger zu nehmen, als das Leben ihm zu bieten hatte.

Jeder möchte das gleiche erreichen wie Jerry Dancer. Jeder möchte erfolgreich sein. Jeder möchte finanziell unabhängig sein, ein gut florierendes Geschäft besitzen. Der Wunsch danach genügt aber nicht. Man muß sich auch dafür einsetzen und kämpfen.

### Bereit für den Kampf um das, was Sie wollen

Viele haben das Gefühl, ihr Leben gehöre jemand anders. Sie haben das Gefühl, das Sagen darüber verloren zu haben, so als seien sie nur noch Marionetten, an deren Fäden ein anderer zieht.

Das ist falsch, und Sie müssen *jetzt* diese Ansicht aufgeben, wenn Sie Erfolg haben wollen.

> *Denken Sie daran:*
> *Das Leben gibt Ihnen, was Sie akzeptieren.*

Wenn Sie es hinnehmen, durchschnittlich und gewöhnlich zu sein, macht das Leben Sie durchschnittlich und gewöhnlich.

Wenn Sie es akzeptieren, unglücklich zu sein, macht das Leben Sie unglücklich.

Wenn Sie finanzielle Probleme einfach hinnehmen, hält das Leben genau das für Sie bereit.

Wenn Sie diese Dinge aber nicht einfach hinnehmen, dann können Sie in den meisten Lebensbereichen genau das erhalten, was Sie möchten. Fordern Sie Glück, Erfolg und Erfüllung, dann erhalten Sie genau das.

Und hier noch ein ungeschriebenes Gesetz:

> *Denken Sie daran:*
> *Das Leben wird sich genauso gestalten, wie Sie es von ihm erwarten.*

Das ist die Wirklichkeit. Die Menschen sind so geprägt, daß sie nur noch Versagen, Enttäuschung und Unglück sehen. Und genauso wird das Leben für Sie, wenn Sie nichts anderes von ihm erwarten.

Sie müssen damit beginnen, nur noch Glück, Erfolg und Erfüllung in Ihrem Leben zu sehen.

Wenn Sie die Einstellung vertreten, mit Ihrem Leben hat es nicht geklappt, und Sie haben nicht die richtigen Gelegenheiten gehabt, dann haben Sie schon resigniert. Es bleibt Ihnen nichts anderes übrig, als sich hinzusetzen und aufzugeben.

Wenn Sie sich gerade jetzt in dem Zustand befinden, daß Sie sich frustriert, unglücklich und wie ein völliger Versager vorkommen ... dann besteht noch Hoffnung für Sie.

Wenn Sie es wirklich wollen, können Sie sich jetzt ändern und alles das erreichen, was Sie sich als junger Mensch wünschten.

Dazu müssen Sie sich diese *Prinzipien* einprägen.

**Erstes Prinzip: Fordern Sie für sich Glück und Erfolg!**

Das Leben schenkt Ihnen nichts. Niemand kommt einfach daher, klopft Ihnen auf die Schulter und überreicht Ihnen Ihre Chance. Möglicherweise klopft man Ihnen auf die Schulter und schlägt Sie zusammen, wenn Sie sich umdrehen. Mehr dürften Sie umsonst kaum erhalten.

Die meisten wissen das und sind davon überzeugt, daß sie keinerlei Aussichten haben, nur weil ihnen niemand hilft.

Wieder falsch!

Niemand tritt an Sie heran und bietet Ihnen eine großartige Chance. Aber Sie sollten wissen, daß Sie niemanden brauchen, denn die Macht für den Erfolg liegt *in Ihnen*. Sie müssen nur fest daran glauben, daß Ihnen in dieser Welt ein Platz zusteht, und fest entschlossen sein, sich ihn zu erobern. Das müssen Sie von sich verlangen.

Ein Junge in einer Stadt in Tennessee lebte ohne all die Vorteile, derer sich seine Mitschüler erfreuten. Er durfte nicht einmal seinen besten Freund Jimmy besuchen, weil der Junge nach Ansicht von Jimmys Eltern in der falschen Straße wohnte. Einige bezeichneten ihn sogar als „weißen Abschaum". Aber der Junge brannte darauf, etwas Besonderes zu tun.

Er besaß eine Gitarre, konnte sie aber nicht selbst stimmen. Als Jimmys Cousin, Country-music Star Lonzo Green, auf Besuch kam, holte der Junge seine abgegriffene, gebraucht gekaufte Gitarre hervor und zeigte sie dem Sänger auf dem Rasen vor dem Haus. Aus Mitleid lehrte ihn der Sänger, wie man das Instrument stimmt, und nahm sich auch die Zeit, ihm einige Grundgriffe beizubringen. Es war nicht viel, aber der Junge aus der falschen Straße erwartete auch nicht viel. Er sehnte sich nur nach einer Gelegenheit, nach einer Chance.

Nur wenige Jahre später gewann der Junge, den Jimmys Eltern für „nicht gut genug" gehalten hatten, die Herzen aller Amerikaner. Als junger Mensch nahm Elvis Presley die ihm gebotene Hilfe an, machte aus ihr eine Gelegenheit und forderte für sich einen Platz in der Welt.

### Zweites Prinzip: Sie müssen wieder träumen lernen!

Hören Sie auf damit, sich zu sagen, was Sie *nicht können*. Denken Sie von jetzt an daran, was Sie sich wirklich vom Leben versprechen. Seien Sie allen Möglichkeiten gegenüber offen wie einst in Ihrer Schulzeit. Holen Sie die alten Träume wieder hervor und stauben Sie sie ab. Üben Sie sich jeden Tag im Träumen. Sie haben noch immer die gleichen Gefühle wie früher, als Sie Ihrer Phantasie freien Lauf ließen.

Glauben Sie an sich selbst. Zwei Drittel der Schlacht findet in Ihrem Gehirn statt. Henry Ford sagte einmal: „Ob Sie nun glauben, Sie können es, oder meinen, Sie können es nicht – Sie haben recht." Und es stimmt. Der Glaube an sich selbst bedeutet *Macht*.

Rickey Allman verdiente 1979 bequem seinen Lebensunterhalt. Er arbeitete als Lastwagenfahrer mit einem ausgezeichneten Jahreseinkommen, und er besaß mehrere Mietwohnungen. Unglücklicherweise verletzte sich Rickey bei der Arbeit das Knie. Er benötigte mehrere teure Operationen. Er konnte die Hypotheken für die Wohnungen nicht mehr bezahlen und verlor alles. Als er bei der A. L. Williams zu arbeiten anfing, hatte er 750 000 Dollar Schulden.

Wie konnte jemand mit dieser schlimmen Erfahrung je wieder träumen? Was blieb ihm anderes übrig, als aufzugeben?

Aber Rickey Allman träumte wieder. Und er klammerte sich auch in der schlimmsten Zeit an seinen Traum. Als Rickey in unserem Unternehmen anfing, besaß er nichts. In den ersten drei Jahren deckte er knapp seine Ausgaben. Fast alle rieten ihm, er solle aufgeben. Aber er hielt an seinem Traum vom finanziellen Aufschwung seiner Familie fest. 1987 wurde Rickey Mitglied unseres *100 000-Dollar-Klubs*, und er hofft, bald zu den höheren Vizepräsidenten zu zählen. Er und seine Familie nähern sich mit Riesenschritten ihrem Ziel, ihre gesamten Schulden abzubezahlen und finanziell abgesichert zu sein.

## Drittes Prinzip: Sie müssen sich in den Konkurrenzkampf werfen!

Junge Menschen träumen nicht nur, sie brechen auch zum Kampf auf. Entweder sind sie voller Eifer in der Schulmannschaft oder in einem Team der unteren Liga. Sie stürzen sich mit voller Kraft in den Wettkampf. Sie wollen jemand sein. Sie geben so schnell nicht auf. Sie kämpfen.

Die meisten Menschen nahmen tatsächlich in der Schule oder am College zum letzten Mal an einem wirklichen Wettkampf teil. Dieses Wettkampfgefühl darf man als Erwachsener nicht einfach verlieren: Man muß sein starkes Selbstwertgefühl erhalten, muß sich als Gewinner sehen, man muß sich hinaustrauen und mithalten im Wettkampf. Man geht zur Arbeit, bewaffnet sich – sinnbildlich – mit Boxhandschuhen und kämpft.

Wir alle kennen die folgende Geschichte schon, aber sie sagt mehr über unsere Wettbewerbsfähigkeit aus als alles andere, was ich je gehört habe. Der größte amerikanische Politiker stand mit Mißerfolgen sein Leben lang auf vertrautem Fuß. Er verlor acht Wahlen, ging zweimal als Geschäftsmann pleite und erlitt einen Nervenzusammenbruch. Sein Weg zum Erfolg sah folgendermaßen aus:

1831 – Geschäftlicher Mißerfolg
1832 – Niederlage bei den Wahlen für die Legislative
1833 – zweiter mißlungener Versuch als Geschäftsmann
1836 – Nervenzusammenbruch
1838 – Niederlage bei der Wahl zum Vorsitzenden des Repräsentantenhauses

1840 – Niederlage als Wahlmann
1843 – Niederlage bei den Wahlen zum Kongreß
1848 – Niederlage bei den Wahlen zum Kongreß
1855 – Niederlage bei den Wahlen zum Senat
1856 – Niederlage bei der Wahl zum Vizepräsidenten
1858 – Niederlage bei den Wahlen zum Senat
1860 – Wahl zum Präsidenten der Vereinigten Staaten.

*Abraham Lincoln* war ein Kämpfer, der nie zu kämpfen aufhörte, trotz häufiger mißlungener Versuche, die jeden anderen zerschmettert hätten. Er kämpfte einfach weiter – bis er gewann.

## Viertes Prinzip: Sie können sich ändern!

Für eine Änderung ist es nicht zu spät. Wo immer Sie sich jetzt in Ihrem Leben befinden, es ist noch Zeit, mitzumachen beim Spiel, mehr vom Leben zu fordern als in der Vergangenheit.

Erst im Alter von sechsundvierzig Jahren beschloß Will Kellogg, selbständig zu werden. Er war schüchtern, hatte wenige Freunde, begrenzte Interessen und keine herausragenden Talente. Bis zu jenem Zeitpunkt arbeitete er für seinen älteren Bruder, einen bekannten, aber geizigen Arzt, der Will nie mehr als 87 Dollar monatlich zahlte.

Bei Versuchen, Getreidegerichte für einige Patienten von Dr. Kellogg herzustellen, entdeckten die beiden Männer die Weizenflocken. Will versuchte, seinen Bruder zum Massenabsatz der Flocken zu überreden, aber Dr. Kellogg lehnte ab. 1906 trat Will endlich aus dem Schatten seines Bruders, kaufte ihm seinen Teil des Patents für die Getreideflockenherstellung ab und gründete sein eigenes Unternehmen.

Der einst schüchterne, unauffällige Mann bewies ein Gespür fürs Geschäft, was ihm kaum jemand zugetraut hätte, nachdem er endlich die Gelegenheit hatte, sein eigener Chef zu werden. Als einer der ersten verwendete Will in seinen Anzeigen farbige Zeitungsannoncen, Testmärkte und Massenproben. Sein erstes Produkt waren Maisflocken.

Der Rest gehört der Geschichte an. Innerhalb kurzer Zeit wurde Will Kellogg einer der reichsten Männer Amerikas.

Obwohl Will Kellogg jahrelang im Schatten seines Bruders gestanden war, hatte er den Glauben an sich selbst nicht verloren. Obwohl sein Leben kaum als aufregend zu bezeichnen war und der Erfolg sich von ihm abzuwenden schien, hatte Will nicht zu träumen aufgehört. Jenes besondere Gefühl eines Freitagabends war bei ihm noch nicht ganz abgestorben. Er wollte immer noch jemand sein.

Auch für Sie ist es noch nicht zu spät, jemand zu sein. Noch ist Zeit dafür. Sie *können* es schaffen.

Sie müssen lediglich die *Macht des Glaubens an sich selbst und Ihr von Gott verliehenes Potential erkennen*. Und was geschieht Ihrer Ansicht nach dann? Wie Sie im nächsten Kapitel sehen können, glaubt wahrscheinlich niemand an Sie, weder die Gesellschaft noch Ihre Freunde oder Verwandten. Nicht einmal Ihr Ehepartner glaubt wahrscheinlich an Sie.

Aber ich denke, Sie wissen es bereits: Wenn *Sie* an sich glauben, ist der Rest der Welt völlig unwichtig.

# Kapitel 2
# Warnung: Versagerbotschaften!

*Denken Sie stets daran, daß Ihr eigener Entschluß zu gewinnen wichtiger ist als alles andere.*
*Abraham Lincoln*

Haben Sie sich je gefragt, warum man die Träume seiner Kindheit aufgibt? Träume, berühmt zu werden, in einem schönen Haus zu leben, ein eigenes Geschäft zu leiten oder viel Geld zu verdienen. Meiner Meinung nach ist es kein Zufall. Ich habe einen Grund dafür gefunden, warum sich die Menschen offensichtlich selbst zerstören.

Lassen Sie mich meine eigenen Erlebnisse als Beispiel anführen. Mein Vater war Trainer, und als junger Mensch wollte auch ich Footballtrainer werden. Ich heiratete ein junges Mädchen, in das ich mich in der zweiten Klasse verliebt hatte, die einzige wirkliche Freundin, die ich je hatte. Wir heirateten während meines ersten Semesters am College, und unsere beiden Kinder wurden noch vor unserem College-Abschluß geboren.

Zwei Jahre nach diesem Abschluß erhielt ich meine erste Stellung als Trainer an einer Oberschule, und ich war sehr erfolgreich. Zwei Jahre später wurde ich an einer hervorragenden Oberschule, die in der obersten Liga in Georgia war, erster Footballtrainer und Fachleiter für Leichtathletik. Während meiner fünf Jahre als Sporttrainer wurde ich zweimal zum Trainer des Jahres ernannt. Es sah ganz so aus, als würde ich rasend schnell die Spitze erreichen. Mein Leben glich einem Traum, der wahr geworden war. Meine Frau war Lehrerin. Wir verdienten nicht viel Geld, aber wir waren glücklich. Wir hatten ein angemessenes Auskommen, und ich hatte meinen Magister an der Auburn University gemacht und stellte mir – wie wohl die meisten Trainer – vor, daß ich irgendwann einmal Rektor werden würde. Alles war genauso, wie ich es mir erträumt hatte.

Und doch war ich frustriert. Art Williams war leicht enttäuscht. Ich wollte mehr vom Leben als nur Bequemlichkeit. Ich wollte „jemand sein“. Ich wollte Einfluß nehmen. Als ich von einem Unternehmen hörte, das ein anderes Konzept von Lebensversicherungen und Investitionen anbot, kam der entscheidende Anstoß. Ich sagte mir: „Mensch, das ist sie! Meine Chance! Meine Chance, endlich jemand zu werden!“ Als ich nach Hause kam, um es meiner Frau zu erzählen, teilte ich ihr mit: „Angela, ich verkaufe Lebensversicherungen!“

Angela war schockiert und besorgt. Sie sah mich an und meinte: „Art, unser Leben ist herrlich. Die Menschen mögen dich. Man achtet dich. Wir haben ein hübsches Haus. Wir sind eine glückliche Familie. Wir können etwas Geld auf die Seite legen. Alles ist so gut. Warum willst du das alles aufgeben und alle deine Träume aus dem Fenster werfen?“

Ich erhielt von Angela eine sogenannte „Versagerbotschaft“. Während meiner ersten sechs Monate im Geschäft erzählte Angela nicht einmal ihren Eltern etwas davon. „Es hat etwas mit Investitionen zu tun“, erklärte sie verhalten.

„Versagerbotschaften“ – was heißt das? Sie sollen dir signalisieren, daß du falsch handelst – am schwersten zu akzeptieren sind sie von Familie und Freunden. Und sie begleiten den Menschen sein ganzes Leben lang: negative Botschaften über seine Träume.

## Negative Reaktionen an jeder Front

Stellen Sie sich die Welt vor, in der wir leben. Man kann diesen Versagerbotschaften einfach nicht entkommen. Man wird heute praktisch überall mit negativen Botschaften bombardiert, und zwar mit solchen, die den Menschen dazu veranlassen, seine Träume aufzugeben.

Die Fernsehnachrichten sind in dieser Hinsicht ein großes Problem. Vor zwanzig Jahren hörte man landesweit eine fünfzehnminütige Berichterstattung. Einige Jahre später wurde sie auf dreißig Minuten erweitert. Dann brauchten die Menschen vor Ort vor den landesweiten Nachrichten dreißig Minuten mit Lokalnachrichten, die man auf eine Stunde ausdehnte. Und heute bringt eine Fernsehstation in den Vereinigten Staaten vierundzwanzig Stunden lang Nachrichten.

Machen wir uns klar, was das für die Öffentlichkeit bedeutet? Zu 99 Prozent wird man mit negativen Botschaften bombardiert. Jetzt muß man sich nicht nur um die eigenen Probleme und die eigene Familie kümmern, was schon allein ausreicht, um die meisten Menschen auszulasten, sondern man soll sich auch noch um die Probleme der ganzen Welt sorgen. Und das Tag für Tag. Wir sehen fern, und wir sorgen uns um:

*Den Atomkrieg*. Man sagt, wir leben in einem Zeitalter, in dem ein Atomkrieg ausbrechen kann. Warum soll man sich also überhaupt anstrengen? Warum Geld sparen und versuchen, jemand zu sein? Das ist völlig unwichtig, denn die ganze Welt fliegt bald ohnehin in die Luft.

*Das Rekorddefizit des Landes*. Wir haben das größte Haushaltsdefizit unserer Geschichte, das dazu täglich wächst. Die Botschaft ist: Warum noch arbeiten?

*Das Handels-Ungleichgewicht*. Amerika hat seine führende Stellung in der Welt verloren. Jetzt kommt es nach Deutschland und Japan und anderen Ländern. Wir müssen unseren Lebensstandard zurückschrauben, weil wir nicht mehr so produktiv wie früher sind. Die Botschaft? Anstrengung lohnt sich nicht!

*Die Börse*. Im Oktober 1987 gab es einen der schlimmsten Börsencrashs in der Geschichte Amerikas. Die Botschaft: Nur kein Risiko eingehen!

*Die verlorene Moral*. Einige Präsidentschaftskandidaten zeigen weder Moral noch Skrupel. Sie haben Affären mit Frauen und geben sich als Plagiatoren zu erkennen. Massenprediger, die unzähligen Millionen Menschen Hilfe versprechen, werden als schnöde Heuchler bloßgestellt. Kann man überhaupt noch jemandem vertrauen?

*Die Kriminalität.* Mord und Vergewaltigung sind heiße Themen in den Fernsehnachrichten. Die Welt ist ein Ort des Grauens und Schreckens.

Der Durchschnittsmensch sieht täglich stundenlang fern, und sein Denken wird mit diesen negativen Nachrichten unablässig konfrontiert.

Mit einer anderen Art von Versagerbotschaften muß man sich ebenfalls gründlich auseinandersetzen. Die Anfänge muß man, glaube ich, an den großen Universitäten suchen. Es gilt als ausgemacht, daß man privilegiert ist, aufs College geht und die guten Stellungen erhält, wenn man reich und im richtigen Stadtviertel geboren wurde. Wurde man dagegen arm geboren oder in einer ganz durchschnittlichen Familie, muß man auf seine großartigen Träume und Pläne verzichten. Das gilt auch für jemanden mit einem hohen IQ, denn dann ist man hervorragend und verdient den besten Job. Hat man jedoch einen niedrigen oder durchschnittlichen IQ, gibt man sich eben mit einem ebenso niedrigen wie schlecht bezahlten Job zufrieden.

Völlig verkehrt!

In den meisten Unternehmen beurteilen Ausschüsse die Bewerber nur anhand von akademischen Graden, Noten, Erfahrung, Herkunft, Referenzen, Empfehlungen und ähnlichem.

Wie dumm!

Die Unternehmen legen allzuviel Nachdruck auf den Lebenslauf. Wer einmal im Geschäftsleben versagt hat, wird als Verlierer gebrandmarkt.

Nicht richtig!

Testen hat sich in der amerikanischen Geschäftswelt zu einer unabdingbaren Tatsache entwickelt. Man beurteilt die Menschen anhand von Eignungstests, Persönlichkeitstests und Leistungstests.

Wiederum falsch.

Ich kann ein ausgezeichnetes Beispiel dafür anführen, wie falsch dieses Vorurteil ist und welchen Schaden es anrichten kann. Ein Freund aus einer Kleinstadt erzählte mir eine Geschichte über seinen Bruder. In der Oberschule war sein Bruder bei seinen Mitschülern beliebt, aber er hatte kein Glück mit Schultests, obwohl er sich gut genug vorbereitete: Vor jedem Test brannte das Licht in seinem Zimmer bis spät in die Nacht hinein. Dagegen schnitt einer seiner besten Freunde stets hervorragend in der Klasse ab.

Später nahmen die beiden zusammen an der Aufnahmeprüfung zum College teil. Der „Kluge" hatte wieder gute Noten, der andere leider nicht. Und er beging den Fehler, sie seinem Freund mitzuteilen. Von da an rief sein Freund ihn über das ganze Schulgelände hinweg mit seinen Noten, als seien sie sein Name. Natürlich lachten die anderen über diesen grausamen Witz, und auch der arme Junge versuchte zu lachen. Aber die Sache war demütigend, und innerlich wäre er am liebsten gestorben.

Inzwischen sind die beiden erwachsen und stehen im Berufsleben. Der Junge mit den schlechten Testergebnissen verdient heute im Immobiliengeschäft 75 000 Dollar jährlich und ist bald finanziell unabhängig. Der „kluge" Junge dagegen stand noch mit dreißig ohne einen Pfennig da, und auch heute hält er sich nicht lange an einem Arbeitsplatz.

Nie hat es einen Test gegeben – und es wird ihn voraussichtlich auch nie geben –, der in das Innere eines Menschen blicken und sagen kann, ob er das besitzt, worauf es ankommt. Niemand kann einen anderen durch einen Blick auf seine Herkunft exakt beurteilen. Und auch akademische Grade und ein IQ-Test sind nicht die Antwort. Ob jemand im Geschäftsleben Erfolg hat, hängt davon ab, was in dieser Person steckt. Charakter und menschliche Fähigkeiten sind die wichtigsten Eigenschaften. Ein gesunder Menschenverstand ist weitaus wichtiger als Bücherwissen. Das wird man allerdings nie aus dem Mund eines Professors für Englisch hören!

Ich habe solche Versagerbotschaften lange Jahre hindurch erhalten. Als ich noch Trainer war, sah ich eine Zeitungsanzeige: „Suchen leitenden Angestellten. Anruf unter ...“ Ich fragte mich, warum eigentlich nicht? Ich besaß ein Universitätsdiplom. Vielleicht sollte ich mit ihnen sprechen und es einmal versuchen. Ich vereinbarte also einen Termin und fuhr den ganzen langen Weg bis nach Atlanta. Ich betrat den Fahrstuhl und fuhr in einem Hochhaus sechzehn Stockwerke hinauf. Man ließ mich an einem Tisch Platz nehmen und einen Eignungstest nach dem anderen machen. Danach ging ich und habe nie wieder etwas von der Firma gehört. Niemand rief zurück, um mir mitzuteilen, ob ich den Test bestanden hatte oder nicht. Nicht einmal diese Mühe machte man sich. Sie sahen lediglich einen Fußballtrainer mit einem Sportlehrerdiplom. Wie meinen Sie, habe ich mich gefühlt? Als hätte man mir einen Schlag ins Gesicht versetzt.

Plötzlich flüsterte mir eine innere Stimme zu: „Art, du Dummkopf! Wer meinst du wohl, wer du bist? Dir ist es nicht bestimmt, ein Unternehmen zu leiten. Du kannst nicht mit diesen Burschen in Nadelstreifenanzügen konkurrieren.“ Aber dann traf ich eine Entscheidung. Ich glaube, die wichtigste meiner ganzen Laufbahn: Ich beschloß, nicht auf diese Versagerbotschaft zu hören.

Mit Versagerbotschaften werden Sie aus allen Richtungen bombardiert. Absender sind Gesellschaft, Familie und Freunde, und alle sagen das gleiche: „Du kannst es nicht!“ „Unmöglich!“ „Nicht für Durchschnitts-Jane oder -Joe!“ „Nicht für jemanden mit deinem Aussehen!“

Sie haben die Wahl: Wer sagt, das Sie darauf hören müssen?

| **Versagerbotschaft** | **Meine Wahl** |
|---|---|
| nicht „klug“ | gesunder Menschenverstand |
| nicht „hübsch“ | Charakter siegt |
| kein Sportler | mehr trainieren |
| Gib auf! | Nie! |

| | |
|---|---|
| Das Leben ist ungerecht! | Akzeptieren von Verantwortung für Erfolg *und* Mißerfolg |
| Schlechte Zeiten stehen bevor! | Beste Zeit für einen Erfolg/ positive Einstellung |

Man kann auf diese Versagerbotschaften hören und ein verbitterter Habenichts voller Entschuldigungen sein. Oder man kann beschließen, glücklich und positiv und gespannt auf das Leben zu sein. Sie haben die Wahl!

Als ich noch Trainer an der Kendrick High School in Columbus, Georgia, war, kam eines Tages ein schwarzer Schüler zu mir. Er hieß Rudy Allen. Er war ein kleiner drahtiger Junge aus der achten Klasse. Er spielte in der Kapelle. Er sagte: „Trainer, ich möchte Football spielen, und ich möchte der erste schwarze Abwehrspieler an dieser Schule werden." Haben Sie schon etwas von Behinderungen gehört? Dieser Junge besuchte eine Oberschule in Georgia. Er war nicht gerade ein athletischer Typ, sondern spindeldürr. Aber er hatte einen Traum. Er ging hinaus aufs Feld und warf den Football und übte, lange nachdem die anderen Kinder schon vorm Fernseher saßen. Unsere Oberschule gewann dank Rudy den Meistertitel, und zwei Jahre später erhielt er an der Georgia Tech ein volles Stipendium als Sportler und auch dort wurde er als Abwehrspieler eingesetzt.

Nun, meinen Sie, daß Rudy auf Versagerbotschaften hörte? Wenn je welche von jemandem gehört wurden, dann von *ihm*. Aber Rudy traf eine Wahl. Er hätte sich für den leichten Weg entscheiden und bis zu seinem Abschluß im Orchester spielen können. Er wäre spindeldürr geblieben, und nach dem Abschluß hätte er sich sein Leben lang gefragt, was für ein Gefühl es gewesen wäre, an einer größeren Universität Football zu spielen.

Befinden Sie sich an diesem Punkt Ihres Lebens? Fragen Sie sich noch immer, was, wenn ...?

Glauben Sie, es sei zu spät? Ich habe erst kürzlich in einer Wochenzeitschrift gelesen, daß allein im vergangenen Jahr eine Rekordzahl von Menschen Millionär geworden seien. Denken Sie darüber einmal nach! Trotz all unserer Fehler und Probleme, trotz all unserer Nachteile, all den Vergewaltigungen, Morden, trotz Terrorismus hatten im vergangenen Jahr mehr Menschen finanziell Erfolg als in jedem anderen Jahr der amerikanischen Geschichte.

Sie könnten einer davon sein. Aber Sie müssen sich erneut für das Leben begeistern. Und wenn Familie und Freunde Sie ansehen und sagen: „Du? Das tun? Geh besser auf dein Zimmer!" oder einfach mit den Augen rollen und erklären: „Nun gut, das habe ich mindestens schon zehnmal gehört." Dann muß man den Mut eines Rudy Allen besitzen und die Versagerbotschaften für das nehmen, was sie sind.

## Erobern Sie den nächsten Berg!

Ich meine, die Zeit ist reif, den Beschluß zu fassen, Ihr Leben zu ändern. Den wirklich Ausdauernden wird es heutzutage nicht schwer gemacht zu gewinnen.

Man denke nur an die Mühsal, die unsere Vorfahren durchmachten. Sie trafen mit den gleichen Träumen wie Sie und ich in diesem Land ein, nämlich Herr zu sein über ihr eigenes Schicksal und mehr Chancen für ihre Familie zu finden. Und dann stelle man sich einmal die *körperlichen* Strapazen vor, die sie aushalten mußten – wochenlang über den Ozean in einem Holzschiff, das leck war. Bei ihrer Ankunft besaßen sie buchstäblich nichts. Sie bauten ihre Siedlungen mit primitiven Werkzeugen, und auch nachdem sie sich einmal niedergelassen hatten, waren sie schrecklichen Krankheiten fast ohne jede ärztliche Betreuung ausgeliefert. Erstaunlich daran ist, daß sie diese Mühen *aus genau dem gleichen Grund* wie Sie und ich ertrugen: Sie suchten eine Chance, jemand zu sein, und das eigene Schicksal in die Hand zu nehmen.

Ich denke, die Mehrheit der Menschen versucht gar nicht

mehr, die eigenen Kraftreserven aufzuspüren und zu mobilisieren. Sie geben auf und lassen ihr Leben von Versagerbotschaften bestimmen.

Aber *Sie* brauchen nicht so zu sein. Sie können den Traum von Chancengleichheit nutzen, auf dem dieses Land aufgebaut wurde.

Es wird Sie vielleicht erstaunen, aber trotz der Tatsache, daß ich bereits finanziell unabhängig bin, möchte ich immer noch aufbrechen zur Eroberung des nächsten Berges. Wenn man mich auf meinem letzten Weg begleitet, möchte ich, daß die Menschen von mir sagen: „Dieser Bursche war gut! Dieser Bursche war *jemand*!“

Versagerbotschaften lauern überall. Man muß zäh werden und bereit sein für sie.

Wie ist das mit Ihnen? Lassen Sie sich auch von Versagerbotschaften beeinflussen? Fragen Sie sich, in welcher Welt Sie leben möchten: In einer düsteren und traurigen oder in einer Welt der unbeschränkten Möglichkeiten?

# Kapitel 3
# Das Geheimnis, wie man gewinnt

*Nichts hindert einen Menschen, der es will, daran, etwas zu erreichen. Jedes Hindernis fordert ihn heraus, seinen Leistungsmuskel anzuspannen, und stärkt seine Fertigkeiten.*
*Eric Butterworth*

Nun wissen Sie, warum Sie das Träumen aufgaben, und Sie sind damit auf dem Weg, wieder an sich selbst zu glauben. Und Sie wissen auch, was das Geheimnis vom Gewinnen *nicht* ist: nicht Talent, nicht Aussehen, weder ein Universitätsdiplom noch eine privilegierte Herkunft.

Was ist es?

Ich kann es Ihnen in einem Wort erklären.

Sind Sie bereit?

Das Geheimnis vom Gewinnen heißt *Wollen*.

Manchmal bezeichne ich es als „möchten", manchmal als den „Willen zu gewinnen". Gleichgültig, wie Sie es nennen, dieses Geheimnis wird von den meisten Menschen übersehen, weil sie so sehr damit beschäftigt sind, sich um die Dinge zu sorgen, die sie ihrer Ansicht nach nicht haben.

Josif Brifman zählte zur Elite der russischen Gesellschaft. Er war ein bedeutender Geschäftsführer und verantwortlich für den Aufbau des größten Computerunternehmens in der Sowjetunion. Aber Josif und seine Frau Dina wurden täglich unzufriedener mit ihrem Leben in der Sowjetunion. Das Gesellschaftssystem erlaubte ihnen nicht, ihren Traum von Selbständigkeit und Aufstieg zu verwirklichen.

1979 nutzten Josif und Dina die während der Carter-Regierung geschlossenen Abkommen mit der Sowjetunion sowie die Hilfe einiger hochgestellter Freunde, und es gelang ihnen, nach Wien zu kommen. Von dort gingen sie weiter in die Vereinigten

Staaten. Mit großen Träumen von einer eigenen Firma ließen sie sich in Dallas, Texas, nieder.

Bei Josif liefen die Dinge vorzüglich. Er fand dank seiner Computer-Erfahrung sofort einen Arbeitsplatz, obwohl er kein Englisch konnte. Und doch paßte die Vorstellung, von jemand anderem „gemanagt" zu werden, nicht zu Josifs Traum von Freiheit und Chancen. Er trug diesen brennenden Wunsch ständig mit sich herum. Er hielt weiterhin Ausschau nach der Gelegenheit, „etwas Besonderes zu tun".

Als Josif ein Haus zu kaufen versuchte, erzählte ihm sein Makler von unserem Unternehmen und bot ihm an, ihn mit uns bekannt zu machen. Anfangs hatte er Vorbehalte. In Rußland sind Versicherungen Sache des Staates, private Versicherungsgesellschaften gibt es dort nicht. Er hatte nicht den blassesten Schimmer von Versicherungen, und das Sprachproblem stellte eine Riesenhürde auf der Laufbahn als Verkäufer dar.

Aber Josif sah hier seine Chance: Die Gelegenheit, sein eigener Chef zu werden, ein eigenes Büro ohne jede Begrenzung des Einkommens zu unterhalten. Er konnte soviel verdienen, wie er schaffte. Und genau das hatten er und Dina gesucht.

Man bedenke das einmal. Hier ist jemand, der kaum Englisch kann, nichts über das Leben in Amerika weiß, keine Ahnung vom Verkaufen hat, in der Stadt keine Menschenseele kennt und demzufolge über keinen natürlichen Kreis von Freunden, Verwandten oder Bekannten verfügt. Und er will damit anfangen, sein Leben als Vertreter einer Lebensversicherungsgesellschaft zu verdienen! Unvorstellbar, nicht wahr?

Ja, viele schüttelten den Kopf. Sogar einige seiner Geschäftsleiter hatten Mitleid mit ihm. Sie gaben ihm kaum eine Chance. Aber Josif sah das nicht so. Wenn ihm ein Vorgesetzter riet, zehn Verkaufsgespräche am Tag zu führen, führte Josif siebzig. Er wußte, daß er sich mehr anstrengen mußte. Da er niemanden kannte, klopfte er einfach an Haustüren. Vier Monate lang verkaufte er überhaupt nichts. Gar nichts! Er erlebte eine Ablehnung nach der anderen. Aber er machte hartnäckig weiter. Er wußte, das war seine Chance, und er mußte sie verwirklichen oder wieder für andere arbeiten.

Während der ersten beiden Jahre im Geschäftsleben verdiente Josif kaum das Allernötigste. Aber 1984 zeigten Josifs harte Arbeit und Hartnäckigkeit endlich Früchte. Sein Verdienst stieg sprunghaft an. 1986 wurde er zum Vizepräsidenten befördert. Josif inspirierte die Menschen im Unternehmen. Wenn er es geschafft hatte mit all seinen Handicaps, dann konnte jeder es schaffen. Viele Menschen nahmen sich Josif als Vorbild, beklagten sich nicht länger über ihre schwere Arbeit, sondern krempelten die Ärmel hoch.

Wunsch, Wollen, die stärksten Zutaten im Rezept für Gewinn. Einige treibt es so stark zum Gewinnen, daß sie es kaum ertragen können. Jeden Morgen beim Aufstehen und jeden Abend beim Schlafengehen träumen sie vom Gewinnen. Selbst wenn ihnen ihr Verstand sagt, sie können es nicht, ermutigt etwas tief in ihrem Inneren sie, es weiter zu versuchen.

Einer der sensationellsten Boxkämpfe dieses Jahrhunderts fand zwischen Sugar Ray Leonard und Marvin Hagler statt. Leonard forderte Hagler zum Kampf um die Meisterschaft im Mittelgewicht heraus. Aber es gab einige Probleme. Sugar Ray hatte sich wegen einer abgelösten Netzhaut im Auge vom Boxen zurückgezogen. Seine Ärzte hatten ihn davor gewarnt, ein Schlag auf das Auge würde zur Totalerblindung führen. Sugar Ray wäre wahnsinnig, auch nur in Erwägung zu ziehen, zurück in den Ring zu steigen. Er war Olympiasieger, Weltmeister der Berufsboxer und wohlhabend, kurz: Er hatte alles erreicht. Er war nun untrainiert, seine Kondition näherte sich der des hitzigen Haglers bei weitem nicht, und er konnte es sich nicht leisten, einen Schlag auf das Auge zu erhalten.

Niemand verstand, was Leonard wollte. Er war ein Gewinner, ein Meister. Er mußte beweisen, daß er der größte Mittelgewichtler war, der je das Viereck zwischen den Seilen betreten hatte. Er wollte es unbedingt. Leonard warf sich wütend ins Training. Am Kampfabend sah die Welt zu, wie Leonard Hagler schlug – nicht durch Knockout, sondern weil er zäher war und sich länger hielt, um erneut seinen Titel als Weltmeister im Mittelgewicht zu erringen.

Halten wir einen Augenblick lang inne, und denken wir einmal nach: Wollen ist nicht fast alles, es *ist* alles. Ein anderer großer Athlet, Earvin Johnson, der „Zauberer", faßte es so zusammen: „Auf dem Spielfeld habe ich mir nie die besten Spieler ausgesucht, sondern Burschen mit weniger Talent, jene, die bereit waren, schwer zu arbeiten, und groß sein *wollten*."

Wenn Ihnen jemand erzählt, das Geheimnis vom Gewinnen liege anderswo, glauben Sie ihm nicht.

Sie hatten eine gute Ausbildung, ausgezeichnet! Aber ohne Willen werden Sie nicht gewinnen.

Sie haben Talent, hervorragend! Aber auch Talent hilft Ihnen nicht, wenn Sie keinen Willen besitzen.

Sagten Sie, Sie seien gutaussehend? Großartig! Aber Sie bleiben trotzdem Mittelmaß, wenn der Wille fehlt.

Sie haben weder Talent noch eine hervorragende Bildung? Mit Willen können Sie immer noch gewinnen.

Und Sie sehen nicht besonders gut aus? Wenn Sie den Willen dazu haben, können Sie trotz allem gewinnen.

Wunsch, Wollen heißt das Geheimnis. Alle anderen Vorteile werden Ihnen beim Aufstieg helfen. Aber wenn Sie nicht vom Wunsch beseelt sind, jemand zu sein, wenn Sie nicht aufbrechen wollen, um Ihr Schicksal eigenhändig zu ändern, besteht wenig Hoffnung für Sie. Aber wenn Sie es tun, wenn Sie es wirklich wollen, dann hält kein Hindernis Sie auf.

Habe ich es klar herausgestellt? *Der Wunsch, das Wollen ist der Schlüssel*. Wenn Sie den Willen dazu haben, können Sie praktisch alles werden, was Sie wollen, vorausgesetzt, *Sie besitzen zwei Dinge*: ein spezifisches Ziel und einen konkreten Plan.

Das ist kein Trick. Wollen *ist* alles, aber diese beiden Punkte sind wesentlich, um Ihren Wunsch in die richtige Richtung zu lenken, damit die Dinge ins Rollen kommen.

## Die umwälzendste Lektion meines Lebens

Als ich gerade damit angefangen hatte, Lebensversicherungen in Teilzeitarbeit anzubieten, trat etwas ein, das mein Leben veränderte. Damals hatte ich gerade die Lebensversicherung entdeckt, und ich setzte mich voll dafür ein. Mich hatte stets der brennende Wunsch angetrieben, erfolgreich zu sein, und jetzt hatte mir das soeben entdeckte Anliegen einen Grund gegeben, für den zu kämpfen es sich lohnte. Ich war bereit, „ihn anzunehmen", aber ich wußte nicht, wie ich es anfangen sollte.

Dann trat etwas Entscheidendes ein. Ich nahm an einem Verkaufsseminar teil, und der Vortragende sagte: „Wenn Sie das Buch *Denken und reich werden* noch nicht gelesen haben, holen Sie sich aus der nächsten Buchhandlung ein Exemplar!" Ich suchte jede Art von Hilfe, deshalb betrat ich sofort nach dem Seminar eine Buchhandlung.

Ich lese langsam, deshalb kam ich nur bis Seite 36. Aber was ich auf jenen Seiten fand, veränderte buchstäblich mein Leben. Heute stimme ich Hills Ansichten und Annahmen in vielen Bereichen nicht mehr zu, aber sein Ratschlag zum Erfolg ist wirksam.

Hill studierte sein Leben lang erfolgreiche Menschen, bei denen er den „gemeinsamen Nenner" suchte. Er stellte fest, daß *jeder* erfolgreiche Mensch, mit dem er sich beschäftigte, diese beiden Dinge aufwies: Er setzte sich ein spezifisches Ziel und entwarf ein Programm, um dieses Ziel zu erreichen.

Hill stellte sein eigenes Sechs-Schritte-Programm auf. Ich hielt mich an sein Programm – und es funktionierte. Ich glaube daran, daß diese sechs Schritte mich zu meinem Erfolg geführt haben. Stets hatte mich mein Wille angetrieben, aber Hills Programm definierte den Wunsch, den ich mein Leben lang gesucht hatte.

Ich ändere Hills Worte hier leicht ab, um Ihnen genau vor Augen zu führen, wie sein Programm sich auf mein Leben ausgewirkt hat:

### 1. Schritt: Sie brauchen ein spezifisches Ziel

Damals verdiente ich als Leiter der Leichtathletik und erster Footballtrainer an der Kendrick High School in Georgia 10 700 Dollar jährlich. Ich kämpfte tagelang mit mir und entschied, daß finanzielle Unabhängigkeit für meine Familie mir sehr wichtig war. Ich rechnete mir aus, daß es genüge, ein Leben lang über ein jährliches Einkommen von 30 000 Dollar zu verfügen. (Heute klingt das nicht sehr ehrgeizig, damals erschien es mir jedoch wie ein Vermögen.) Wenn ich 300 000 Dollar sparen konnte, auf die ich 10 Prozent Zinsen erhielt, konnte ich jährlich 30 000 Dollar abheben, ohne das Kapital anzurühren.

### 2. Schritt: Sie müssen einen Zeitpunkt festlegen, wann Sie Ihr Ziel erreichen wollen

Ich war achtundzwanzig Jahre alt, deshalb räumte ich mir zehn Jahre ein. Ich würde an meinem achtunddreißigsten Geburtstag finanziell unabhängig sein. Ich verpflichtete mich dazu, soviel zu arbeiten und zu opfern, wie erforderlich, um dieses Ziel in den nächsten zehn Jahren zu erreichen.

### 3. Schritt: Notieren Sie sich Ihr Ziel!

Alles wirkt wichtiger, wenn es schriftlich festgehalten wird. Wenn Sie sich zu einem spezifischen Ziel verpflichten, notieren Sie es sich, und legen Sie es dorthin, wo Sie es oft sehen. (Ich notierte meins auf ein Stück Karton und hängte es an meinen Terminkalender.)

### 4. Schritt: Stellen Sie ein Programm zum Erreichen Ihres Ziels auf!

Ich hatte in Teilzeit nun schon zweieinhalb Jahre lang Versicherungen verkauft und das dabei verdiente gesamte Geld gespart. Auf meinem Sparkonto lagen 42 000 Dollar. Wenn ich 10 Prozent Zinsen auf meine Einlage erhielt, würde ich in zehn Jahren etwas mehr als 100 000 Dollar besitzen. (Ich habe es auf 100 000 Dollar abgerundet, um die Rechnung einfach zu halten.)

Das war großartig. Aber noch immer fehlten mir 200 000 Dollar zu meinem Ziel.

Bei 10 Prozent Zinsen mußte ich zehn Jahre lang ungefähr 1000 Dollar monatlich sparen, um weitere 200 000 Dollar zu erhalten.

Ich hatte mein Programm: Ich würde meine 42 000 Dollar für zehn Jahre festlegen und zehn Jahre lang 1000 Dollar monatlich anlegen. Dann hätte ich 300 000 Dollar, mit denen ich wiederum ein Leben lang 30 000 Dollar im Jahr haben würde.

### 5. Schritt: Entscheiden Sie, welchen Preis Sie zu zahlen bereit sind!

1000 Dollar monatlich nur von Kommissionen zu sparen, würde ein hartes Unterfangen werden. Aber niemand hat behauptet, es sei leicht, finanzielle Unabhängigkeit zu erreichen. Es hing lediglich davon ab, wie wichtig mir mein Traum von finanzieller Freiheit war.

Ich wußte, daß ich es mit meinem Gehalt als Trainer nicht schaffen würde. Meine Aussichten waren besser, wenn ich mich dem Versicherungsgeschäft als Vollbeschäftigung zuwandte. Ich glaubte an das, was ich tat, aber ich liebte auch meine Arbeit als Trainer. Und doch war es unmöglich, mein Ziel zu erreichen und gleichzeitig Trainer zu bleiben.

Ich gab meine Arbeit als Trainer auf – das war der Preis, den ich zahlte. Es war die schwerste Entscheidung meines Lebens, schwerer als alles, was später kam. Solange ich zurückdenken kann, wollte ich Trainer werden, und ich richtete meine Ausbildung darauf aus. Ich war sehr erfolgreich darin. Es war eine großartige Aufgabe. Aber meine Träume für mich und meine Familie standen an erster Stelle.

### 6. Schritt: Denken Sie jeden Tag daran, daß Sie Ihr Ziel erreichen!

Kein Tag ging vorüber, an dem ich nicht an das von mir gesetzte Ziel dachte und davon träumte. Daran zu denken, wie großartig die völlige finanzielle Unabhängigkeit sein würde, gab mir wieder Auftrieb, wenn ich aufgeben wollte. Bekanntlich heißt es ja: „Hindernisse sind jene furchterregenden Dinge, die man sieht, wenn man das Ziel aus den Augen läßt". Meine Träume trieben mich voran, aber meine Ziele hielten mich auf der eingeschlagenen Bahn.

Bitte gehen Sie über diesen Abschnitt nicht leichtfertig hinweg. Wir diskutieren hier etwas, das Ihnen helfen kann, Ihr Leben zu verändern. Ich weiß, daß diese sechs Schritte funktionieren. Wenn es Ihnen ernst damit ist, etwas Besonderes aus Ihrem Leben zu machen, setzen Sie sich noch *heute* hin und arbeiten Sie Ihre eigenen sechs Schritte aus. Das schafft man nicht über Nacht, es kann Tage oder Wochen in Anspruch nehmen.

### Die vier Grundsätze des Wollens

Wollen besitzt eine ganz eigene Macht. Es hat nichts mit Zufall zu tun. Wünschen, Wollen ist eine mächtige Kraft, denn sobald Sie nach Ihrem Willen handeln, entsteht ein Sog, der Sie bis zum Erfolg führt.

## 1. Grundsatz: Ein Wunsch gewinnt an Kraft, wenn man ihm eine konkrete Form gibt

Napoleon Hill erkannte eine wichtige Wahrheit. Setzt man sich ein Ziel, hat man dem Wunsch eine greifbare Form verliehen. Das ist kein Geheimnis. Durch das Festlegen eines Ziels erreicht man drei sehr wichtige Dinge.

Erstens: Durch das *Festlegen eines Ziels wird man gezwungen, dem Traum eine konkrete Form zu geben*. Viele Menschen träumen davon, reich oder berühmt zu werden. Daran ist nichts falsch, aber die Träume sind so unbestimmt, daß man sie nicht greifen kann. Zwingen Sie sich aber, Ziele festzulegen, müssen Sie es sich genau überlegen, was Sie eigentlich vom Leben wollen.

Zweitens: *Ziele verwandeln das „Wollen" in „Tun"*. Keinem Fußballtrainer würde es einfallen, vor einem Spiel der Mannschaft im Umkleideraum einfach zu sagen: „Macht sie fertig, Jungs!" Dazu braucht man ein Spielprogramm. Nachdem Sie beschlossen haben, was Sie wollen, und eine vernünftige Strategie dazu entworfen haben, werden Sie genau wissen, was zu tun ist, wenn Sie morgens aufstehen.

Drittens: *Wenn Sie ein Ziel haben, können Sie Ihren Fortschritt messen*. Mit anderen Worten: Es hindert Sie daran zu schummeln. Man kann einfach sagen: „Heute will ich mich bessern!" Das ist am Ende des Tages kaum meßbar. Dabei kann man sich ein wenig gehenlassen, ohne sich zu unwohl zu fühlen. Wenn Sie sich jedoch vorgenommen haben, heute mit vier neuen Kunden zu sprechen, können Sie ganz klar Ihren Erfolg – oder auch Mißerfolg – messen. Aus psychologischer Sicht ist das ein großer Unterschied.

## 2. Grundsatz: Aus Wunsch wird Besessenheit

Sobald Sie sich einmal ein Ziel gesetzt haben, müssen Sie es sich unablässig vor Augen halten. Sie müssen daraus *Besessenheit* machen. Notieren Sie es sich! Lesen Sie es jeden Tag! Denken Sie so oft daran, daß es so selbstverständlich für Sie wird wie das Atmen!

Betrachten Sie sich die jungen Athleten, die als langfristiges Lebensziel Olympia-Gold anstreben. Haben Sie sich je überlegt, was sie alles auf sich nehmen, um dieses Ziel zu erreichen? Wenn ihre Freunde spielen, trainieren sie auf der Eis- oder Laufbahn, oft noch frühmorgens vor der Schule und spätabends. Wochenenden und Ferien bieten ihnen zusätzliche Trainingsgelegenheiten. In vielerlei Hinsicht erleben sie ihre Kindheit und ihre ersten Schritte als Heranwachsende als Zuschauer.

Was treibt diese jungen Menschen an, diese Opfer zu bringen? Sie beginnen mit einem Traum, verwandeln diesen Traum in ein Ziel, und schließlich wird dieses Ziel intensiv verfolgt, zur Besessenheit. Sie essen, schlafen und atmen ihr Ziel, praktisch vierundzwanzig Stunden am Tag. Sie bemühen sich unaufhörlich, ihr Ziel zu verwirklichen.

Mein Freund Chip Taylor, ein leitender Angestellter in St. Louis, kennt diese geballte Intensität. Ein Freund erzählte mir eine Geschichte über Chip, als er seine ersten Schritte machte, die mich tief beeindruckte. Chip glaubte aufrichtig an unser Unternehmen; er setzte sich aktiv dafür ein, sobald er grünes Licht erhalten hatte. Eines Tages verließ er zwischen zwei Terminen sein Büro, um auf die Toilette zu gehen. Er blieb lange Zeit fort, und sein Vorgesetzter wunderte sich darüber. Er blickte auf den Flur und hörte Chip sprechen.

Der Vorgesetzte sah Chip in der Ecke neben dem Getränkeautomaten. Der Service-Mann füllte ihn gerade auf. Die Tür stand weit offen, und neben ihm lag ein großer Sack mit Geld, während Chip ihm unablässig vom Unternehmen erzählte. Plötzlich ging Chip in sein Büro zurück, den Getränkemann im Schlepptau. Der Mann war so erregt, daß er den Getränkeautomaten offenstehen und den Geldsack auf dem Boden liegen gelassen hatte.

Aus diesem Stoff sind Gewinner gemacht. Chip war besessen

von dem, was er tat, genau wie ein Sportler von der Olympiade. Er wurde von dem brennenden Wunsch getrieben, jedem, dem er begegnete, von seiner Arbeit zu erzählen. Heute ist Chip ein Gewinner über die wildesten Träume hinaus. Er hat den Bereich „Goldmedaille" in unserem Unternehmen erreicht, und er schaffte es, weil er besessen war von den Zielen, die er sich gesetzt hatte.

### 3. Grundsatz: Aus Wunsch wird Verpflichtung

Sobald der Wunsch so tief im Geist verankert ist, daß man ständig daran denken muß, verwandelt sich der Wunsch in eine Verpflichtung. Sie sind jetzt soweit, über Denken und Träumen hinauszugehen und damit anzufangen, Zeit und Energie für die Verwirklichung Ihres Wunsches einzusetzen.

Wenn Sie eine Verpflichtung auf sich nehmen, müssen Sie alle Brücken hinter sich verbrennen. Es gibt eine bekannte Geschichte von einem General, der buchstäblich seine Brücken verbrannte. Er hatte seine Truppen auf Booten dem Feind entgegengeführt, der seine eigenen Streitkräfte zahlenmäßig weit übertraf. Sobald die Soldaten ein Boot verlassen hatten, ließ der General es verbrennen. Während das einzige Fluchtmittel in Flammen aufging, erklärte der General seinen Männern, da sie nicht fliehen könnten, bliebe ihnen nichts anderes übrig, als die Schlacht zu gewinnen oder zu sterben. Die Armee hat gesiegt.

Auch in Ihrem Leben funktioniert das auf die gleiche Weise. Sobald Sie eine Verpflichtung eingegangen sind, gewinnen Sie genau jenes notwendige Maß an Mut, das Ihnen weiterhilft, wenn es darauf ankommt.

Während all meiner Jahre als Geschäftsmann habe ich sehen können, daß eine Verpflichtung nach einem bestimmten Schema abläuft. Es ist keine Sache des Augenblicks. Es kommt nicht sofort. Selbst wenn man meint, sie eingegangen zu sein, stimmt es im allgemeinen nicht. Ich habe bei fast allen Menschen drei

Etappen festgestellt, bevor sie jenes Niveau von Verpflichtung erreicht haben, das ihnen über Enttäuschungen und Kummer hinweghilft.

### Das Lügenstadium

Tief im Inneren sind Sie sich nicht sicher, daß Sie es schaffen. Das können Sie aber niemandem eingestehen, nicht einmal sich selbst. In den ersten Monaten lügen Sie allen Bekannten etwas vor. Sie lügen und lügen und lügen. Sie reagieren angeregt und begeistert bei jeder Gelegenheit, Idee oder Wende der Ereignisse, die Sie ermutigt und Sie drei Fuß über dem Boden schweben läßt. Sie erklären Ihrem Ehepartner: „Liebling, ich habe stets gewußt, daß du einen Gewinner geheiratet hast. Sei bereit für den Aufstieg an die Spitze. Ich habe mein Anliegen gefunden. Ich habe meinen Platz im Leben gefunden." Sie erzählen Mama und Papa und allen Verwandten, daß sie bald stolz auf Sie sein können. Sie raten Ihren Freunden, Ihre Schritte zu verfolgen. Sie würden in Kürze etwas Großartiges tun.

Aber dann passiert es. Sie kommen abends nach Hause, gehen ins Badezimmer und schließen die Tür. Sie gehen bis zum Spiegel und blicken hinein. „Wumm!" Es trifft Sie ins Gesicht wie ein Schlag mit einem kalten Lappen. Sie sehen die Person im Spiegel, und Sie fragen sich: „Wem machst du etwas vor? Meinst du wirklich, jemand wie du schafft es? Was hast du je in deinem Leben erreicht? Warum gestehst du dir nicht ein, daß jemand wie du nie großen Erfolg haben kann?"

Danach kriechen Sie ins Bett, und Sie haben nur noch einen Wunsch: Schlafen! Ihr Ehepartner schläft friedlich, und Sie liegen hellwach da. Sie wollen es so unbedingt schaffen, daß es Sie innerlich verzehrt. Sie starren an die Decke und hoffen, daß Sie noch eine Woche überleben.

Aber man kann sich nicht an die Spitze hoffen.

## Das Aufgabestadium

Nach dem Lügenstadium beginnt für Sie die nächste Phase, in der Sie aufgeben möchten. Sie sind aufgebrochen und haben einen phantastischen Preis für zwei, drei, vielleicht auch fünf Monate bezahlt. Dann verlieren Sie einen Kunden oder Sie hören eine Serie von „Nein!“ Sie sagen sich: „Ich habe die Nase voll! Genug! Ich suche mir jetzt einen guten Arbeitsplatz.“ Und Sie sehen sich zwei oder drei Tage um, vielleicht sprechen Sie auch persönlich vor. Dann gehen Ihnen die Augen auf: Es gibt keinen guten Job für Menschen, die jemand sein möchten.

Dann sagen Sie sich: „Gut, ich dachte, ich arbeite schwer. Ich dachte, ich hätte mich voll verpflichtet. Das stimmt nicht. Ich will mich nie wieder so gehen lassen. Diesmal schaffe ich es, komme, was wolle!“ Danach arbeiten Sie die nächsten Monate noch intensiver, aber die Aussichten sind nicht besonders gut oder ein Plan läuft schief. Sie sagen: „Ich habe genug davon. Jetzt suche ich mir einen guten Arbeitsplatz und höre auf, mit dem Kopf durch die Wand zu wollen.“

Aber auch diesmal stellen Sie fest, daß die von Ihnen erhoffte große Chance in der Geschäftswelt draußen einfach nicht existiert. Also sagen Sie: „Es sieht so aus, als gäbe es keinen guten Job hier für jemanden wie mich. Ich habe genug davon, mich so zu fühlen und finanzielle Probleme zu haben und zuzusehen, wie andere vorankommen. Ich ertrage es nicht. Ich fange auf der Stelle von vorne an. Ich verdreifache meine Anstrengungen. Hier steht jemand, der nach oben will.“

## Das „Tu-es“-Stadium

Unvermittelt haben Sie das Aufgabestadium hinter sich. Sie gehen jene endgültige Verpflichtung ein, auf die es wirklich ankommt. Jetzt befinden Sie sich auf dem Weg zu Großem. Sie bemerken es nicht gleich, wann genau Sie dieses Stadium der wahren Verpflichtung erreicht haben. Wahrscheinlich fällt es Ihnen erst nach sechzig oder neunzig Tagen auf, daß Sie diese endgültige Verpflichtung eingegangen sind, dann nämlich, wenn Ihre Verpflichtung Früchte zeitigt.

Wahrscheinlich hört sich das für Sie lächerlich an, aber ich verspreche Ihnen, daß genau das eintritt. Diese drei Etappen gibt es genauso wie den Regen. Betrachten Sie Lügen- und Aufgabestadium als etwas Normales.

Man muß wissen, daß es nie und niemanden leichtfällt, eine totale Verpflichtung einzugehen. Das kommt nicht über Nacht, sondern es ist ein langer, anhaltender Prozeß.

Vor einiger Zeit unterhielt ich mich in Florida mit einem unserer leitenden Angestellten. Er erzählte mir, vor sechs Jahren habe er Schulden in Höhe von 150 000 Dollar gehabt. Sein Leben sei ruiniert gewesen; Familie und Freunde rieten ihm, den Offenbarungseid zu leisten, in einen anderen Bundesstaat zu ziehen und von vorne anzufangen. Aber er wollte nicht. So stark waren Wille und Verpflichtung, daß er sagte: „Gleichgültig, wie groß die Probleme sind, niemand überredet mich zum Aufgeben. Ich will doch jemand sein." Dieser Mann leistete keinen Offenbarungseid, sondern arbeitete allmählich seine Schulden ab.

Er brauchte mir nicht zu erklären, daß er es schaffen würde. Das erkannte ich in seinem Blick. Heute ist Dewey Verkaufsleiter auf Landesebene bei der A. L. Williams. Er hat ein sechsstelliges Einkommen, seine 150 000 Dollar Schulden fast abgezahlt und kann bereits Geld zurücklegen.

## 4. Grundsatz: Aus Wunsch wird Ausdauer

Sobald Sie eine wirkliche Verpflichtung eingegangen sind, verwandelt sich der Wunsch in Ausdauer. Das ist der weiter oben erwähnte zusätzliche Bestandteil.

Ein Interviewer fragte Pat Robertson einmal nach dem strapaziösen Weg, den Präsidentschaftsanwärter zurücklegen müssen, um die Gunst der breiten Öffentlichkeit zu gewinnen. Robertson erwiderte, bevor er morgens zu öffentlichen Auftritten und Reden aufbreche, die seinen ganzen Tag füllen, bitte er Gott um Ausdauer für diesen Zeitraum von vierundzwanzig Stunden. Robertson ist der Ansicht, daß ihm Ausdauer auf seinem Weg zum Erfolg am meisten half.

Das gilt auch für das Geschäftsleben. Halten Sie eine Minute inne und überdenken Sie dieses ungeschriebene Gesetz:

*Denken Sie daran:*
*In den ersten achtzehn Monaten als Geschäftsmann verpfuscht man alles.*

Ich habe die Erfahrung gemacht, daß es zwischen drei und fünf Jahre dauert, bis ein Geschäft – und zwar gleich, welches – zu funktionieren beginnt. Während der ersten anderthalb Jahre im Geschäft läuft alles, was möglicherweise schiefgehen kann, dann auch schief. Wenn Sie über keine Ausdauer verfügen, können Sie schon in der ersten Woche einpacken.

Das Leben gleicht nicht einem Sprint, sondern einem Marathon. Die Fähigkeit, weiterzumachen, wenn alles um einen herum anscheinend aus den Fugen geht, zeigt den Unterschied zwischen Gewinner und Verlierer.

Mel Fisher war Schatzsucher, und er glaubte, das spanische Schiff *Atocha* sei irgendwo vor der Küste von Florida gesunken. Als einzigen Fingerzeig besaß er einen winzigen Hinweis in einem Dokument, das jemand zufällig in einem spanischen Archiv ausgegraben hatte.

Sechzehn Jahre lang suchte Fisher das Schiff, und er gab dabei fast 16 Millionen Dollar aus. Auf dem Meeresboden fand er lediglich einige Artefakte. Viele stellten Fishers magere Funde in Abrede, behaupteten, die Artefakte seien Fälschungen und Fisher wolle nur seine Verluste wettmachen. Er verschuldete sich immer mehr, aber er wollte die Suche nicht aufgeben. Investoren und die Öffentlichkeit übten gewaltigen Druck auf ihn aus, die Suche aufzugeben. Seine Mannschaft arbeitete sechzehn Wochen ohne jede Bezahlung, sie machte nur dank Fishers Überzeugungskraft weiter.

Während einer Expedition ertranken Fishers Sohn, seine Schwiegertochter und ein weiterer Taucher. Aber er weigerte sich noch immer, aufzugeben. Seine Philosophie war und blieb: „Heute ist der große Tag!“

Zehn Jahre später, am Todestag seines Sohnes, fand Fisher die *Atocha*. Er war auf der Stelle wohlhabend und berühmt. Den Schatz hat man auf mehrere Abermillionen geschätzt, aber er ist unbezahlbar hinsichtlich seines historischen und kulturellen Wertes. Es war der größte Schatz, den man je gefunden hat.

Um es zu schaffen, braucht man große Träume und große Ziele, aber ein Träumer ohne Ausdauer versagt letzten Endes. Der Verband christlicher Athleten zitiert mit Vorliebe eine meiner Redensarten: „Träumer gibt es im Dutzend, einen Marathonläufer dagegen nur einmal unter einer Million.“ Mel Fisher war so ein Marathonläufer, der sich beim Aufstehen jeden Morgen sagte: „Heute ist der große Tag“. Er ließ sich einfach nicht entmutigen, gleichgültig, wie viele Widerstände es gab.

Das stimmt. Und der Wunsch verleiht Ihnen die Ausdauer, Ihren Marathon durchzuhalten.

Gary Player gewann seinerzeit mehr internationale Golfturniere als jeder andere. Heute gewinnt er immer noch in der Seniorenklasse.

Wenn Player an einem Turnier teilnahm, wandten sich unaufhörlich Zuschauer mit stets der gleichen Bemerkung an ihn: „Ich würde alles darum geben, einen Ball so zu schlagen wie Sie.“

An einem besonders schweren Tag, als Player müde und frustriert war, hörte er wieder diese Bemerkung.

Player vergaß seine sonst übliche Höflichkeit, als er dem Zuschauer antwortete: „Nein, Sie würden es nicht. Sie würden alles darum geben, einen Ball so zu schlagen, wenn es leicht wäre. Aber wissen Sie, was Sie tun müssen, um einen Ball so zu schlagen wie ich? Sie müssen jeden Morgen um fünf Uhr aufstehen, auf den Golfplatz gehen und tausend Golfbälle schlagen. Die Hand blutet Ihnen, und Sie gehen ins Klubhaus, waschen das Blut von der Hand, verbinden sie und gehen wieder hinaus und schlagen noch einmal tausend Golfbälle. Das muß man tun, um einen Golfball so wie ich zu schlagen!"

Kürzlich hörte ich etwas Ähnliches. Eine Frau erklärte überwältigt einem berühmten Geigenspieler: „Ich würde mein Leben geben, um so zu spielen wie Sie." Der Geigenvirtuose antwortete kurz: „Meine Dame, genau das habe ich getan."

Wollen! Diese Zutat veranlaßt die Menschen, ihr Leben in den Dienst eines Traums zu stellen und dafür zu arbeiten, gleichgültig, wie schwer es ist. Diese unangreifbare Eigenschaft wirkt sich stärker auf Erfolg aus als Talent, Bildung oder IQ. Den Wunsch sieht man nicht, aber man spürt sein Vorhandensein und sieht seine Auswirkungen im Leben erfolgreicher Menschen.

Alle wirklich erfolgreichen Menschen kennen den Zauber des Wunsches. Abraham Lincoln gab den Rat: „Halten Sie sich stets vor Augen, daß Ihr Entschluß zu gewinnen mehr zählt als alles andere."

Der ehemalige Berufsfootballspieler Jack Youngblood drückte es so aus: „Man erkennt, daß Hindernisse nicht wichtig sind, gleichgültig, was man im Leben macht. Schmerz oder anderes kann es geben, aber wenn man etwas wirklich unbedingt will, dann findet man auch Mittel und Wege, es zu tun."

Auch im täglichen Leben gibt es diese Botschaft. Man sagt es nur einfacher: „Wo ein Wille ist, da ist auch ein Weg."

# Kapitel 4
# Warnung: Kein Freibier

*Die meisten Menschen lassen sich eine Chance entgehen,*
*weil sie einen Overall trägt und wie Arbeit aussieht.*
*Thomas Edison*

Die nächsten sechs Kapitel bilden das, was ich als die „sechs Grundregeln zum Gewinnen“ bezeichne. Nachdem ich mein Leben lang der Frage nachgegangen bin, warum die einen gewinnen und die anderen verlieren, glaube ich fest daran, daß alle Gewinner diese sechs Bereiche meistern können.

Bevor Sie sich aber diese Geheimnisse für einen Sieg zunutze machen, *müssen* Sie den springenden Punkt verstehen: Sie müssen verstehen, wie die „Zauberformel“ fürs Gewinnen funktioniert, und Sie müssen die Grundregeln beherrschen.

### Die „Zauberformel“ fürs Gewinnen

Sie ist so einfach, und doch geradezu revolutionär. Tatsächlich wird diese Formel, dieses Prinzip, so oft mißverstanden und übersehen, daß sie jene, die sie verstehen, als „Zauber“ bezeichnen:

*50 Prozent aller Menschen überrunden Sie durch zielstrebiges und ausdauerndes Arbeiten.*

*Weitere 40 Prozent überholen Sie, indem Sie ehrlich, integer und engagiert sind.*

*Die restlichen 10 Prozent sind harter Wettkampf in der freien Marktwirtschaft.*

Ich habe festgestellt, daß es den Menschen schwerfällt, gerade dieses einfache Konzept zu akzeptieren. Aber ich weiß, daß es richtig ist. Ich habe es immer wieder beobachtet.

Halten Sie eine Minute ein und denken Sie noch einmal darüber nach: Durch hartes Arbeiten ist man besser als die Hälfte der Menschen. Dabei ist es nicht wichtig, ob man eine Fußballmannschaft aufbaut, ein Geschäft eröffnet, ein Unternehmen gründet oder die Geschicke des Landes als sein Präsident bestimmt. Sie überrunden 50 Prozent der Menschen *auf jeder Ebene* nur durch konsequent schwere Arbeit über einen langen Zeitraum hinweg.

Ich ärgere mich über einige dieser Bücher über das Schnell-reich-werden, die heute angeboten werden. Sie lehren, daß man gewitzt vorgehen, nicht aber, daß man hart arbeiten muß, um erfolgreich zu sein. Niemand hat ein Interesse daran, Ihnen etwas über lange und zermürbende Arbeit zu erzählen, die für einen Erfolg die Voraussetzung sind, aber ich verspreche Ihnen eines: Sie kommen keinen Millimeter weiter, wenn Sie nicht bereit sind, schwerer zu arbeiten als je in Ihrem Leben zuvor.

*Denken Sie daran:*
*Es gibt kein „Freibier".*

## Welche Überraschung! Arbeiten bringt nicht um

Ich erklärte meinen Footballspielern, daß man an schwerer Arbeit nicht stirbt. Im Sommer gingen wir in ein Football-camp und trainierten dreimal täglich. Ich sagte: „So, Leute, ihr geht jetzt hinaus in die heiße Sonne und arbeitet, und euer Trainer regt sich über euch auf, und ihr glaubt zu sterben. Aber wenn ihr das Gefühl habt, zu sterben, macht weiter! Denn der liebe Gott hat dort oben im Kopf eine Vorrichtung eingebaut, die euch ohnmächtig werden läßt, bevor ihr sterbt. Wer ohnmächtig wird, den schleppen wir in den Umkleideraum, stellen ihn unter die Dusche und geben ihm Salztabletten, und dann ist er bereit für die nächste Runde."

Natürlich liebte ich meine Spieler und hätte es nie zugelassen, daß ihnen irgend etwas zustößt. Aber diese kleine Ansprache unterstrich die Bedeutung wirklich schwerer Arbeit. Außerdem liegt darin viel Wahrheit. Ich glaube nicht, daß man an schwerer Arbeit stirbt. Streß, Sorgen und Angst – also negative Gefühle – können töten, nicht schwere Arbeit. Es ist eine Tatsache, daß die meisten Menschen in unserer Gesellschaft überhaupt nicht wissen, was schwere Arbeit bedeutet.

## Erfolgreiche Menschen sind etwas Besonderes – wirklich?

Wenn jemand erfolgreich ist, sagt jeder: „Dieser Bursche kam schon großartig auf die Welt. Wäre ich wie er, hätte ich sein Charisma (oder Herkunft oder Stil oder rhetorische Fähigkeit oder was sonst noch), wäre auch ich jemand."

Das ist einer der größten Mythen über den Erfolg. Nichts ist weniger richtig.

Jerry Falwell ist ein gutes Beispiel dafür, was man mit schwerer Arbeit erreichen kann. Heute ist Jerry einer der bekanntesten Prediger in Amerika. Er ist für einige der mächtigsten Menschen der Welt Freund und Vertrauensmann. Er hat eine der größten Kirchen in den Vereinigten Staaten aufgebaut, die über zwanzigtausend Mitglieder besitzt. Jeden Sonntag werden für die Riesenzahl von Menschen, die am Gottesdienst in der Baptistenkirche in Thomas Road teilnehmen möchten, fünf Gottesdienste abgehalten. Millionen von Menschen hören seine Botschaft allwöchentlich im Fernsehen und Radio.

Man sieht sich Jerry an und meint, er sei schon seit seiner Geburt groß gewesen. Aber ich kann Ihnen sagen, daß sein Erfolg sich nicht auf diese Weise eingestellt hat. Seine erste Kirche war ein heruntergekommenes Gebäude eines Flaschenabfüll-Unternehmens, das er für 300 Dollar monatlich mietete, als die Firma Bankrott machte. Er hatte ein Gebäude, aber keine Gläubigen.

Jerry stand jeden Morgen um 5.30 Uhr auf. Um 6.30 Uhr machte er ein Radioprogramm, für das er 7 Dollar täglich zahlte.

Anders als der großartige Chor seiner Kirche heute tönte Falwells Chor damals von einer Langspielplatte. Nach der halbstündigen Radiosendung ging er ins Büro, wo er bis 9 Uhr arbeitete. Dann brach er auf, um an Türen zu klopfen. Tag für Tag, sechs Tage in der Woche – und nicht jeden zweiten Tag oder wenn er Lust dazu hatte – klopfte Falwell an einhundert Türen, stellte sich vor und lud die Menschen ein, in seine Kirche zu kommen. Häufig schlug man ihm einfach die Tür vor der Nase zu. Aber beim sechzigsten oder siebzigsten Mal bat ihn doch jemand hinein und ließ ihn über seine neue Kirche sprechen. Heute bringen Busse die Menschen herbei, die ihn predigen hören möchten, und seine Botschaft erreicht Menschen in ganz Amerika.

Auf diese Weise wurde Falwell überall als Prediger bekannt: durch anstrengende Arbeit, Tag für Tag, und *völlig allein*. Falwell wußte nur zu gut, daß es nichts umsonst gibt, und für ihn gab es keinen anderen Weg zum Erfolg als Schwerstarbeit.

Überlegen Sie nur für eine Minute, was es bedeutet, täglich sechs Tage in der Woche an einhundert Türen zu klopfen, dann am Sonntag zwei Predigten zu halten und außerdem noch jeden Tag eine Radiosendung zu machen. Das ist unglaublich!

Heute betrachtet man mich, als hätte auch ich es schon immer geschafft. Nichts ist weiter von der Wahrheit entfernt. Während der ersten beiden Jahre als Geschäftsmann wollte ich jeden Tag sterben. Ich gehöre zu jenen Menschen, die bei jedem beliebt sein möchten und die es gerne haben, wenn man ihnen zustimmt. Ich konnte Ablehnung nicht ertragen. Anfangs wollte ich jeden Tag – nicht jeden zweiten Tag! – einfach aufgeben, und das *zwei* Jahre lang!

Als ich schon sechs Jahre im Geschäft war, verdiente ich immer noch knapp 30 000 Dollar, und ich arbeitete sechs Tage pro Woche. Jeder sagte mir, ich sei verrückt, es lohne sich nicht, ich solle lieber aufgeben und wieder Trainer werden. Ich hatte aber solch einen brennenden Wunsch, nicht durchschnittlich und gewöhnlich zu bleiben, daß ich verbissen weitermachte, und knapp vier Jahre später war ich Millionär.

Die meisten Menschen räumen sich nicht genug Zeit ein. Man muß schwer arbeiten, nicht nur einige Wochen oder Monate, sondern jahrelang. Man braucht drei bis fünf Jahre, um als Geschäftsmann Fuß zu fassen. Während der ersten beiden Jahre jeder Unternehmung überlebt man gerade. (Siehe das ungeschriebene Gesetz, demzufolge die ersten achtzehn Monate im Geschäftsleben ein großes Durcheinander sind.)

Selbst nachdem Sie es geschafft haben, müssen Sie weiter schwer arbeiten, wenn Sie noch besser werden und Ihr Geschäft ausweiten und vorantreiben wollen, bis Sie es im Großen geschafft haben. Wenn Sie zu schwerer Arbeit bereit *sind*, haben Sie bereits 50 Prozent der Menschen überholt. Mindestens die Hälfte aller Menschen will nicht so schwer arbeiten.

Sie können weitere 40 Prozent dadurch aus dem Feld schlagen, daß Sie richtig leben und sich für etwas einsetzen. Damit meine ich nicht, daß Sie perfekt sein müssen, sondern daß man versuchen sollte, ein aufrichtiges, moralisches Leben zu führen, und etwas zu finden, an das man glauben kann.

Die meisten Menschen rollen sich jeden Morgen aus dem Bett und sehen keinen Sinn in ihrem Leben. Sie müssen etwas finden, für das Sie sich engagieren können (darüber später noch mehr).

Stellen Sie sich einmal vor: Sie überflügeln 90 Prozent der Menschen – ungeachtet Ihrer Probleme und Fehler – dadurch, daß Sie schwer arbeiten und ein integerer Mensch mit einer starken Überzeugung sind!

Die restlichen 10 Prozent erfordern harten Wettkampf, denn 10 Prozent der Menschen erweisen sich als genauso hartnäckig wie Sie selbst. Und genau so sollte es in der freien Marktwirtschaft auch sein.

## Eignen Sie sich die Grundregeln an!

Die Grundregeln bilden den Schlüssel zum Erfolg. Im Geschäftsleben sehe ich oft mit Erstaunen, wie viele das nicht verstehen. Das hat nichts mit Intelligenz zu tun. Ich habe festgestellt, daß die klügsten Menschen der Welt im Geschäftsleben zum Teil die gleichen Fehler machen wie die nicht ganz so klugen. Und den größten Fehler, den *alle* machen, ist, daß sie die Bedeutung der Grundregeln nicht erkennen.

## Sie gewinnen mit Grundregeln

Viele Menschen suchen ein System, das den Erfolg praktisch garantiert. Aber ein System ist nicht der Schlüssel – genau wie im Football, wo die Mannschaften unterschiedliche Systeme gebrauchen: Oklahoma gewinnt mit dem „Gabelbein"; Nebraska mit der „I-Formation", Südcarolina mit „Laufen und Schießen", Tennessee mit seinem „pro Satz", Miami mit „Pässen", und Georgia gewinnt mit „Laufen".

Die bessere Mannschaft blockiert und stürmt einfach besser, und sie ist körperlich und geistig in einer besseren Kondition als ihr Gegner. Die Mannschaft gewinnt, weil die Spieler die Grundregeln des Spiels beherrschen.

## Der größte „Meister" der Grundregeln

Trainer Paul „Bear" Bryant war einer meiner Helden und meiner Meinung nach der beste Footballtrainer, den es je gegeben hat. Ein Blick auf Bryants Laufbahn als Trainer beweist, daß er gewann, wo immer er hinging: in Maryland, Kentucky, Texas und Alabama – vor allem in diesen Staaten arbeitete er als Trainer. Vor seiner Ankunft verloren die Schulmannschaften dort am laufenden Band.

Bryant trainierte mit den gleichen Spielern, den gleichen Einrichtungen und den gleichen Schülern wie jeder Trainer vor ihm, wenn er seine Arbeit aufnahm. Plötzlich veränderte sich die ganze Atmosphäre, die Arbeitsweise. Fast sofort trat eine Wende zum Guten an jeder Schule ein. Nach nicht allzu langer Zeit herrschte die von Bryant trainierte Mannschaft vor, wo immer sie antrat. Viele sagten: „Ja, als Trainer war Bryant einfach ein Genie. Er wußte mehr über Football, Systeme und das Spiel als jeder andere." Aber das ist nicht richtig.

Bum Phillips, Trainer der New Orleans Saints und Bryants Assistent in seinen Anfangsjahren, erklärte das so: „Andere Trainer trainieren Football, Bryant dagegen Menschen."

Ich bin davon überzeugt, denn ich habe Trainingsstätten besucht und Vorträge von Bryant gehört. Beim Zuhören stellte man fest, daß er zwar viel über Football wußte, aber kaum mehr über die technischen Aspekte des Footballs als andere Trainer auch. Sah man sich die Spieler seiner erfolgreichen Mannschaften an, stellte man fest, daß sie nicht größer oder stärker als andere Footballspieler am College waren.

### Welches Geheimnis besaß Bryant als Trainer?

Aber die Art, wie Bryant sich die Menschen ansah, die Art, wie er verstand, was die Menschen antreibt, war anders. Er verstand besser als jeder andere die Grundregeln, mit denen man gewinnt. Wie Trainer Jake Gaither aus Florida sagte: „Bryant konnte sein Team nehmen und dein Team schlagen, und er konnte deines nehmen und das eigene schlagen."

Das, mehr als alles andere, bedeutet, daß Bryant ein anderer, ein einmaliger Trainer war. Er wußte Dinge über das Trainieren, von denen sonst niemand eine Ahnung hatte: Er verstand es, *Menschen* zu trainieren, und bei seiner Arbeit dienten ihm die Grundregeln des Spiels als Technik.

Man muß wissen, daß der Unterschied zwischen Gewinnen und durchschnittlich und gewöhnlich sein, so klein ist, daß es fast unglaublich ist. Man bringt 99 Prozent der Dinge richtig fertig, aber nicht jene Kleinigkeiten, die der Schlüssel zum Gewinnen sind, und dann versagt man garantiert. Dieser kleine Vorsprung, den ich meine, ist eine besondere Art von geistiger Hartnäckigkeit. Ich betrachte sie als den Vorsprung zum Gewinnen. Das alles läßt sich zurückführen auf die Grundregeln, jene Grundregeln, mit denen man gewinnt.

In meiner ersten Stelle als leitender Trainer lernte ich eine hervorragende Lektion. Davor war ich zwei Jahre lang Assistent des Trainers an der Thomasville High School in Georgia gewesen, die eine ausgezeichnete Schule für Football war. Das Footballteam von Thomasville war überlegen, alles am Football war dort erstklassig: Wir hatten hervorragende Spieler, ausgezeichnete Einrichtungen, erstklassige Trainer und ein großartiges Programm, und Thomasville gewann ein Jahr nach dem anderen.

Dann gab ich diese Stelle auf und wurde selbst leitender Trainer. Meine neue Mannschaft hatte im Verlauf von zwei Jahren nur ein Spiel gewonnen, und seit zwanzig Jahren wahrscheinlich keine erfolgreiche Saison mehr erlebt.

Ich sagte mir anfangs, alles sei haargenau das gleiche: Die Schule war genauso groß wie in Thomasville, und sie war in der gleichen Liga in Georgia (eine der besten). Wenn ich also der leitende Trainer war, dann würde ich die Spieler genauso trainieren wie in Thomasville.

Eine böse Überraschung erwartete mich: Die Spieler kannten nicht einmal die Grundregeln des Spiels. Ich mußte den Schülern diese Grundregeln erst einmal beibringen: Wie man sich in der Stellung beugt; wie man den Gegner blockiert; wie man einen Football hält; wie man stürmt und so weiter und so weiter. Ich kann Ihnen versichern, daß ich besorgt war.

Die Jungens waren klein, und sie waren schwach. Ich kaufte Gewichte. Ich unternahm alles, was ich mir vorstellen konnte, um an den Grundregeln zu arbeiten – und die Jungens dazu zu bringen, an sich zu glauben.

Sie wissen bereits, daß die richtige Einstellung meiner Ansicht nach alles ist. Diese Jugendlichen hatten aufgrund ihrer Erfahrung keine allzu großartige Einstellung zum Football. Ich sagte ihnen, uns habe das Schicksal zusammengeführt, niemand erwarte von uns, daß wir gewinnen, aber wir würden nun zusammen arbeiten und die ganze Welt überraschen.

Und es funktionierte: In der nächsten Footballsaison standen wir 7:3. Wir verwirrten die erste Mannschaft des Staates völlig, und ich wurde zum Trainer des Jahres ernannt. Wir verblüfften den ganzen Staat, und unsere Mannschaft war fast so überrascht wie alle anderen!

Diese Erfahrung war für mich der Beweis für ein weiteres ungeschriebenes Gesetz, an das ich mich seither gehalten habe:

*Denken Sie daran:*
*Zentimeter um Zentimeter, dann wird es ein Kinderspiel.*

Unsere kleine Mannschaft glich zu Beginn des Jahres einem chaotischen Haufen, da die Spieler aber an den Grundregeln arbeiteten, und zwar tagtäglich, änderte sich das ganze Programm von Grund auf.

### Ein anderes Team, das „zentimeterweise" gewann

Bei der Gründung der A. L. Williams traten wir gegen Riesen im amerikanischen Geschäftsleben wie Prudential, New York Life und Northwestern Mutual an. Diese Unternehmen gaben allein für die Werbung Millionen von Dollar aus, und sie besaßen alles, was man normalerweise zum Gewinnen braucht.

Fünfundachtzig Personen gründeten die A. L. Williams. Wir hatten weder Geld noch einen Namen. Wir fanden nur mit Mühe jemanden, der bereit war, unsere Abschlüsse zu übernehmen. Wir erfreuten uns nur geringer Unterstützung. Nichts gab Anlaß, sich vorzustellen, daß wir einmal mit den Riesen in unserer Branche konkurrieren könnten. Aber als Trainer hatte ich gelernt, daß die Grundregeln den Schlüssel darstellen, und dann ist es Zentimeter um Zentimeter nur noch ein Kinderspiel.

Man kommt nicht einfach daher, schnippt mit den Fingern und befindet sich sofort mitten im dicksten Gewinn. So einfach geht es nun auch wieder nicht. Man muß von Anfang an wissen, daß man sich für acht bis zehn Jahre verpflichtet. Ebenso muß man wissen, daß in den ersten anderthalb Jahren praktisch alles, was man anpackt, auseinanderfällt. Man braucht drei bis fünf Jahre, nur um ein Unternehmen zu gründen, und dabei macht man unaufhörlich nur das Richtige und steht ständig im Konkurrenzkampf.

Aber man muß den ersten Schritt tun, um zu gewinnen und eine erfolgreiche Mannschaft (wie Trainer Bryant) aufzubauen oder aber ein führendes Unternehmen, mit dem man finanziell unabhängig wird und gleichzeitig anderen Menschen zum Erfolg verhilft. Zuallererst muß man diese Grundregeln beherrschen, und sie dann bei der Arbeit berücksichtigen. Man sieht sie sich an, und es erscheint völlig unmöglich. Betrachtet man sich die Riesen in der Branche, dann erscheint Gewinnen unter Umständen wie ein unmöglicher Traum.

In unserer Branche gibt es *Prudential* und mehrere andere Riesenfirmen schon einhundert Jahre lang. Das waren einige der mächtigsten, bekanntesten Unternehmen in ganz Amerika. Wir forderten tatsächlich eine Institution heraus, und diese großen, mächtigen Unternehmen nutzten jeden Wettbewerbsvorsprung, der ihnen zur Verfügung stand. Niemand hätte angenommen, daß wir überleben würden, geschweige ein im ganzen Land führendes Unternehmen aufbauen könnten.

Wir hielten uns nicht damit auf, uns vor Augen zu halten, was die Konkurrenz hatte, über das wir nicht verfügten. Das machte uns keine Kopfschmerzen, denn wir konzentrierten uns auf die sechs Grundregeln.

## Die Grundregeln

Ich glaubte damals daran, und es ist immer noch meine Überzeugung, daß man ein Spitzen-Team – egal in welchem Bereich, eine erstklassige Footballmannschaft oder ein hervorragendes Unternehmen – nur dann aufbaut, wenn man diese sechs Grundregeln beherrscht:

1. Werden Sie wieder zum Träumer!
2. Engagieren Sie sich!
3. Träumen Sie von Großem – aber einfach formuliert!
4. Seien Sie stets positiv!
5. Behandeln Sie die Menschen „gut"!
6. Geben Sie nie auf!

Ich habe festgestellt, daß man sein Leben nicht damit verbringen soll, sich mit anderen zu vergleichen; vor allem nicht mit Menschen, die es schon geschafft haben, weil man dadurch schrecklich deprimiert wird und sich hoffnungslos fühlt. Man muß verstehen, was man für den Erfolg unternehmen muß, und der Schlüssel dazu sind die Grundregeln. Nehmen Sie eine langfristige Verpflichtung (von acht bis zehn Jahren) auf sich und sagen Sie sich: „Jetzt fange ich an, nach diesen sechs Regeln zu arbeiten!" Allein damit sind Sie der Mehrheit schon voraus. Mit Ihrer positiven Einstellung ist es vielleicht noch nicht weit her, denn Sie hatten ein negatives Lebensgefühl, weil man Sie so häufig fallengelassen hat. Aber Sie müssen es versuchen!

Sie sind nicht über Nacht positiv, auch hier geht es nur Zentimeter um Zentimeter. Sie müssen sich über einen längeren Zeitraum hinweg allmählich verändern.

Und Sie müssen unaufhörlich daran arbeiten. Sie befehlen sich selbst: „Heute bin ich positiv!" Und dann gehen Sie zur Arbeit und sind einige Minuten oder sogar einige Stunden lang positiv, aber dann holt Ihre Vergangenheit Sie ein. Sie fallen wiederum in Ihr früheres Verhalten. Jetzt ist es an der Zeit, sich *aufmunternd* zuzureden. Sie müssen sich sagen: „Ich will gewinnen! Ich möchte jemand sein! Ich versage in diesem Bereich, und ich muß daran arbeiten. So handelt ein Gewinner." Zentimeter um Zentimeter, dann ist es ein Kinderspiel.

Über 90 Prozent aller neuen Unternehmen sind in den ersten zwei oder drei Jahren ein Mißerfolg. Bei der A. L. Williams hatten wir uns das Ziel gesetzt, die Versicherungsbranche in Amerika zu beherrschen und Unternehmen zu überflügeln, die schon seit über hundert Jahren existierten. Es schien unmöglich. Wir begannen in drei Staaten mit acht Büros – mit den Grundregeln, Zentimeter um Zentimeter, und wurden dabei täglich besser. Genau wie Trainer Bryant fingen wir an, Menschen aufzubauen.

Heute beginnen bei uns jeden Monat Tausende von Menschen, anfangs waren es dagegen höchstens fünf. Aber genau dort muß man anfangen. Man kann nicht einfach sagen: „Ich wünsche mir, wir könnten monatlich zehntausend Personen einstellen." Beginnen Sie mit dem, was Sie haben, und Sie werden allmählich besser. Sie müssen sich das Ziel setzen, sich jeden Tag zu verbessern.

Heute gibt es bei uns jeden Monat über einhundert neue Vizepräsidenten. Während des ersten Jahres gab es in der A. L. Williams nur einen einzigen neuen. Man kann nicht einfach so herumsitzen und erklären: „Ich möchte so groß wie *Prudential* sein. Ich möchte so groß wie *New York Life* sein!" Wir waren fünfundachtzig Personen sowie fünf oder zehn oder fünfzehn neue Mitarbeiter monatlich, und wir fingen an, diese einzuarbeiten. Wir erklärten, daß wir uns als eine Schicksalsgemeinschaft und als ein Schicksalsunternehmen fühlten. Wir wüßten, daß wir etwas Richtiges in Angriff genommen hatten, und wir würden auf die größte Branche der Welt einen ungeheuren Einfluß ausüben. Wir würden *Prudential* überflügeln, und darauf bauten wir auf.

Knapp sechs Jahre später hatten wir es geschafft. Wir schlossen mehr private Lebensversicherungen in Amerika ab als *Prudential, New York Life* oder sonst jemand.

Wenn Sie bis heute in Ihrem Leben noch nicht gewonnen haben, ist es an der Zeit, aufzuwachen und einzusehen, daß niemand für Sie in Ihrem Garten Öl findet. Auch klopft niemand an Ihre Tür und sagt: „Hier haben Sie Ihre Chance. Ich ernenne Sie zum Vorsitzenden des Unternehmens." So etwas passiert Menschen einfach nicht, die wie Sie und ich aussehen und von dorther kommen, von wo wir herkommen.

*Sie müssen sich verändern*! Sie müssen in Zukunft etwas tun, das sich von Ihrem Tun in der Vergangenheit unterscheidet. Diese Tatsache müssen Sie akzeptieren, bevor Sie aufbrechen können.

Vielleicht sagen Sie jetzt: „Welcher Unsinn!"

Darauf kann ich Ihnen nur raten: „Blicken Sie doch einmal kurz in den Spiegel!" Betrachten Sie sich dort den Mann oder die Frau, und denken Sie zurück an die letzten fünf oder sechs Jahre. Ich kann Ihnen versprechen, daß die nächsten fünf oder sechs Jahre haargenau den vergangenen gleichen werden, wenn Sie sich nicht ändern.

Ist das nicht deprimierend?

*Denken Sie daran:*
*Werden Sie im Wesentlichen fest –*
*und bleiben Sie im Wesentlichen fest.*

Wenn Sie bereit sind, die Verantwortung für Ihr Leben zu übernehmen und Ihr bisheriges Verhalten zu ändern, müssen Sie die *sechs Grundregeln*, die zum Gewinnen notwendig sind, beherrschen.

Sie können sie nicht einfach überfliegen und dann zu etwas anderem übergehen. Sie müssen sie sorgfältig durchlesen und auf

Ihr Leben übertragen. Sie müssen jeden Tag daran denken. Nach jeder Enttäuschung müssen Sie zurückblicken und sich fragen: „Wo bin ich schwach? Welche Grundregel habe ich vergessen?" In neun von zehn Fällen klappte etwas nicht, weil die eine oder mehrere Grundregeln zum Gewinnen vergessen wurden.

Wenn Sie wirklich bereit sind zu arbeiten, prägen Sie sich die Grundregeln ein, mit denen Ihre schwere Arbeit sich lohnt.

*Denken Sie daran:*
*Fangen Sie jetzt damit an!*

# Kapitel 5
# Werden Sie wieder ein Träumer

*Die Zukunft gehört jenen, die an die Schönheit ihrer Träume glauben.*
*Eleanor Roosevelt*

Halten Sie einen Augenblick inne, und stellen Sie das Atmen ein! Während der nächsten Seiten denken Sie nicht mit dem Verstand, sondern mit dem Herzen. Gebrauchen Sie dieses geheimnisvolle Ding namens „Phantasie".

Zuerst: *Wünschen Sie sich etwas*!

Spaßig, nicht wahr? Und es ist leicht. Ja, es ist so leicht, so einfach, so natürlich, daß Sie wahrscheinlich nie darüber nachgedacht haben. Und Sie müssen wissen:

*Träumen inspiriert zum Gewinnen.*

Nun sagen Sie wahrscheinlich: „Art, diesmal haben Sie wirklich übertrieben! Was haben Träume mit Erfolg zu tun?"

Tatsächlich sind Träume eines der mächtigsten Werkzeuge für den Erfolg, die man haben kann. Meine Botschaft in diesem Kapitel heißt: „Wünschen Sie sich, was Sie wagen, und es wird wahr."

Ich meine es ernst. Ich glaube aus tiefster Seele, daß man erreichen kann, wovon man träumt.

Wie ist das möglich? Wenn Wollen das Geheimnis zum Gewinnen ist, wie ich eingangs erklärte, dann ist Träumen das Geheimnis des Wollens. *Träume sind der Brennstoff des Wunsches.*

> *Denken Sie daran:*
> *Wenn Sie keinen großen Traum haben, sind Sie tot.*

Was Napoleon Hills Buch „Denken und reich werden" glaubhaft macht, sind seine Forschungsergebnisse. Er untersuchte eine Reihe erfolgreicher Menschen, und was sie alle verband, war die Tatsache, daß sie Träumer waren. Sie wurden innerlich praktisch von einem Traum verzehrt, den sie jahrelang gepflegt hatten.

Es ist unmöglich, ohne einen großen Traum etwas Großes zu vollbringen. Wenn Sie keinen großen Traum haben, sind Sie tot. Natürlich nicht im physischen Sinn, aber Ihre Chance, „jemand zu sein", ist gestorben.

Im Sinne der gleichen Logik kann jeder (auch Sie!) einen großen Traum haben.

Und jeder (selbst Sie!), der ein Träumer ist, kann noch gewinnen.

Und jeder (ja, auch Sie!) kann damit beginnen, sich innerhalb von dreißig Tagen zu verändern; dabei beginnt er mit der Macht eines Traumes.

Denken Sie nicht mehr daran, wie hoffnungslos Ihre Lage gerade in diesem Augenblick ist. Denken Sie an die Macht der Träume.

Dann beginnen Sie damit, *sich etwas zu wünschen*!

## Einige von jenen, die zu träumen wagten

Betrachten wir uns einige Träumer und wie sie „ihre Nachteile überwanden".

| **Der Traum** | **Der Träumer** |
|---|---|
| Ein exzentrischer Erfinder und zielloser Mensch wird Zeuge, wie mehrere Kinder nach dem Genuß von verschmutzter Milch sterben. Er träumt davon, einen Weg zum Frischhalten von Milch zu finden. | **Gail Borden**<br>Borden Milch und Eis |
| Ein Witwer mit einem kleinen Sohn verliert seinen Arbeitsplatz in einem Kaufhaus. Er träumt davon, sein eigener Chef zu sein, | **George Kinney**<br>Kinney Schuhe |

und bringt mühsam 1500 Dollar fürs eigene Geschäft zusammen.

Ein sechsjähriger Junge träumt davon, Hühnereier schneller zum Ausbrüten zu bringen. Als Lösung setzt er sich selbst auf die Eier. Das ist ein erster Schimmer seines Genies und der Beginn von Ideen, die die Welt veränderten.

**Thomas Alva Edison**
Erfinder: Glühbirne, Phonograph und Film

Von klein auf berührt ein kleines Mädchen gern das Gesicht anderer Menschen und kämmt sie. Sie hilft auch anderen gerne, sich schön zu machen, und sie träumt davon, sich auf Hautpflege zu spezialisieren, während sie ihrem Onkel zusieht, der auf dem Gasherd ihrer Mutter Cremes rührt.

**Estée Lauder**
Kosmetik- und Hautpflegeprodukte von Estée Lauder

Zwei Bastler richten sich in der Garage eine Werkstatt ein. Sie träumen davon, einen technologischen Vorteil auszutüfteln. Eine ihrer ersten Erfindungen ist ein Stimmer für eine elektrische Harmonika.

**William Hewlett**
und
**David Packard**
Hewlett-Packard Informationsanlagen

Er lebt in einer vom Staat finanzierten Sozialwohnung und träumt davon, den Bergwerken in seinem Heimatstaat, Pennsylvania, zu entrinnen. Da er ein guter Athlet ist, wird er Sportler.

**Mike Ditka**
Berufsfootballspieler; leitender Trainer der Chicago Bears

Zwei Schwager verfolgen den einfachen Traum, zusammen Geschäfte zu machen und 75 Dollar pro Woche zu verdienen. Sie entwickeln eine glänzend einfache Absatzphilosophie: ein Erzeugnis, auf einunddreißig verschiedene Arten angeboten.

**Burton Baskin**
und
**Irvine Robbins**
Baskin-Robbins Eis

Gegen 1800 sterben zahlreiche Patienten nach einem operativen Eingriff aufgrund unhygienischer Zustände. Ein junger Träumer überredet seine Brüder dazu, gemeinsam einen Weg für die Herstellung steriler Verbände zu suchen.

**Robert, Edward** und **James Johnson**
Gesundheitsprodukte von Johnson & Johnson

Als sein älterer Bruder im Zweiten Weltkrieg abgeschossen und getötet wurde, hört dieser Teenager Radio, um seine Einsamkeit zu überwinden, und er träumt davon, eines Tages eine eigene Show zu haben.

**Dick Clark**
„American Bandstand"

Ein Arzt träumt davon, eine von allen für unmöglich gehaltene Operationsmethode einzusetzen. Er will diesen Traum verwirklichen, bevor ihn ein rheumatisches Leiden am Operieren hindert.

**Dr. Christiaan Barnard**
Die erste erfolgreiche Transplantation eines Menschenherzens

**HALT! Lassen Sie sich nicht entmutigen!**

Ja, ich weiß genau, was Sie jetzt denken. Sie haben gerade von diesen unglaublichen Träumern gelesen, und Sie sagen: „*Aber so bin ich doch nicht*!" Lassen Sie sich nicht entmutigen! Sie müssen großartige Träume haben, andererseits sollten Sie bedenken, daß Sie Ihren Traum jederzeit „erweitern" können. Bei Vorträgen quer durch Amerika zitiert Angela am liebsten Zig Ziglar: „Träumen Sie, soweit Sie sehen, und wenn Sie dort angekommen sind, können Sie weiter blicken." Angela berichtet, wie ich im Laufe der Jahre, als ich wuchs, meine Träume erweiterte. Sie erzählt, es habe alles damit begonnen, daß ich meine Familie finanziell absichern wollte. Dann wollte ich selbst finanziell unabhängig werden. Danach wollte ich die führende Verkaufsorganisation für Lebensversicherungen in Amerika aufbauen, und so weiter. Wenn Sie also keine Beziehung zu einem Traum in weiter Ferne herstellen können, setzen Sie die Ziele zuerst einmal tiefer an.

Einer meiner Freunde lebt in Kalifornien, und ich glaube, er ist ein ausgezeichnetes Beispiel. Jim Minor ist genau der Mann, mit dem wir alle schon einmal gearbeitet haben. Er war ein „Mann des Unternehmens“, der einundzwanzig Jahre lang für die Ersatzteile eines Chrysler-Händlers verantwortlich gewesen war. Er hatte wertvolle Dienste für die Abteilung geleistet und sogar zur Steigerung ihrer Erträge beigesteuert. Zum Dank erhöhte sein Arbeitgeber von Zeit zu Zeit sein Gehalt um jeweils 1000 Dollar.

Jim war zufrieden mit seinen Leistungen, aber trotzdem leicht enttäuscht. Er träumte davon, mit seinem Leben etwas Besonderes anzufangen, aber er fand nicht den richtigen Ansatz. Er hatte schon vieles versucht, aber irgendwie war alles schiefgelaufen. Er glaubte, mit Silber eine Chance gefunden zu haben, aber als der Silbermarkt eine Baisse erlebte, fielen auch Jims Hoffnungen in sich zusammen.

Jim fühlte allmählich, wie die meisten von uns, daß die Zeit knapp wird. Er war vierundvierzig Jahre alt, hatte eine Frau und zwei Kinder. Er hatte schon Tragisches durchgemacht: Ein Kind aus einer früheren Ehe hatte Selbstmord begangen. Seine Gesundheit ließ nach. Sein Blutdruck war kaum noch unter Kontrolle zu halten, nicht einmal mit den vom Arzt verschriebenen Medikamenten. Einer seiner Freunde definierte ihn damals so: „Ein Vierundvierziger, der siebzig wird.“

Aber er träumte weiter, gab nie die Hoffnung auf, daß Jim Minor noch etwas Besseres erwartete.

Als einer unserer Geschäftsführer einem Bekannten gegenüber unser Unternehmen erwähnte, dachte dieser sofort an Jim. Auf die Gefahr hin, entlassen zu werden, weil er sich um einen anderen Arbeitsplatz bemühte, sprach Jim bei unserem Vizepräsidenten vor.

Aber selbst Jims Freunde äußerten sich nicht sehr ermutigend. Einer erklärte unserem Vizepräsidenten, Jim sei zwar ein großartiger Bursche, aber aus ihm werde wohl nichts mehr werden.

Anfangs waren Zweifel tatsächlich angebracht. Jim war so verängstigt und nervös, daß er kaum mit Menschen sprechen konnte. Bei einem Kundenbesuch mit seinem Vorgesetzten zitterten ihm die Hände so stark (obwohl er das Gespräch nicht selbst führte!), daß sein Vorgesetzter ihm zuflüstern mußte, sie unter dem Tisch zu verstecken. Um sein Selbstvertrauen aufzubauen, bat ihn sein Vorgesetzter, mit einer Gruppe von fünf oder sechs anderen Verkaufsvertretern ein kurzes, informelles Informationsgespräch zu führen. Als der Vorgesetzte mit Jims Frau sprach, erfuhr er, daß Jim vor dem Treffen zwei Nächte nicht geschlafen hatte.

In vieler Hinsicht war es für Jim eine unglückliche Erfahrung. Aber er kam regelmäßig zur Arbeit, steckte den Schlüssel ins Schloß und arbeitete bis spät in die Nacht, ohne sich einen Tag freizunehmen.

Heute ist Jim Minor einer unserer Vizepräsidenten mit einer festen Organisation und einem großen Einkommen. Er und seine Frau Deanna haben für unser Unternehmen die ganze Welt bereist. Er hat einen weiten Weg vom Ersatzteil-Geschäft zurückgelegt. Sogar seine Gesundheit hat sich gebessert: Er leidet nicht mehr unter dem unberechenbaren Blutdruck, der seine Ursache in einem Gefühl von Frustration und Versagen hatte.

Mir gefällt Jims Geschichte ganz besonders, weil es keine über einen „Soforterfolg“ ist, sondern eine von großen Mühen und unzähligen Hindernissen. Jim konnte durchaus das Gefühl haben, das Leben sei an ihm vorübergegangen, aber er verlor nie seinen Traum aus den Augen. Er ist der lebende Beweis dafür, daß man werden kann, wovon man träumt.

### Vergessen Sie, daß Träume „für Kinder“ sind!

Im ersten Kapitel dieses Buches sprach ich von den Träumen unserer Kindheit. Ich führte auch einige Antworten von Kindern in der fünften Klasse an einer staatlichen Schule in Georgia an. Die Lehrerin bat die Kinder, ihre Zukunftsträume aufzuschreiben. Jetzt versetzen Sie sich einmal an die Stelle der Lehrerin. Sie hat fast sechs Monate lang jeden Tag mit den gleichen fünfundzwanzig Kindern verbracht. Sie weiß, welche das ganze Jahr hindurch gute und welche schlechte Noten hatten. Sie kennt die Eltern dieser Kinder, und sie weiß, wie es bei ihnen zu Hause aussieht. Sie kann sich wirklich gut vorstellen, welche dieser Kinder die Gesellschaft zu den „Erfolgreichen" wählen würde, und welche von ihr als „Verlierer" abgestempelt würden. Und doch schrieb jedes der fünfundzwanzig Kinder seinen eigenen großen Traum auf. Nicht irgendeinen kleinen Traum, sondern *einen großen Traum*. In ihrer Vorstellung standen ihnen alle Möglichkeiten offen, noch standen ihnen keine gesellschaftlichen oder finanziellen Hindernisse im Weg.

Ist es nicht großartig, daß das Kind aus der armseligen Umgebung, dessen Eltern völlig mittellos sind, das scheinbar in dieser Welt keinerlei Aussichten hat, sagen kann: „Wenn ich groß bin, werde ich Arzt oder Astronaut", und zwar genauso überzeugend und glaubhaft wie das Kind aus der reichen und privilegierten Familie? Noch wissen die Kinder nicht, was „privilegiert" bedeutet; sie wissen nur, was ein Wunsch ist.

Wirklich „arm" in dieser Welt sind jene, die die Fähigkeit zum Träumen verloren haben. Wenn wir erwachsen geworden sind, setzt sich die „Wirklichkeit" durch. Wir stellen fest, daß sich die Welt nicht um uns dreht, und wir fangen an, unsere großartigen Träume zu vergessen. Sie erscheinen uns so weit entfernt, so unerreichbar. Es wird zunehmend schwerer, die Selbstachtung aufzubringen, die wir brauchen, um unsere Träume auch weiterhin für möglich zu halten.

Für einige Menschen bedeutet das Unglück. Sie fallen so tief, daß sie der Meinung sind, sie eigneten sich für absolut nichts. Sie können sich nicht einmal mehr daran erinnern, wie einst ihre Hoffnungen und Träume aussahen. In ganz extremen Fällen geben sie einfach auf.

Die meisten von uns haben in den Städten sicher schon die „Bag ladies", die wohnsitzlosen Frauen mit den Plastiktüten, und die Clochards gesehen, die auf den Gittern der Untergrundbahn schlafen, oder auch die Landstreicher, die in Tunnels schlafen. Selbst nachdem man an ihnen vorübergegangen ist, kann man den Gedanken an sie nicht mehr abschütteln. Mein Herz fließt diesen Menschen entgegen. Ich glaube, das ist das Traurigste auf der Welt: Sie haben aufgegeben. Es lohnt sich für sie nicht mehr zu leben. Sie sind die wirklich kaputten Menschen unserer Gesellschaft.

Ich bin mir im klaren darüber, daß das soeben ziemlich hart klang, vielleicht sogar ein bißchen deprimierend. Aber ich bin der Meinung, daß Sie erkennen müssen, wie kritisch die Dinge für Sie stehen, wenn Sie keinen großen Traum haben.

Selbst wenn Sie nicht zu den Extremfällen gehören, stehen Sie wahrscheinlich irgendwo dazwischen. Und das ist noch immer eine Gefahrenzone. Den meisten ist es eher bequem, sich einfach treiben zu lassen, in den Tag hineinzuleben. Wir haben immer noch einige Hoffnungen und Träume, aber sie greifen längst nicht mehr so hoch wie in unserer Jugend.

Diese verblaßten Träume sind aber nicht gut genug. Sie werden nie „jemand sein", wenn Sie sich einfach treiben lassen. Wenn Sie erfolgreich sein wollen, müssen Sie jetzt einmal innehalten und die Vorstellung über Bord werfen, Träume seien nur für Kinder. Genau das müssen Sie tun. Vielleicht kommen Sie sich dumm vor. Möglicherweise wollen Sie es niemandem eingestehen. Aber davon hängt viel ab, wenn Sie gewinnen wollen. Das verspreche ich Ihnen.

## Die Belohnung für Träumen, Kämpfen und Gewinnen

Ich wünschte, andere könnten direkt das Gefühl nachvollziehen, das man hat, wenn man seine Träume verwirklicht. Ich wünsche mir, es gäbe eine Maschine oder etwas Ähnliches, in die man sich setzen und dieses Gefühl erleben könnte – nur für eine Minute oder auch eine Stunde. Wissen Sie, warum ich das sage?

| |
|---|
| *Denken Sie daran:*<br>*Wie groß Ihr Traum Ihrer Ansicht nach auch sein mag; er ist stets tausendmal schöner, nachdem Sie ihn verwirklicht haben.* |

So wunderschön ich mir finanzielle Unabhängigkeit vorgestellt hatte, in Wirklichkeit war sie tausendmal besser. Ich lehnte mich zurück und sagte: „Hätte ich geahnt, daß es so gut sein würde, ich wäre bereit gewesen, auch den doppelten Preis dafür zu zahlen."

Wenn einer Ihrer Träume finanzielle Unabhängigkeit ist, hoffe ich, daß Sie sich überlegt haben, auf wie vielfältige Weise das Ihr Leben verändert. Dadurch konnte ich etwas für jene Menschen tun, die mir lieb sind, und schon das allein erfüllt mich mit einem unbeschreiblichen Gefühl. Sehen wir uns einmal einige der Belohnungen für unser Träumen, Kämpfen und Gewinnen an:

## Fürsorge für die Eltern

Mit wachsendem Alter wissen wir den ungeheuren Preis zu schätzen, den unsere Eltern dafür zahlten, uns als Kinder zu versorgen. Ich gäbe viel darum, könnte ich davon einiges mit etwas anderem als nur Liebe und Zuneigung zurückgeben. In unserem Unternehmen ist es für viele unserer erfolgreichen Mitarbeiter eine der schönsten Belohnungen ihrer finanziellen Unabhängigkeit, ihren Eltern diesen Aufwand zurückzahlen zu können.

Unser landesweiter Verkaufsleiter Greg Fitzpatrick war früher Basketball-Trainer an einer Oberschule. Ein Traum erfüllte sich für ihn, als er seine Eltern auf eine Reise nach England mitnehmen konnte, etwas, das er sich sonst nie hätte leisten können. Der ehemalige Polizist Neal Askew gehört zu unseren

Spitzenkräften, die ihren Eltern und Schwiegereltern beim Erwerb eines neuen Heims behilflich waren. Für meine Frau Angela erfüllte sich ein Traum, als wir auf dem Gelände der Oberschule von Cairo eine Bibliothek bauten, jener Oberschule, die wir beide besucht hatten. Sie konnte das Gebäude ihren Eltern, die beide noch leben, widmen – ein Traum, der sich nur einmal im Leben erfüllt.

Aber vielleicht ist die Geschichte von der Frau eines unserer landesweiten Verkaufsleiter noch deutlicher als viele andere. Teresa Crossland war sechs, ihre Schwester zwei Jahre alt, als ihr Vater an einem Herzinfarkt starb. Teresas Vater hatte keine hohe Lebensversicherung abgeschlossen, und das wenige, das er hinterließ, war schnell für Arztrechnungen und die Beerdigungskosten verbraucht. In Montgomery, Alabama, gab es kaum Chancen für eine achtunddreißig Jahre alte Witwe. Die Zukunft sah ziemlich trübe aus.

Teresas Großeltern kümmerten sich fortan um die Mädchen, während ihre Mutter Arbeit suchte, um ihre „neue" fünfköpfige Familie zu versorgen. Ihre Mutter hatte mehrere Jobs gleichzeitig, und mit einer Freundin eröffnete sie auch noch einen Photoladen. Mit dieser anstrengenden Arbeit konnte Teresas Mutter die Familie ernähren, ihr Einkommen reichte aus, und das Haus war voller Liebe und Stolz.

Teresa erinnert sich ganz besonders daran, wie ihre Mutter auf bescheidene Weise etwas Besonderes für die Kinder zu tun versuchte. „Einmal im Sommer mietete meine Mutter für ein Wochenende im Geschäftsviertel von Montgomery ein Hotelzimmer, damit wir im Becken schwimmen und im Restaurant essen konnten", erzählt sie.

Manchmal fiel es Teresa und ihrer Familie schwer, daß sie sich keine „richtigen" Ferien leisten konnten, selten ein neues Kleid, genausowenig wie modische Kleidung überhaupt. Das Geld mußte mit Bedacht ausgegeben werden, man durfte es nicht verschwenden.

Dank ihres bescheidenen Lebensstils, eines Stipendiums und

mehrerer Teilzeitjobs beendete Teresa das College. Sie wurde Lehrerin an einer Oberschule, und damit trat auch die große Wende in ihrem Leben ein. Sie lernte Rusty Crossland kennen, einen Basketball-Trainer an der Oberschule, der 10 000 Dollar im Jahr verdiente, und heiratete ihn. Das frischgebackene Paar begann mit nichts – das heißt, mit nichts außer seinen Träumen. Rusty und Teresa waren fest davon überzeugt, daß es mehr für ihre Familie gäbe, als gerade nur knapp über die Runden zu kommen. Als Rusty in unserem Unternehmen begann, wollten er und Teresa finanziell unabhängig werden. Heute sind Rusty und Teresa Millionäre.

Welche Belohnungen hat es dabei für Teresa gegeben?

Sie lebt mit ihrer Familie auf einer renovierten Farm. Als Hobby züchtet sie Pferde. Ihre Kinder besuchen eine Privatschule, in den Ferien machen sie aufregende Reisen. Am wichtigsten war ihr aber, daß sie ihrer Mutter zeigen konnte, wie sehr sie ihre Opfer zu schätzen weiß, die die Mutter in den Kinderjahren der Mädchen erbrachte. Teresa kaufte ihr ein neues Auto und half ihr bei der Neueinrichtung ihres Hauses. Wenn die Mutter zu Besuch kommt, schickt Teresa ihr ein Flugticket, und sie ist zu den großen Ferienreisen eingeladen.

## Anderen bei den Arztrechnungen helfen

Eine ehemalige Oberschullehrerin und Basketball-Trainerin ist heute eine unserer landesweiten Verkaufsleiterinnen. Sie konnte erst kürzlich für ihre Schwester Arztrechnungen in Höhe von über 75 000 Dollar bezahlen. Die Schwester war seit einem Jahr wegen einer krankhaften Arterienerweiterung gelähmt, und die Familie hätte ohne die finanzielle Hilfe unserer Verkaufsleiterin nie die Mittel für die Sonderbehandlung bei der Rehabilitation gehabt.

Mike Wooten, ein anderer landesweiter Verkaufsleiter unseres Unternehmens, konnte seiner Großmutter, bei der ein dreifacher Herz-Bypass angelegt werden mußte, auf ganz andere Weise helfen. Mike konnte die gesamte Familie in einem Hotel neben dem Krankenhaus unterbringen und kam für die gesamten Operations-, Erholungs- und Hotelkosten auf.

## Soziale Einrichtungen unterstützen

Der ehemalige Eisenbahningenieur Hubert Humphrey unterstützte mit einem Teil seines Einkommens ein Mitglied seiner Kirche, das auf eine zweijährige Mission geschickt worden war. Ein anderer Fall: Für Bill Whittle und seine Familie erfüllte sich ein Wunsch, als die Kirche dank der treuen Abgabe seines Zehnten eine Hypothek zurückzahlen konnte, so daß ihr mehr Mittel für Missionsaufgaben zur Verfügung standen.

Virginia Carter ist alleinerziehende Mutter von vier Kindern, und das Wohlergehen ihrer Kinder stand für sie immer an erster Stelle. Sie hätte jeden Preis dafür gezahlt, ihnen ein schönes Leben zu geben. Heute ist sie in unserem Unternehmen eine der geachtetsten Geschäftsführerinnen. Als landesweite Verkaufsleiterin ist sie Millionärin, und am liebsten unterstützt sie Kinderorganisationen.

## Den Menschen helfen

Es schmerzt uns alle, wenn wir von weit verbreiteten Problemen wie Atomkatastrophen, Guerillakrieg, Hungersnot, Kindesmißhandlungen und vielem anderen hören, die man als einzelner kaum beheben kann. Dank finanzieller Unabhängigkeit kann man aber auch bei diesen Problemen helfen. Mike Sharpe und Doug Hartman, zwei unserer landesweiten Verkaufsleiter in Kalifornien, konnten ihre finanziellen Mittel im Kampf gegen Kinderpornographie in ihrem Heimatstaat verwenden. Viele andere haben ihre Zeit, Energie und Geld für den Kampf gegen den

Hunger auf der Welt und andere problematische Bereiche eingesetzt. Daß man als einzelner dabei Hilfestellung geben kann, dürfte wohl zu den wichtigsten Belohnungen des Erfolgs zählen.

### Wie man seine Träume stärkt

Sobald Sie Ihre Träume kennen, können Sie noch anderes unternehmen, um an ihnen festzuhalten, damit sie von den Alltagsanforderungen nicht verdrängt werden.

Stellen Sie sich Ihre Wünsche vor!

Vielleicht fällt es Ihnen schwer, sich in eine andere Rolle hineinzuversetzen: etwa in die Rolle eines erfolgreichen Menschen. So mußte ich mir zum Beispiel vorstellen, daß ich bereits Geld hätte und finanziell unabhängig sei. Man muß sich schon als jemand mit vielerlei Möglichkeiten im Leben sehen. Sie müssen sich bereits *als Gewinner sehen*.

Vor ungefähr zwei Jahren fuhr ich gerade auf den Parkplatz unseres Hauptgeschäftssitzes, als einer unserer Abteilungsleiter aus Atlanta zu seinem Wagen ging. Wir wechselten einige Worte, und als er davonfuhr, fiel mir sein Nummernschild „RVP 2 B“ ins Auge. Diese Abkürzung steht für: Zukünftiger stellvertretender Bezirksvorsitzender. Und – Sie vermuten es sicher schon – dieser Mann erreichte noch im gleichen Jahr sein Ziel.

Monte Holm entstammt einer Familie aus Utah, die vierzehn Kinder hatte. Sie war so arm, daß im Fensterrahmen keine Glasscheiben, sondern Kunststoffolien steckten. Als Monte sich für unser Unternehmen interessierte, war er erst Anfang Zwanzig. Eine Reihe von Menschen erklärten ihm, seine Chance, es in der A. L. Williams zu etwas zu bringen, stünden 1:1000, vor allem wegen seines Alters und seines damaligen Wohnortes. Er hörte jedoch nicht auf sie. Statt dessen hörte Monte einen Vortrag über Träume und davon, wie man sich ein Ziel vergegenwärtigt.

Er notierte sich seine Träume, dazu brauchte er ungefähr zehn Seiten, und täglich las er diese Liste durch. Heute ist Monte Herr seines eigenen Geschäfts mit der A. L. Williams, einem Geschäft, das ihm jetzt jährlich über 500 000 Dollar einbringt. Er liest sich seine Ziele immer noch durch und erklärt, während der letzten acht Jahre habe er es nur zehn- oder elfmal ausgelassen.

Larry Sternberg ist ein weiterer großartiger Träumer in unserem Unternehmen. Larry verdiente als Geschäftsleiter einer Drogerie 17 000 Dollar, als er sich vor neun Jahren zum ersten Mal zum Träumen verpflichtete. Er strebte mehr an, als nur sein eigener Herr zu sein; Larry wollte finanziell unabhängig werden. Heute hat er einen großen Teil des Wegs zur Verwirklichung dieses Traums zurückgelegt, aber er und seine Frau Karen haben jetzt etwas anderes im Auge: Sie möchten sich ihr Traumhaus bauen. Als zusätzlichen Anreiz hat Larry ein winziges Modell des Hauses auf seinem Schreibtisch im Büro aufgestellt, wo er es täglich sehen kann. Larry hat es sich zum Ziel gesetzt, 1 Million Dollar in bar zu sparen, und sobald er das erreicht hat, werden die Fundamente für das neue Haus gegossen. Ich zweifle nicht daran, daß Larry es schaffen wird.

Vergegenwärtigen Sie sich tagtäglich, daß Sie gewinnen, selbst wenn Sie noch nicht beschlossen haben, auf welchem Weg Sie dorthin kommen wollen. Setzen Sie sich jeden Tag einige Minuten lang hin und schließen Sie die Augen. Stellen Sie sich vor, wie Sie sein möchten. Vergegenwärtigen Sie sich, daß Sie ein eigenes Geschäft besitzen oder Ihre Stellung wechseln. Stellen Sie sich vor, daß Sie jeden Monat alle Rechnungen bezahlen und noch immer Geld übrig bleibt. Sehen Sie sich mit 50 000 Dollar auf dem Sparbuch oder mit 100 000 oder mit wieviel auch immer Sie anstreben.

Von allen Menschen, die sich ihren Traum vergegenwärtigen konnten, war Walt Disney wahrscheinlich der größte. Nachdem seine Geschäfte in Hollywood liefen, bildete er einen Stab mit Menschen, die er als die „Phantasten“ bezeichnete. Diese schöpferischen Menschen halfen Disney dabei, seine Träume von Disneyland und Filmen zu Papier zu bringen. Sobald andere sehen konnten, was er sich vorstellte, kam auch in sie Leben. Sein größter Traum war EPCOT, ein Zentrum für eine Ideen- und Forschungsgemeinschaft. Dank der Inspiration der „Phantasten“ konnte EPCOT sogar noch nach Disneys Tod 1966 verwirklicht werden. Man erreicht, was man sich vorstellt. Man wird das, was man sieht.

## Lassen Sie Ihre Familie an Ihren Träumen teilhaben!

Ein Traum hat größere Aussichten darauf, verwirklicht zu werden, wenn man andere Familienmitglieder und insbesondere den Ehepartner daran teilhaben läßt. Die besten Träume haben immer zwei Menschen zusammen. Sprechen Sie über Ihren Traum, gehen Sie mit Ehepartner und Kindern die einzelnen Schritte zu seiner Verwirklichung durch. Hängen Sie die schriftlich festgehaltenen Ziele dort auf, wo Ihre Familie sie oft sieht – vielleicht an der Kühlschranktür. Sprechen Sie über das, was Sie gerade tun. Abgesehen davon, daß die Familie sich einbezogen fühlt, werden Sie überrascht über die Unterstützung und Ermutigung sein, die Sie erhalten. Bleiben Sie zurück, kann die Familie Sie an Ihre Ziele erinnern und Sie vorantreiben.

Einige Jahre lang arbeitete meine Tochter in unserem Unternehmen. Wann immer ich Probleme mit mir selber hatte, erinnerte sie mich an meine Philosophie der positiven Einstellung. Weiter erklärte sie mir, daß ich großartig, daß ich etwas Besonderes sei. Wie konnte ich mit solch einer Unterstützung den Mut verlieren?

Meine Frau Angela ist meiner Ansicht nach die perfekteste Ehepartnerin, die man sich wünschen kann. So wie sich unser Leben veränderte, hat auch sie ihre Rolle geändert, um unsere Träume zu fördern. Als ich mit dem Geschäft begann, blieb sie weiterhin Lehrerin, damit wir ein festes Einkommen hatten, bis mein Geschäft lief. Später gab sie ihre Stelle als Lehrerin auf und kam ins Büro als Büroleiterin, Sekretärin oder was immer ich gerade brauchte.

Als ich zu reisen begann und unsere Kinder noch zur Schule gingen, blieb Angela zu Hause, um ihnen einen festen Bezugspunkt zu geben. Als die Kinder groß waren, begleitete sie mich auf meinen Reisen. Heute hat sie ein weitgespanntes Netz von Ehepartnern unserer Vertreter, die sogenannte Partner-Organisation, geschaffen. Zweck dieser Organisation ist es ausschließlich, die Familien unserer Vertreter zu unterstützen und ihnen zu zeigen, wie sie teilhaben können an den Träumen der A. L. Williams.

Angela war da, auf jedem Schritt des Weges, und bejahte meinen Traum. Ohne ihre unermüdliche Unterstützung, sowohl in den schweren Anfangsjahren als auch heute, sähe meine Zukunft anders aus. Um es noch einmal kurz zu fassen: Man ist stärker motiviert, wenn man Ehepartner und Kinder hinter sich weiß.

## Finden Sie eine Ihrem Traum förderliche Umgebung!

Die meisten Menschen, die dieses Buch lesen, sind wahrscheinlich nicht an der gleichen Laufbahn wie ich interessiert. Ihr Traum sieht möglicherweise kein eigenes Geschäft vor. Verkauf oder Absatz müssen nicht Gegenstand Ihres Traumes sein. Aber gleichgültig, in welchem Bereich Sie Ihren Traum verwirklichen möchten, es ist ein großer Unterschied, wenn man eine Umgebung findet, die das Träumen fördert. Ich bin kein Anhänger der amerikanischen Unternehmenswelt, aber sogar dort ermutigt das eine oder andere Unternehmen seine Angestellten, große Träume zu haben.

Bob Turley ist ein enger persönlicher Freund von mir. Er war einer der ersten sieben Vizepräsidenten unseres Unternehmens. Alle Sportfans meines Alters wissen, daß Bob Turley ein großartiger und erfolgreicher Baseballspieler der New York Yankees war. Er nahm mit ihnen an sieben Spielen der World Series teil. Er erhielt Auszeichnungen wie den Cy-Preis und den Hickok-Gürtel. Bob Turley gehört zu jenen Menschen, die es einfach nicht ertragen, durchschnittlich und gewöhnlich zu sein. Gleichgültig, wo er sich befand, er wollte stets ein Gewinner sein.

Eine von Bobs Stärken war zu erkennen, welche Bedeutung die Umgebung hat, die das Träumen fördert. Um das vorzuführen, verglich er einmal die Geschäftswelt mit der Welt des Baseballprofis. Bob erklärte, daß nur wenige Menschen anfangs im Baseball Erfolg haben, aber daß es ihr Traum ist, Berufsspieler zu werden. Zu Beginn verfügen sie weder über das Talent, das notwendige Training noch über die Erfahrung, um an großen Kämpfen teilzunehmen. Deshalb gibt es im Baseball die Ligen, in denen geprüft wird, wer sich für die obere Liga eignet und wer nicht, und zwar nur aufgrund seiner Fähigkeiten.

Alle fangen in der unteren Liga an, denn nach dem Verständnis der Liga versagt ein Spieler unweigerlich, wenn man ihn in der oberen Liga aufstellt, bevor er darauf ausreichend vorbereitet wurde. Deshalb kommen talentierte Spieler zuerst in die untere Liga. Das Vertrauen des Spielers wächst, wenn man ihn gegen andere Spieler der gleichen Leistungsebene antreten läßt.

Jeder Spieler wird nur anhand seines Talentes beurteilt. Es ist unwichtig, woher er kommt oder was er weiß. Jeder Spieler wird ermutigt, sein Bestes zu geben, nach den Sternen zu greifen und die Grenzen seiner eigenen Leistungsfähigkeit auszuloten. Er kann sich mit den anderen Spielern vergleichen, damit er sieht, wohin er gehört. Die meisten Spieler entwickeln sehr schnell ein Gespür dafür, ob sie genug Talent haben, um es zu schaffen.

In solch einem System verliert niemand. Die Spieler werden ermutigt, von einer großartigen Laufbahn im Baseball zu träumen. Deswegen sind sie da, und man läßt sie hinausgehen und kämpfen. Die allerbesten Spieler werden für die wichtigen Spiele ausgewählt, und das sind längst nicht alle. Aber selbst jene, die nicht so weit kommen, ermutigt man, ihr Bestes zu geben. Auch ihnen bot sich die Gelegenheit, ihre Träume zu verwirklichen. Sogar die Spieler, die es nicht geschafft haben, können ohne die Bitterkeit und Ernüchterung auf dieses Erlebnis zurückblicken, die so viele Menschen gegenüber ihrer Laufbahn empfinden. Sie hatten eine Chance in einer Umgebung, in der man ihnen das Recht gab, davon zu träumen, daß sie groß sind.

### Wovon Sie auch immer träumen, Sie können es werden

Ich erwähnte bereits, welche Abneigung ich gegen den Verkauf habe, und zwar nicht nur manchmal, sondern jede Minute seit dem Zeitpunkt, als ich meine Arbeit als Trainer aufgegeben hatte. Ich haßte die Absagen, den Druck, Menschen um einen Termin bitten zu müssen, kurz: alles, was mit Verkaufen zusammenhängt. Ich glaube, ich kann es nie genug betonen, wie sehr ich mich danach sehnte, einfach aufzugeben und wieder Trainer mit einem festen Gehalt zu werden. Ich sehnte mich nach einem Rektor, der mir sagte, mein Arbeitstag gehe von 8 bis 16 Uhr.

Ich erlebte viele Menschen, die das Geschäft mit Versicherungen aufgaben. Später begegnete ich ihnen wieder, und sie erklärten mir: „Sie sind verrückt, gerade in diesem Geschäft zu bleiben. Sie verdienen bei weitem nicht genug Geld für Ihre schwere Arbeit." Ich verdiente damals ungefähr 30 000 Dollar, und der Einfluß dieser Menschen war nicht gering. Es war ja richtig, ich arbeitete so schwer und kam mir wie ein öffentliches Ärgernis vor. Ich wachte jeden Morgen auf, voller Angst davor, ins Büro zu gehen. Es war schlimm.

Aber ich hatte einen Traum.

Und dieser Traum waren ein eigenes Geschäft und finanzielle Sicherheit für meine Familie. Das konnte ich als Trainer nicht verwirklichen. Deshalb machte ich weiter. Und so sehr ich mich auch vor einem weiteren „Nein!" fürchtete, ich bemühte mich um einen weiteren Abschluß – und stellte noch jemanden ein. Ich wußte, wenn ich mich an meinen Plan hielt, würde ich es schaffen.

Ich liebe und bewundere die Menschen, die unser Unternehmen gründeten. Man muß ein Löwenherz haben, um das einzustecken, was sie zu hören bekamen, nur weil sie Träumer waren. Dort saßen sie, eine Gruppe von Lehrern, Trainern, Feuerwehrmännern und Polizisten, die zusammensaßen und davon sprachen, wie sie eines Tages zu den höchst bezahlten Personen ihres Unternehmens gehören würden. Die Chancen, daß dieser Traum sich einmal verwirklichen könnte, standen damals bei einem Bruchteil von einem Prozent. Aber in ihrem Herzen glaubten sie daran, daß sie es schaffen könnten. Das war ihr Traum, und den konnte ihnen niemand nehmen.

Bill Anderton ist einer von jenen Menschen, die an ihrem Traum festhielten. Er stammt aus einer armen Familie aus Jackson, Mississippi, wo er mit seiner Mutter und seinem Stiefvater lebte. Bills Stiefvater war Lastwagenmechaniker mit einem bescheidenen Lohn, der fest daran glaubte, „große Träume" seien etwas für törichte Menschen, und er pries vor Bill die Tugenden schwerer Arbeit. Von Zeit zu Zeit besuchte Bill seinen leiblichen Vater, der gern Risiken einging und stets auf der Suche nach einem System zu schnellem Reichtum war. Bills Vater schwamm entweder im Geld und verkehrte mit erfolgreichen Menschen, oder er war völlig Pleite. Bill erinnert sich an seinen Lieblingssatz: „Wir sind nur noch eine Transaktion entfernt von einem großen Haus mit eigenem Schwimmbecken und einem Cadillac."

Als Bill älter wurde, stellte er fest, daß weder die eine noch die andere Methode der beiden Männer wirksam war, aber beide enthielten einen brauchbaren Kern. Er arbeitete schwer und verdiente sich das Geld fürs College, und zugleich machte er Pläne für den Tag, an dem ihm die finanziellen Mittel zur Verfügung stünden, um die Ziele seines Vaters zu verwirklichen.

Bill arbeitet nun schon seit zehn Jahren in unserem Unternehmen, und trotz seiner ärmlichen Herkunft erreichte er seine Ziele.

Vor einigen Jahren baute sich ein wohlhabender Mann in Bills Heimatstadt in einem der besten Stadtviertel ein wunderschönes Haus. Kürzlich machte er bankrott, und die Bank mußte Haus und Hypothek zurücknehmen. Einer der leitenden Bankangestellten rief Bill an, weil er wußte, daß Bill sich so einen Grundbesitz leisten konnte. Bill, der noch vor einigen Jahren davon träumte, lebt heute in diesem Traumhaus.

Haben Sie einen Traum? Glauben Sie, daß er sich verwirklichen läßt?

*Denken Sie daran:*
*Wovon Sie auch immer träumen mögen,*
*Sie können es erreichen.*

# Kapitel 6
# Suchen Sie sich ein Anliegen

*Die Motivation für ein starkes Leben sind dynamische Entschlüsse.*
*Kenneth Hildebrand*

Haben Sie sich je gefragt, warum so viele berühmte Menschen anscheinend ein unglückliches Leben führen? In Zeitschriften und Büchern kann man von den Problemen der Reichen und Berühmten lesen. Sie lassen sich in Drogen- und Alkohol-Rehabilitationszentren behandeln, ihre dritte, vierte oder fünfte Ehe zerbricht, ihre Familie wird völlig aus der Bahn geworfen.

Diese Menschen konnten ihre Träume verwirklichen – ein berühmter Filmstar, ein bekannter Entertainer oder populärer Rockstar zu werden. Sie besaßen den Willen und die Entschlossenheit, daran festzuhalten, bis sie ihren Traum verwirklicht hatten. Als sie jedoch die Spitze erreicht hatten, waren sie noch immer unglücklich. Ihr Erfolg verschaffte ihnen nicht die sofortige Befriedigung, die sie sich erhofft hatten.

## Mit Geld können Sie Glück nicht kaufen

Ich habe meine Theorie darüber, warum das so kommt. Erinnern Sie sich noch an die These, daß kleine Kinder sich für den Mittelpunkt der Welt halten? Einige Menschen wachsen nie aus dieser Vorstellung heraus. Das ganze Leben lang sind sie besessen von dem, was *sie* wollen; ihre sämtlichen Hoffnungen und Träume betreffen nur sich selbst und sonst niemanden. Ich kenne eine Reihe solcher Menschen, und sie waren sehr erfolgreich. Aber von den Hunderten von erfolgreichen Menschen, die ich beobachtet habe, waren diejenigen, die sich für etwas einsetzten, die wohl erfolgreichsten – nicht nur in finanzieller Hinsicht, sondern auch von der Lebensqualität her.

Warum sollten Sie sich auf einen Feldzug für etwas begeben? Aus zwei wichtigen Gründen:

### 1. Eine Aufgabe erfüllt Ihr Leben mit Sinn und Zweck

Man kann es mit nur einem persönlichen Traum schaffen, und bei vielen Menschen ist es auch so. Aber die meisten Menschen geben erst ihr Bestes, wenn sie Teil von etwas sind, das größer als sie selbst ist. Erinnern Sie sich noch an Jessica McClure, die in Texas in einen Brunnen fiel? Menschen aus der ganzen Gegend beteiligten sich an ihrer Rettung. Als sich die Nachricht davon verbreitete, verzichteten Menschen, die weder das kleine Mädchen noch seine Familie kannten, bereitwillig auf ihren Schlaf, ließen zu Hause alles stehen und liegen und gefährdeten sogar das eigene Leben, um Jessica zu retten. Zweieinhalb Tage lang saßen die Menschen in ganz Amerika wie gebannt vor ihrem Fernseher und verfolgten gespannt die Rettungsaktion und freuten sich anschließend, als das achtzehn Monate alte Kind aus dem Brunnen geborgen wurde.

Der Mensch muß sich an irgendeinem großen Ereignis aktiv beteiligt sehen. Es ist ihm ein Bedürfnis wie Essen und ein Dach über dem Kopf. Das Leben ist reicher, wenn Ihre Bemühungen über die eigene Haustür hinausgehen.

### 2. Wer sich engagiert, lebt länger

Wer sich für etwas einsetzt, besitzt im Leben einen zusätzlichen Vorteil. Er hält an seinen Träumen fest, wenn der Rest müde wird und aufhört. Er besitzt die innere Stärke und Hartnäckigkeit, die auf keine andere Art erreicht werden kann. Ein Traum, gekoppelt mit Engagement, stellt ein fast unschlagbares Gespann dar.

Wer eine Aufgabe hat, kann sich für etwas einsetzen. Als wir gerade unser Unternehmen gegründet hatten, führte ein junger alleinstehender Mann einen beispiellosen Feldzug für Lebensversicherungen. In seiner Stadt hatte sich die traditionelle Versicherungsindustrie fest verschanzt. Einige skrupellose Vertreter griffen praktisch zu allem, was man sich vorstellen kann, um ihn vom Weiterführen seines Geschäftes abzuhalten. Man schlitzte seine Autoreifen auf, warf Steine in sein Haus, und jemand legte ihm sogar eine Schlange in den Briefkasten, um die Familie abzuschrecken.

Der Druck war zeitweise sehr stark, und ich bin nicht sicher, ob ich mich ihm widersetzt hätte. Aber je schwieriger die Dinge wurden, desto stärker engagierte er sich. Er wollte im Geschäft bleiben und tun, was seiner Meinung nach gut für seine Klienten war. Er ließ sich nicht schlagen. Er machte weiter, und es zahlte sich aus. Heute, elf Jahre später, führen er und seine Familie ein glückliches Leben. Dank Mut und Entschlossenheit gewann er im großen; er besitzt ein wunderschönes Haus in der gleichen Ortschaft und ist finanziell unabhängig.

Ein Großteil des Fortschritts in den Vereinigten Staaten geht auf Männer und Frauen zurück, die mehr als nur Geschäfte machten: Sie setzten sich dafür ein, ein besseres oder ein billigeres Produkt herzustellen, oder ein Erzeugnis auf den Markt zu bringen, das den Konsumenten einen neuen Vorteil bringt.

Als Henry Ford die Bühne betrat, waren Personenkraftwagen Luxusgegenstände, die sich nur die Reichen leisten konnten. Er setzte sich dafür ein, Autos so billig herzustellen, daß jede amerikanische Familie sich eines kaufen konnte. Henry Ford wurde Multimillionär, und heute ist die Ford Motor Company eines der größten Unternehmen in der amerikanischen Geschäftswelt.

Tom Monaghan, kein Neuling in geschäftlichen Unternehmungen, eröffnete mit 900 geborgten Dollar einen Pizza-Imbiß. Seine Idee war denkbar einfach: Er lieferte den Kunden eine heiße Pizza direkt ins Haus. Heute ist der Name „Domino's" ein Synonym mit frei Haus gelieferten Pizzas, und sein Unternehmen hat ein Jahreseinkommen von über 1 Milliarde Dollar.

A. T. Cross wollte einen Füller und einen Kugelschreiber herstellen, die man ein Leben lang verwenden kann. Bei der Herstellung wurde jeder Füller oder Kugelschreiber vom Laufband genommen, bei dem die Produktionsarbeiter auch nur den geringsten Verdacht hatten, daß ein Mangel vorlag. Seit Bestehen des Unternehmens haben nur 2 Prozent der Kunden je einen Füller an die Firma zum Reparieren zurückgegeben. Heute kennt man Cross-Füller auf der ganzen Welt als hochwertige Schreibinstrumente.

## Was ist ein Feldzug?

Einfach ausgedrückt, ist ein Feldzug etwas, das größer als man selbst ist. Es ist ein Anliegen mit einer Auswirkung, die über die persönlichen Wünsche und Bedürfnisse hinausgeht.

Solch ein Feldzug kann unterschiedliche Formen annehmen. Das Engagement kann groß oder gering sein. Es spielt keine Rolle, was es ist, solange es aufrichtig und anständig ist. Lassen Sie sich durch die Beispiele weiter oben nicht irreführen. Es waren Beispiele von Geschäftsleuten, deren Feldzug zu Reichtum führte. Und oft funktioniert das auch so. Wer sich einem Feldzug verpflichtet und sich 110 Prozent dafür einsetzt, wird auch in finanzieller Hinsicht belohnt. Aber ein Feldzug hat möglicherweise überhaupt nichts mit Geldverdienen zu tun; einige der selbstlosesten Einsätze wirkten sich am nachhaltigsten auf die Lebensqualität der Welt aus.

Hier Beispiele von Menschen, die sich engagierten, obwohl man sie nicht als einen Erfolg bezeichnen könnte, wenn man ihren Wert in Dollar messen würde. Es ist zweifelhaft, ob sie je daran dachten, Erfolg zu haben. Sie wurden nie reich, aber denken Sie einmal darüber nach, welchen Einfluß sie ausübten, weil sie sich für etwas einsetzten.

Während eines Besuchs in Afrika verliebte sich Dr. Albert Schweitzer in Land und Leute. Er konnte den furchtbaren Mangel an ärztlicher Betreuung nicht ertragen, und er leitete allein einen Feldzug in die Wege, um Gesundheit und Leben dieser

Menschen zu verbessern. 1952 erhielt er für sein Werk den Friedensnobelpreis.

Eines Tages fand eine Frau mittleren Alters in Montgomery, Alabama, es sei unfair, von ihrem Platz im Bus aufstehen zu müssen – nur weil sie farbig war –, und sie setzte sich für die Gleichheit aller Menschen ein. Rosa Parks' Einsatz für die Menschenrechte löste eine Bewegung aus, die den Lauf der Geschichte veränderte.

In Indien schloß sich ein kleiner, zerbrechlicher Mann namens Gandhi mit anderen Landsleuten zusammen, um sich der britischen Herrschaft zu widersetzen. Aber er lehnte brutale Schlachten ab, in denen viele sterben würden. Gandhi schlug statt dessen den gewaltlosen Widerstand vor. Anfangs wurde er allgemein belächelt. Das Britische Weltreich schlagen, ohne einen einzigen Schuß abzugeben? Aber seine Anhänger und die Welt erkannten die Macht des Geistes in dem Mann, der sich weigerte, Gewalt anzuwenden. Gandhis Feldzug für einen nicht gewalttätigen Wandel brachte seinem Land die Freiheit und beeinflußte die Welt tief.

Während sich alle anderen auf neue und bessere Technologien konzentrierten, sorgte sich Rachel Carson zunehmend um die Auswirkungen des Fortschritts auf die natürlichen Ressourcen Amerikas. Anfangs hielt sie jeder für eine Kassandra, aber im Laufe der Jahre hörten mehr und mehr Menschen auf sie. Schließlich weckte ihr Buch *Der stumme Frühling* die Nation auf und führte zur Entstehung der Umweltbewegung.

Menschen, die sich einsetzen, besitzen eine dem Kleinkind genau entgegengesetzte Mentalität. Sie haben sich „einem Anliegen verpflichtet", und sie betrachten es als ihre Aufgabe, alles in ihrer Macht Stehende zu tun, um dieses Anliegen zu fördern. Man kann solch einen Feldzug über jedes beliebige Thema und in jedem Bereich führen, aber jeder ist einzigartig, weil die darin engagierten Menschen sich verpflichtet haben, etwas zu unternehmen, dessen weitreichende Auswirkungen über sie und ihr Leben hinausgehen.

*Denken Sie daran:*
*Wer sich einsetzt, verpflichtet sich zu etwas Größerem als nur seinen eigenen Angelegenheiten.*

## Wer sich engagiert, steht für etwas ein

In der Geschäftswelt, in der die Gesetze des Stärkeren gelten, sind viele Menschen der Ansicht, daß die alten moralischen Werte und Grundsätze nicht mehr gelten. Ihrer Meinung nach sind die christlichen Grundsätze, wie sie in der Bibel stehen, abgegriffen und überholt. Aber wer sich engagiert, steht auch für etwas ein. Er weiß, daß sein Leben und die Art, wie man ein Geschäft leitet, wichtiger sind als das Ergebnis. Er glaubt daran, daß Aufrichtigkeit und Unbescholtenheit an erster Stelle stehen, und er erkennt, daß es sich nicht lohnt, für etwas zu kämpfen, das nicht auf dem Guten und vom ethischen Standpunkt aus Richtigen basiert.

Für mein Unternehmen suche ich Menschen, die sich engagieren können. Manchmal kommt jemand, und ich kann sofort sehen, daß er sich nicht besonders für unsere Unternehmensphilosophie begeistern kann – er will ausschließlich reich werden. Er sagt sich zum Beispiel: „Nun, damit kann man genausogut seinen Lebensunterhalt verdienen wie mit irgend etwas anderem. Damit kann ich die Hypothek zurückzahlen und meine Familie ernähren."

Das reicht nicht aus, wenn man mit seinem Leben etwas Besonderes anfangen will. Wenn man etwas Großes tun will, muß man Teil von etwas werden, für das man sich begeistert und an das man glauben kann, etwas, das lohnend ist. Man muß stolz sein können, auf das, was man leistet.

## Angst, einen Standpunkt zu beziehen?

Heute haben viele Menschen Angst davor, einen Standpunkt zu beziehen. Sie setzen sich nicht dafür ein, woran sie glauben. Meistens, weil sie den Druck oder Widerstand nicht ertragen können.

| |
|---|
| *Denken Sie daran:*<br>*Was beliebt ist, muß nicht immer richtig, und was richtig ist, muß nicht immer beliebt sein.* |

Wir möchten alle bei anderen beliebt sein; wir möchten, daß andere Menschen uns mögen. Aber nur, indem man für das Richtige einen Standpunkt bezieht, kann man wirklich stolz darauf sein, was man tut. Wenn man aus Opportunismus handelt, bringt das weder Glück noch Erfüllung. Es ist besser, allein dazustehen, als einer Menschenmenge mit niedrigen Normen und Werten anzugehören, die uns auf ihr Niveau herabzieht. Feste Überzeugung und der Glaube an etwas Größeres als man selbst, ist der beste Schutz vor all den „Aufregungen", die täglich mit falschen Versprechungen von Wohlstand und Abwechslung locken.

Einige in den Medien haben mich als „den heute meist gehaßten Mann in der Versicherungsbranche" bezeichnet. Natürlich höre ich das nicht gerne, genausowenig wie meine Frau. Aber ich führe einen Feldzug, nämlich dem amerikanischen Verbraucher einen besseren Weg zu Schutz und Investitionen für seine Familie zu zeigen. Wenn ich mich dadurch bei anderen Menschen meiner Branche unbeliebt mache, dann ist das eben Pech. Trotzdem gebe ich deshalb nicht auf und ziehe mich einfach zurück.

Sie müssen verstehen: Wer sich engagiert, ist häufig umstritten. Wenn Sie sich auf einen Feldzug begeben wollen, bereiten Sie sich darauf vor. Als Trainer und Footballspieler habe ich gelernt, daß die Mannschaft im Trikot mit „der falschen Farbe" die zweite erledigen will. Aber betrachten Sie es einmal von der anderen Seite: *Nicht* umstritten zu sein, bedeutet, durchschnittlich und gewöhnlich zu sein. Sie dürfen mich alles nennen, nur nicht durchschnittlich und gewöhnlich!

### Das Entstehen eines Feldzugs

Schon als Footballtrainer engagierte ich mich. Ich wollte aus den Jugendlichen großartige Footballspieler und eine geschlossene Mannschaft mit Selbstvertrauen und Stil machen. Ich wollte es so unbedingt, daß ich es kaum ertragen konnte. Das machte, davon bin ich überzeugt, den entscheidenden Unterschied bei meinem Training aus.

Aber mein Einsatz als Trainer läßt sich nicht vergleichen mit jenem Feldzug, der mein Leben veränderte.

Ich liebte meinen Vater sehr. Auch er war Footballtrainer, und deshalb mag ich das Spiel wohl auch noch bis zum heutigen Tag. Er hatte an der Vanderbilt Universität studiert und seinen Magistergrad in Chemie vom Staat Michigan erhalten. Irgendwann einmal gab er seine Arbeit als Trainer auf und arbeitete in einer Konservenfabrik in Cairo, Georgia. Nachdem mein Vater zwanzig Jahre lang hart gearbeitet hatte, erlag er eines Tages mit achtundvierzig Jahren einem Herzinfarkt. Wie die meisten Menschen hatte auch mein Vater während seines gesamten Erwachsenenlebens Geld in eine Lebensversicherung eingezahlt. Ein Bekannter aus der Nachbarschaft hatte ihm seine Police verkauft. Da die meisten Menschen keine Versicherungsexperten sind, verlassen sie sich auf einen vertrauenerweckenden Vertreter, der ihnen zu der für ihre Familie günstigsten Police rät. Genauso verfuhr auch mein Vater. Er war im Glauben, er schütze uns, falls ihm etwas Unerwartetes zustoßen würde. Wie die meisten Menschen des mittelständischen Amerikas hatte er nie viel Geld angehäuft, aber er hatte treu alle Versicherungsprämien gezahlt.

Als er starb, war ich auf dem College und meine beiden jüngeren Brüder in der sechsten, bzw. zehnten Klasse. Wie die meisten Frauen zu jener Zeit hatte meine Mutter nie außerhalb des Hauses gearbeitet.

Als das „Unerwartete" eintrat, waren wir am Boden zerstört. Es war schlimm genug, daß wir unseren Vater und meine Mutter ihren Mann verloren hatte. Der nächste Schlag kam, als wir feststellen mußten, daß die Versicherungsprämie, die mein Vater mühsam regelmäßig im Laufe der letzten zwanzig Jahre eingezahlt hatte, nicht hoch genug war, um sein Einkommen zu ersetzen.

Während der kommenden Jahre bemühte ich mich, den Lebensunterhalt für meine eigene Familie zu bestreiten und auch für meine Mutter und die beiden Brüder zu sorgen. Nach meinem Studium arbeitete ich als Trainer an einer Oberschule, deshalb stellte mein Gehalt keine große Stütze dar. Das waren in vieler Hinsicht harte Jahre, und am schlimmsten war es für mich zu sehen, wie meine Mutter unter der Lage litt.

Viele Jahre später geschah auf einem Familientreffen etwas, das mich bestürzte. Mein Cousin, ein Buchhalter, erklärte mir, welche Lebensversicherung man am besten abschließt. Damals besaß ich eine Police über 15 000 Dollar von der Art, die man allgemein als „Groß-Lebensversicherung" bezeichnet. Ich hätte gerne mehr gehabt, aber das war alles, was ich mir mit meinem Gehalt als Footballtrainer leisten konnte. Ich wußte, daß es nicht genug war, aber mir war keine bessere Lösung bekannt.

Um es kurz zu sagen, mein Cousin machte mich mit dem Begriff einer „Todesfallversicherung und Investieren der Differenz" bekannt. Er erklärte mir, eine Kapital-Lebensversicherung kombiniere Schutz bei einem Todesfall mit einem „aufgezwungenen" Sparprogramm, bei dem die Zinsen niedrig angesetzt waren. Dieses ganze „Paket" war sehr viel teurer als die Kosten für die Vorsorge bei einem Todesfall (Risiko-Lebensversicherung). Den Betrag, der die Differenz zwischen einer Risiko- und einer Kapital-Lebensversicherung darstellte, konnte man in einem Sparprogramm mit hohen Zinserträgen anlegen, und er würde zum Zeitpunkt der Pensionierung sehr viel mehr Erspartes bringen. Er rechnete mir vor, wie ich für die gleiche Prämie, die ich für eine Kapital-Lebensversicherung von 15 000 Dollar einzahlte, eine billige Risiko-Lebensversicherung im Werte von 100 000 Dollar abschließen konnte.

Ich glaubte ihm nicht. Wenn das stimmte, warum förderten nicht alle Gesellschaften dieses Programm? Er erklärte, die meisten Gesellschaften besäßen zwar Risoko-Lebensversicherungen, da sie daran jedoch nicht soviel verdienten, stellten sie sicher, daß die Vertreter für den Verkauf der teureren Police eine höhere Provision erhielten.

Anfangs wollte ich es einfach nicht glauben. Ich verstand nicht, wie ein Vertreter einer ihm bekannten Familie etwas Teures anbieten konnte, das ihr nicht genug Versicherungsschutz gab und sie im Todesfall in die gleiche Lage wie meine Mutter bringen würde.

In der Woche darauf ließ mich der Gedanke daran nicht mehr los. Ich setzte mich in die Bibliothek und las alles über Versicherungen, was ich finden konnte. Und ich stellte fest, daß mein Cousin mir die Wahrheit gesagt hatte. Nach Meinung der Fachleute sollte man unbedingt eine Risiko-Lebensversicherung abschließen. Ihren Worten zufolge hatten die meisten Versicherungsvertreter selbst eine solche Versicherung abgeschlossen, boten anderen Leuten jedoch die weitaus teurere Kapital-Lebensversicherung an.

An jenem Tag brach ich zu meinem Feldzug auf. Ich konnte nur noch daran denken, wie Angela, Art und April gelitten hätten, wäre ich plötzlich gestorben, und sie hätten mit meiner niedrigen Police von 15 000 Dollar zurechtkommen müssen. Ebenso empörte es mich, daß der Versicherungsvertreter mir für den gleichen Preis eine Risiko-Lebensversicherung im Werte von 100 000 Dollar hätte anbieten können. Ich regte mich damals auf, und ich rege mich darüber immer noch auf!

Je intensiver ich mich mit dieser Problematik befaßte, desto erregter wurde ich. Es stimmte, daß fast alle Vertreter ihren Kunden eine Risiko-Lebensversicherung anbieten könnten, wenn sie wollten, aber sie erhielten eine niedrigere Provision als beim Abschluß der teureren Kapital-Lebensversicherung.

Damit möchte ich keinesfalls behaupten, daß Versicherungsvertreter schlechte Menschen sind. Ich sehe durchaus ein, daß Gesellschaften mit einem bekannten Namen und den großen Häusern im Geschäftsviertel Druck auf die Vertreter ausüben, nur die teuren Versicherungen anzubieten anstelle jener, die die Menschen sich leisten können. Ich nehme an, daß die Verantwortlichen niemals den Witwen und Waisen ins Auge blicken mußten, deshalb versuchten sie auch, nie an sie zu denken.

Wie sich herausstellte, erwies sich dieses Gespräch mit meinem Cousin als Wendepunkt meines Lebens. Aus einem Footballtrainer wurde fortan ein Vorkämpfer für die Risiko-Lebensversicherung.

Ich setzte mich von nun an dafür ein, auch andere über diese Art der Versicherung und Investition aufzuklären. Wann immer ich an Angela und die Kinder dachte und daran, was ihnen hätte zustoßen können, wurde ich wütend. Aber statt vor Wut zu platzen, berichtete ich drei oder vier weiteren Personen von meiner Entdeckung. Das ist der Unterschied zwischen einem „Job" und einem Feldzug.

Ich fand meinen Feldzug dort, wo ich ihn nie erwartet hätte. Ja, man könnte sagen, daß ich rein zufällig darauf gestoßen bin.

Ich denke, es läßt sich allgemeingültig sagen, sobald man seine *Aufgabe* gefunden hat, beginnt man, *sich zu verändern*. Ich kann Zeugnis dafür ablegen, daß ein Feldzug sich völlig von einer Stellung unterscheidet. Natürlich muß man immer noch arbeiten und nicht weniger, sondern mehr als je zuvor, aber mit dem einen Unterschied, daß man nichts dagegen hat. Man hat ein Anliegen, das größer als man selbst ist. Man hat sich zu etwas verpflichtet, das mehr als man selbst oder seine Angelegenheiten ist. Wann immer ich den Mut verlor, weil mir das Verkaufen schwerer fiel als alles andere, fragte ich mich, wenn ich auf der

Straße ein junges Paar sah, welche Versicherung sie wohl hatten und ob sie ausreichend Vorsorge getroffen hatten, falls einem von beiden etwas zustoßen sollte. Und sogleich ging ich von neuem Schwung beseelt weiter.

Einige Jahre lang arbeitete ich für andere Gesellschaften. Aber bei allen gefiel mir die Unternehmens-Struktur nicht. Ich engagierte mich für „Risiko-Lebensversicherung und Investieren der Differenz", aber ich träumte davon, meiner Familie finanzielle Unabhängigkeit zu geben. In den anderen Gesellschaften wußte man durchaus einen guten Vertreter zu schätzen, aber die Aufstiegsaussichten waren gering. Sobald ein erfolgreicher Vertreter mit seinen Abschlüssen soviel verdiente wie der Geschäftsführer, verkleinerte man sein Gebiet und engte ihn ein. Das konnte ich nicht mit ansehen, deshalb beschloß ich, die A. L. Williams zu gründen.

## Engagement in schwerer Zeit

Ich kann Ihnen eingestehen, daß die ersten Jahre meines Unternehmens die schwersten waren, die ich je durchgemacht habe. Ich wünsche sie niemand anderem, und ich hoffe, daß ich nie wieder etwas Ähnliches mitmachen muß.

Ich hatte völlig naive Vorstellungen von der amerikanischen Unternehmenswelt. Ich hatte mir nicht vorgestellt, daß einige Versicherungsgesellschaften eigentlich nicht wollten, daß die Menschen etwas von reinen Todesfallversicherungen erfuhren. Sie fühlten sich bedroht durch das Konzept „Risiko-Lebensversicherung und Investieren der Differenz". Von Anfang an hatten wir Probleme. Auf der einen Seite standen Art Williams und einige Menschen, die mit ihm ihre Gesellschaft verließen, und auf der anderen diese Riesenkonzerne mit ganzen Zimmern voller Rechtsanwälte, Lobbyisten und Geschäftsführer.

Nicht immer war der Kampf fair, manchmal wurde er ziemlich grob. Sobald wir in einem neuen Ort ein Büro eröffnen wollten, sorgte die Konkurrenz für so viele Schwierigkeiten wie nur möglich. Sie setzte alle ihr zur Verfügung stehenden finanziellen und politischen Mittel ein. Sie veröffentlichte schlimme Beiträge in der Zeitung, die meine Frau und Kinder demütigten. Es waren rauhe Zeiten.

Wir waren keine Gruppe erfahrener Geschäftsleute. Anfangs waren wir fünfundachtzig, und nur wenige von uns besaßen einen höheren akademischen Grad oder viel Geschäftserfahrung. Wir verfügten über keine nennenswerten Verwaltungstalente, keinerlei finanzielle Stützen, keinen Vertrag mit einer Gesellschaft, dafür über eine Geschäftsleitung, die aus ehemaligen Lehrern und Trainern und ähnlichen bestand.

Aber wir gaben nicht auf. Für uns war fortan die Arbeit mehr als nur ein Job, sie war unser Leben. Sie war der Grund, der uns morgens aus dem Bett trieb und uns abends nicht schlafen gehen ließ. Wir wußten, wir handelten richtig, und das war uns Motivation genug. Jedesmal, wenn wir für eine Witwe nach einem Todesfall eine Forderung über 100 000 oder 200 000 Dollar einreichten anstelle von 10– oder 15 000 Dollar, fühlten wir uns so erhöht, daß wir auch die schlechten Zeiten überstanden.

Bis heute glaube ich, der Grund für den Erfolg unseres Unternehmens liegt nicht nur darin, daß wir das richtige „Produkt" verkaufen, sondern auch im Engagement, das überall spürbar ist, in den Büros wie im Sitzungssaal.

Wir alle hatten unsere persönlichen Träume, aber noch wichtiger, wir hatten ein gemeinsames Anliegen. Und wir haben es geschafft.

## Wie findet man „seinen" Feldzug?

Wahrscheinlich sagen Sie jetzt: „Das ist alles schön und gut, aber ich bin nur ein Lehrer (oder Angestellter oder Bauarbeiter). Wie kann ich mich in meinem Gebiet für etwas einsetzen?"

Wo immer Sie sich im Leben befinden, stets gibt es Gelegenheit für einen Einsatz. Wie Sie sehen konnten, wurde mein Feldzug durch ein Ereignis in meiner Familie ausgelöst. Viele Menschen gleichen A. T. Cross, und sie setzen sich dafür ein, etwas besser zu tun als je zuvor, etwas herzustellen, das das Leben der Menschen leichter oder angenehmer gestaltet. Eine Familie in Ohio wollte die beste Marmelade herstellen. Dafür setzte sie sich ein. Heute kaufen Menschen, die gerne Marmelade essen, nur die mit dem Etikett „Smucker".

Wo immer Sie sich auch befinden, ein Einsatz wartet auf Sie. Ein junger Mann hatte in der Oberschule einst ernsthafte Probleme mit seinem Gewicht. Als Erwachsener wog er 122 Kilogramm. Er war erfolgreich als Fotomodell (er war der Weintraubenbursche in einer lustigen Obstwerbung). Aber er war nicht mit sich zufrieden. Eines Tages fand er an seinem Wagen die Notiz: „Dicke Menschen sterben jung. Bitte sterben Sie nicht. Ein Fan." Das war der Auslöser für sein Engagement.

Der Mann hungerte und unterzog sich schnellen Abmagerungskuren und wurde in drei Monaten um fast 45 Kilogramm leichter. Er zerstörte mit dieser drastischen Schlankheitskur seinen Körper, verlor Wasser und Haare und hatte alle Arten von anderen Beschwerden. Schließlich kam er ins Krankenhaus.

Nachdem er gelernt hatte, wie man mit Hilfe von richtiger Ernährung und Bewegung ohne Gesundheitsrisiko Gewicht verliert, wollte er sein Wissen an andere Menschen, die ebenfalls mit Gewichtsproblemen kämpften, weitergeben. Er war so angeregt und begeistert davon, Menschen bei der Lösung eines Problems zu helfen, mit dem er sich identifizierte, daß sich die Menschen sofort zu ihm hingezogen fühlten. Zum Schluß setzte er sich hauptberuflich für die Erziehung zum richtigen Abnehmen ein.

Heute kennt man Richard Simmons in ganz Amerika dank seines Feldzugs für Gewichtsverlust, und er selbst wurde dabei wohlhabend und berühmt.

Gleichgültig, wo Sie sich im Leben befinden oder was Sie tun, ein Feldzug wartet auf Sie. Blicken Sie sich einmal um, und machen Sie Ihren Einfluß geltend.

## Aber ich bin allein!

Damit komme ich zu einem anderen Einwand, den ich höre, wenn ich von einem Feldzug spreche: „Ich bin allein. Wie kann denn *eine Person* in unserer großen Welt eine Änderung herbeiführen?“ Oder: „Ich bin nur ein ganz gewöhnlicher Mensch. Jemand wie ich hat nichts in einer großen Bewegung zu suchen.“

Was ist denn mit den von mir erwähnten Menschen wie Gandhi oder Albert Schweitzer? Alle waren „nur ein Mensch“ ohne besondere Vision von Größe. Aber ihr Einsatz für einen Feldzug war der Grund für dramatische Änderungen auf der Welt.

In einem Ort in Kalifornien war eine junge Hausfrau und Mutter verzweifelt über den Tod ihrer dreizehnjährigen Tochter, die bei einem Verkehrsunfall umkam. Der Fahrer des anderen Wagens war betrunken und auch schon in der Vergangenheit wegen Trunkenheit am Steuer mehrmals verhaftet worden.

Angesichts der eigenen unglücklichen Lage und jener so zahlreicher anderer Mütter, die das gleiche Schicksal hatten, beschloß sie zu handeln. Sie weigerte sich, einfach tatenlos zuzusehen. Sie bildete mit Müttern ihres Stadtviertels eine Gruppe mit dem Ziel, betrunkene Fahrer von der Straße zu verbannen, indem sie für den Tod des Opfers zur Rechenschaft gezogen werden. Am 26. August 1980 gaben die Mütter in Sacramento ihre erste Pressekonferenz, in der sie den Gouverneur aufforderten, einen Ausschuß einzusetzen, der das Problem von Trunkenheit am Steuer untersuchen sollte.

Anschließend wandten sich die Mütter mit ihrem Anliegen an Gerichte, Bezirksstaatsanwälte, Behörden für Verkehrssicherheit und an die Polizei. Wo immer sie sich hinwandten, hörten sie das gleiche: „Geben Sie auf. Das ist ein unüberwindliches Problem, und Sie erreichen damit nichts.“ Viele Hindernisse lagen auf ihrem Weg. Trunkenheit am Steuer war ein heikles Thema; viele waren dieses Vergehens schuldig, manchmal sogar die Gesetzgeber selbst. Immer wieder hörte die Gruppe: „Hört damit auf!“

Denken Sie einmal darüber nach: Es handelte sich nicht um eine Gruppe einflußreicher Menschen oder Gesetzgeber. Die Rede ist hier von *Hausfrauen*, einer Gruppe, die man ungerechterweise oft als machtlos betrachtet.

Aber die Gruppe gewann an Stärke, buchstäblich Mutter um Mutter, Frau um Frau. Die Presse verlor jedes Interesse, aber die Frauen wandten sich erneut an die Behörden für Verkehrssicherheit und die Gerichte, um dort für konkrete Schritte zu plädieren. Sie sprachen in Schulen und vor Gruppen in der Gemeinde, vor allen, die bereit waren, zuzuhören. Sie veranstalteten Workshops, um auf das Problem aufmerksam zu machen. Sie lernten dabei, wie man als „Lobby" agiert. Schließlich fanden sie eine Frau, Mitglied im Repräsentantenhaus, die eine Gesetzesvorlage einbrachte. Ganz allmählich fing man an, die Gruppe ernst zu nehmen.

Schließlich wurden dem ganzen Land die Augen über die Ernsthaftigkeit des Problems geöffnet, und die Mütter gegen Trunkenheit am Steuer (MADD) gewannen an Einfluß. Heute gibt es insgesamt 950 neue Gesetze über Trunkenheit am Steuer. In den USA allein hat MADD inzwischen über vierhundert Zweigstellen, weitere in Großbritannien, Kanada, Schweden und Neuseeland mit mehr als einer halben Million Mitglieder.

Nachdem MADD es gewagt hat, einen Standpunkt zu beziehen, entdeckten ihn auch andere. Vor einigen Jahren warnten die ersten Werbespots im Fernsehen die Zuschauer: „Steigen Sie nie betrunken ins Auto!" Danach versprachen Bars und Taxizentralen, daß sie ihre Gäste in der Silvesternacht umsonst nach Hause fahren würden. Kürzlich griff sogar die Genußmittel- und Alkoholindustrie das Stichwort auf und forderte die Menschen auf, vor dem Fahren nicht zu trinken. Bevor MADD die Bühne betrat, hat es solch ein Bewußtsein und solche Anstrengungen nicht gegeben.

Alle in der Gruppe waren nur „gewöhnliche" Hausfrauen und Mütter, aber ihr Einsatz hat das Denken über „Trunkenheit am Steuer" landesweit verändert – und möglicherweise Millionen von Menschenleben gerettet und unsagbares Unglück verhindert.

## Lernen, höher zu greifen

Wir alle sollten lernen, über unseren Horizont hinauszusehen. Durch einen Feldzug wird man dazu angeregt, höher und weiter zu greifen, und man zieht andere mit. Ein solcher Einsatz regt den Menschen mehr als alles andere an und bringt zudem Abwechslung in den Alltag. Morgens, wenn wir noch weiterschlafen möchten, treibt uns der Feldzug aus dem Bett. Jeder Mensch braucht einen Lebenssinn: Er möchte sich etwas Größerem als nur den eigenen Angelegenheiten verpflichten; er möchte dazu beitragen, daß die Welt ein Ort wird, an dem man besser lebt. Diese Art von Befriedigung erfährt man nur selten in den meisten Organisationen; die Arbeitnehmer erleben im allgemeinen höchstens, daß das Unternehmen dank ihrer Anstrengungen mehr verdient. Die Menschen möchten für andere etwas Gutes tun, und dadurch unterscheidet sich ihre Verpflichtung von anderen.

Ist man erst so weit gekommen, daß man sich für etwas einsetzt, erkennt man bald auch Gleichgesinnte. Mit dem neuen Selbstbewußtsein, das man durch sein Anliegen gewinnt, sucht man diese Menschen ganz aktiv. Und die Beziehung zueinander ist eine ganz andere, als wenn nur Geld das Bindeglied darstellt.

Mir ist es gleichgültig, woher jemand stammt, und ebenso, welche Probleme ein Mensch in der Vergangenheit hatte. Handelt es sich um einen Träumer, und ist er bereit, sich für etwas einzusetzen, dann möchte ich ihn in meiner „Mannschaft". Sehe ich jemanden, der sich bemüht, am Arbeitsplatz sein Bestes zu geben, am Empfang, in der Postabteilung oder in der Druckerei, und setzt sich diese Person an dem jeweiligen Arbeitsplatz zu 110 Prozent ein, dann möchte ich sie befördern. Mir geht es nicht darum, ob diese Menschen ein Universitätsdiplom oder fünfzehn Jahre Berufserfahrung haben. Wenn sie sich einsetzen möchten und mit ihrem Leben etwas Besonderes anfangen wollen, dann brauche ich nicht mehr zu wissen. Einstellungstests, psychologische Gutachten und all der ganze Kram interessieren mich absolut nicht.

Ich hatte das Glück, diese Lektion zu lernen, indem ich die Möglichkeit hatte, einige bemerkenswerte Menschen zu beobachten. Ich bin davon überzeugt, daß unser Unternehmen nach nur zehn kurzen Jahren nicht dorthin gekommen wäre, wo es heute steht, hätten wir die Dinge auf die leichte Schulter genommen. Ich habe hier Menschen arbeiten sehen, wie ich sonst noch nie Menschen arbeiten sah. Zweimal im Jahr veranstalten wir für unsere Vertreter einen Kongreß. Wir versuchen dabei, Lernen und Vergnügen zu verbinden. Deshalb finden unsere Treffen an einem schönen Ort statt. 1987 versammelten wir zwölftausend Menschen in New Orleans. Man sollte annehmen, mehrere hundert Menschen seien für die Organisation einer derartigen Veranstaltung nötig. Tatsächlich beauftragen die meisten Unternehmen Spezialfirmen für diese schwierige Aufgabe. Bei uns wird alles von den Mitarbeitern unseres Unternehmens organisiert.

Ich habe gesehen, wie diese Menschen ganze Nächte, am Wochenende und wochenlang ohne einen freien Tag arbeiteten. Wer immer andere Menschen leitet, weiß, daß man Menschen nicht ohne weiteres zu solch einem Einsatz bewegen kann. Hätte ich angeordnet, daß alle Anwesenden jetzt ununterbrochen zwanzig Tage lang arbeiten müssen, hätte man mich nicht nur gerichtlich verfolgt, sondern auch „ausgepfiffen." Ich befehle diesen Menschen nicht, so schwer zu arbeiten. Sie können mir jederzeit erklären, daß etwas, das wir anstreben, unmöglich ist. Manchmal bekomme ich das auch zu hören, aber gleichzeitig arbeiten diese Menschen bereitwillig ganze Tage und Nächte und Wochenenden, und ich erfahre es oft erst sehr viel später. Während eines zehntägigen Kongresses kommen sie häufig mit nur zwei oder drei Stunden Schlaf aus. Sie haben zwar ein gutes Gehalt, aber nie könnte ich ihnen genug bezahlen, damit sich diese Anstrengung für sie auszahlt. Und ich meine damit nicht nur die Geschäftsleiter, die das höchste Gehalt beziehen, sondern auch jene Leute, die die Druckmaschinen in Gang halten; die Grafiker, die das Informationsmaterial entwerfen; die Leute im Versand, die alles für den Transport verpacken; die Menschen im Reisebüro, die rund um die Uhr arbeiten, damit die Reisevorbereitungen für zwölftausend Menschen wie am Schnürchen klappen.

Diese Menschen haben ein Privatleben, eine Familie und Kinder, und sie wären lieber zu Hause. Aber wenn es nötig ist, geben sie ihr Letztes, um alles frist- und ordnungsgemäß zu erledigen. Kein Vorgesetzter oder Geschäftsführer könnte Menschen je dazu zwingen, so zu arbeiten. Alle würden kündigen und sich einen anderen Arbeitsplatz suchen. Aber ich habe gesehen, wie Menschen wahre Wunder vollbringen, immer wieder, weil sie an das, was sie taten, auch glaubten.

Es ist wirklich faszinierend. Ich habe es immer wieder erlebt, was ein Mensch leisten kann, wenn er an etwas glaubt, wenn er das Gefühl hat, Teil von etwas zu sein, das größer als er selbst ist. Sobald ein Mensch spürt, daß er durch sein Tun anderen Menschen helfen kann, dann erhält sein Leben einen neuen Sinn. Ich beobachte das nun schon jahrelang, und es erstaunt mich immer noch; aber tief im Herzen weiß ich, daß es stimmt.

Viele Menschen möchten herausfinden, wozu sie auf die Welt kamen. Meiner Ansicht nach gibt es durchaus Menschen, die anscheinend schon vom ersten Tag an wissen, welche Aufgabe das Leben für sie bereithält. Aber das gilt nicht für uns alle. Ich weiß, daß ich es mir nie hätte träumen lassen, daß der Sinn meines Lebens in *Lebensversicherungen* liegt.

Meistens müssen wir uns umsehen und etwas finden, an das wir fest glauben können; etwas, das uns rührt und bei dem wir uns wohl fühlen. Finden Sie etwas, an das Sie glauben können, und erfüllen Sie sich damit gleichzeitig Ihre Träume, dann haben

Sie es geschafft. Mißverstehen Sie mich nicht! Ich sagte nicht, daß es leicht ist, sondern nur, daß es sich lohnt.

Finden Sie einen Sinn für Ihr Leben. Verpflichten Sie sich für etwas, das über Ihre persönlichen Wünsche hinausreicht. Dabei müssen Sie nicht unbedingt Millionär werden. Und es muß ebensowenig etwas sein, das andere für Sie als sinnvoll erachten.

*Denken Sie daran:*
*Seien Sie nur Sie selbst, halten Sie an Ihrem Traum fest, und finden Sie ein Anliegen, für das sich der Einsatz auszahlt.*

# Kapitel 7
# Träumen Sie im Großen – aber einfach formuliert

*Genie ist die Fähigkeit, etwas Kompliziertes einfach zu formulieren.*
*C. W. Cerar*

Wer Mißerfolg im Geschäft oder im Leben hat, begeht meistens den Fehler, die Dinge zu komplizieren. Allem Anschein nach liegt es in der menschlichen Natur anzunehmen, daß etwas Schwieriges oder Kompliziertes „besser" ist.

Ich verstehe durchaus, wie man in diese Falle gerät. Die moderne Technologie hat so viele Umwälzungen in unserem Jahrhundert herbeigeführt, daß die meisten Menschen einfach das Komplizierte anbeten müssen. Vor siebzig Jahren standen wir ehrfürchtig vor einem Telefon, zwanzig Jahre später ebenso ehrfürchtig vor dem Fernseher, und wiederum dreißig Jahre später flößte uns die Raumfahrt ehrfürchtiges Staunen ein. Heute gibt es Computer, den Mikrowellenherd, Telefonanrufbeantworter, das Autotelefon ... und was sonst nicht alles noch. Angesichts dieser unglaublichen Technologie achtet man kaum noch das „Einfache". Man meint, je komplizierter etwas ist, desto wertvoller müsse es auch sein. Alles, was funktioniert, hängt demnach auch mit etwas Kompliziertem zusammen.

Kein Gedanke könnte weniger richtig sein.

Etwas Kompliziertes mag gut sein für Maschinen, aber nicht für den Menschen. Man sollte es nicht zulassen, daß diese hochgezüchtete Technologie uns und unsere Lebensweise oder auch unsere Geschäftsführung beeinflußt. Wir müssen wieder das Genie des Einfachen erkennen und uns zunutze machen.

Vor einigen Jahren beschloß ein junger Harvard-Absolvent, der Jura und Betriebswirtschaft studiert hatte, sich selbständig zu machen. Er hatte vor, mit Hilfe seines Großvaters, der erfolgreich an der Börse investiert hatte, ein eigenes Getränkeunternehmen zu gründen. Nachdem das Geschäft schon ungefähr vierzehn Tage eröffnet war, verabredeten sich die beiden Männer zum Mittagessen. Der Großvater erkundigte sich beim jungen Mann, wie viele Kunden er habe. Der Enkel erwiderte: „Noch keine. Bisher habe ich versucht, die richtige Computeranlage aufzutreiben." „Mein Lieber, solange du keine Kunden hast, brauchst du keine Computeranlage. Du brauchst nicht einmal ein Büro oder einen Schreibtisch. Du brauchst Kunden." Der Universitätsabsolvent hörte auf den Rat seines erfolgreichen Mentors, legte alle Lektionen über „strategische Planung", die er am College gelernt hatte, in die Schublade und machte sich auf die Suche nach Kunden. Heute ist sein Geschäft eine echte amerikanische Erfolgsstory. Seine Getränke werden in ganz Amerika verkauft. Bis heute besitzt er weder Büro noch Schreibtisch. Fragt man ihn warum, antwortet er: „Weil man einem Schreibtisch nichts verkaufen kann."

Was für ein phantastischer Anschauungsunterricht für den angehenden Geschäftsmann! Lassen Sie es nicht zu, daß Ihre Achtung für moderne Technologie die Grundregeln für eine erfolgreiche Geschäftsführung ersetzt. Konzentrieren Sie sich auf das, was Ihnen ein Einkommen bringt, und investieren Sie darin Zeit und Mühe.

## Drei Schritte, die Dinge einfach zu halten

Wenn Ihr Geschäft hochkommen soll, befolgen Sie diese einfachen Schritte:

### 1. Seien Sie aktiv!

Um im Geschäft erfolgreich zu sein, muß man aktiv handeln. Man kann nicht einfach den ganzen Tag auf einem Stuhl sitzen und analysieren, warum es nicht klappt. Auf diese Weise verdient man nichts.

Den Mitarbeitern unseres Unternehmens erzähle ich gerne von einer Versicherungsgesellschaft in Chicago, die eine Firma für Absatzberatung mit einer Analyse beauftragte, um zu sehen, warum es mit ihren Geschäften nicht klappte. Durchschnittlich tätigten die Vertreter der Gesellschaft nicht mehr als zweieinhalb Abschlüsse monatlich. Man hatte alles mögliche versucht, um Schwung in die Gesellschaft zu bringen, aber nach zwei Jahren war der Durchschnitt immer noch niedrig. Nach einem Blick auf die Lage erklärte der Verkaufsexperte: „Ihr größtes Problem ist, daß Sie nicht genug Vertreterbesuche machen."

Das war zu einfach, als daß die Gesellschaft es akzeptieren konnte. Zum Beweis seiner Erklärung bat der Verkaufsexperte darum, mit zwanzig Vertretern zu sprechen. Es sollte ein repräsentativer Durchschnitt vom besten bis zum schlechtesten Vertreter sein. Als alle versammelt waren, sagte der Experte den Verkäufern: „Das ist Ihr ganzer Vortrag: Wenn Sie dort draußen mit einem potentiellen Kunden sprechen, möchte ich, daß Sie nur diesen einen Satz sagen: ‚Sie wollen doch keine Lebensversicherung, oder?'"

Das war alles. Nur diese eine negative Botschaft. Und die Vertreter sollten herausfinden, wie oft sie diese Botschaft wiederholen konnten.

Jeder brach also auf, um Menschen anzusprechen mit: „Sie wollen doch keine Lebensversicherung, oder?"

Fast alle Angesprochenen erwiderten darauf: „Genau. Lassen Sie mich in Ruhe!"

Aber eine von sechzig Personen antwortete: „Halleluja! Großartig. Kommen Sie herein! Ich habe Sie mein ganzes Leben lang gesucht. Setzen Sie den Vertrag auf!"

Und da jeder Vertreter feststellte, daß er diese Botschaft bei ungefähr sechzig Menschen am Tag wiederholen konnte, tätigte er täglich durchschnittlich einen Abschluß. Die Geschäfte der Gesellschaft zogen an, und sie war gerettet.

Aktivität ist das Schlüsselwort, und ich meine damit nicht nur im „Verkauf". *Wo immer* Sie tätig sind, Sie müssen *handeln*.

## 2. Sorgen Sie für kleine Erfolge!

Betrachtet man sich manchmal das für sein Geschäft gesetzte Ziel, erscheint es einem so überwältigend, daß man aufgeben möchte, bevor man überhaupt damit begonnen hat. Deshalb lernte ich den Trick, das Ziel in mundgerechte Bissen aufzuteilen. Wenn ich mir das Ziel gesetzt hatte, 1000 Dollar monatlich zurückzulegen, mußte ich im Monat mindestens vier Abschlüsse tätigen. Das schüchterte ganz schön ein. Um vier Abschlüsse zu haben, mußte ich wahrscheinlich acht oder zehn Verkaufsgespräche führen. Für acht oder zehn Verkaufsgespräche benötigte ich mindestens doppelt so viele Interessenten, denn viele wollten nicht einmal einen Termin vereinbaren. Vier Abschlüsse hörten sich fast unmöglich an! Damit es klappte, brauchte ich handlichere Größen. Wenn es mir gelang, pro Tag einen Interessenten zu finden und pro Woche nur zwei Verkaufsgespräche zu führen, schaffte ich meine vier Abschlüsse monatlich. Jeder konnte das. Mit dieser Technik schuf ich mir jene kleinen Erfolge, die mich weiter motivierten.

Selbst wenn Sie pro Tag nur eine positive Sache erledigen, ist Ihr Selbstvertrauen gestärkt, und Sie vertreiben damit die Angst vor einem Mißerfolg, die tief in Ihrem Bewußtsein sitzt.

## 3. Verzetteln Sie sich nicht mit Papierkram!

Es war eine kritische Lage im Zweiten Weltkrieg. General MacArthur lagerte mit seinen Truppen an einem großen Fluß, den er überqueren mußte. MacArthur rief nach seinem Ingenieur und sagte: „Soldat, wie lange brauchen Sie für eine Brücke über diesen Fluß?“ Der Ingenieur erwiderte: „Drei Tage.“ MacArthur sagte: „Gut, Ihre technischen Zeichner arbeiten sofort an den Plänen!“ Drei Tage später rief MacArthur den Ingenieur in sein Büro, um sich zu erkundigen, wie weit die Brücke schon sei. „Sir“, erwiderte der Ingenieur, „die Brücke ist fertig, und Sie können sie mit den Truppen überqueren, vorausgesetzt, Sie wollen nicht auf die Pläne warten. Die sind noch nicht fertig."

Nichts verursacht Ihnen im Geschäftsleben mehr Schwierigkeiten, als den Ball nicht aus den Augen zu verlieren. In diesem Fall bedeutet „Ball" Ihr endgültiges Ziel, gleichgültig, ob Sie eine Brücke über einen Fluß bauen oder die größte Eishalle der Stadt errichten wollen.

Wie der Harvard-Absolvent, den ich bereits erwähnte, lassen sich auch andere leicht ablenken. Und Papierkram kann einen umbringen, besonders in schweren Zeiten, wenn man keine Lust hat, hinauszugehen und die fürs Gewinnen wirklich nötige schwere Arbeit zu leisten.

In meiner Branche verbringen viele Männer und Frauen so viel Zeit mit der Bearbeitung von Anträgen und dem Ausfüllen interner Büroformulare, daß ihnen keine Zeit mehr für neue Abschlüsse bleibt. Als ich mich selbständig machte, sorgte ich als eines der ersten Dinge für eine tüchtige Bürohilfe, damit ich nicht von Papierarbeit erdrückt wurde. Meiner Meinung nach sollte ein guter Vertreter sich nicht mit Verwaltungsarbeit belasten, denn dann hat er keine Zeit mehr für Kunden oder potentielle Kunden.

Kürzlich sprach ich mit einem unserer jüngsten, begeistertsten Vizepräsidenten, David Hyles. Obwohl er erst zwölf Monate im Geschäft war, hatte er bereits unsere Verkaufs-Belohnungsreise nach Wien und Paris gewonnen. Er erzählte mir ganz stolz, wie groß sein Geschäft jetzt sei, und daß er ohne Sekretärin auskomme. Ich ermahnte ihn: „David, das ist ein Irrtum. Sie versuchen, Geld am falschen Platz einzusparen. Ihre Zeit kostet zwischen 300 und 400 Dollar pro Stunde. Suchen Sie sich sofort jemanden für Ihre Büroarbeit!"

David ging nach Hause und folgte meinem Rat. Einige Wochen später rief ich ihn an, um mich nach dem Stand der Dinge zu erkundigen. „Art", sagte er, „es ist unglaublich! Wir haben eine Sekretärin, und ich möchte wetten, daß meine Abschlüsse um mindestens 25 Prozent gestiegen sind."

**Stellen Sie einen einfachen Spielplan für Ihr Unternehmen auf!**

Als Sie von dem Harvard-Absolventen lasen, der sein eigenes Unternehmen gründete, wunderten Sie sich vielleicht, was „strategische Planung“ bedeutet. Befürchten Sie, daß Sie zurückbleiben, wenn Sie keine langfristigen Pläne haben? Ja, Sie müssen planen. Das ist sogar entscheidend. Aber Sie vergrößern Ihre Aussichten zu gewinnen, wenn Sie diesen Plan einfach formulieren.

Kürzlich erst habe ich von einem jungen Geschäftsführer aus einer Kleinstadt bei Atlanta gelesen. Im Alter von achtundzwanzig Jahren sah er sich unvermittelt verantwortlich für ein kränkelndes Familienunternehmen, eine Spinnerei. Als der junge Mann das Steuer übernahm, türmten sich scheinbar unüberwindliche Probleme auf: keine Finanzierung für gewaltige Schulden, veraltete Maschinen, unzählige Gespräche mit der mittleren Geschäftsleitung, die nirgends hinzuführen schienen. Nachdem der junge Mann einen soliden Unternehmenspartner gefunden und einen Finanzplan aufgestellt hatte, um die Fabrikationsmaschinen zu erneuern, wandte er sich den innerbetrieblichen Problemen zu. Er verlagerte den Entscheidungsprozeß auf die unterste Ebene, wodurch die mittlere Geschäftsführung praktisch ausgeschaltet wurde. Einkäufe – im Werte von Millionen von Dollar – wurden von Abteilungsleitern getätigt, die sich tagtäglich mit den Problemen auseinandersetzten und die Geschäfte aus erster Hand kannten. Keine Sitzungen. Keine Protokolle. Nur die richtigen Menschen, die Entscheidungen über ihre Arbeit trafen. In jenem Jahr verdiente das Unternehmen mit seinen Verkäufen dank dieser Vereinfachung mehrere Millionen Dollar.

Der Wert eines einfachen Spielplans überzeugte mich, als ich meine erste Stellung als leitender Trainer antrat. Ich hatte mich mein ganzes Leben darauf vorbereitet. Jeder Schritt in der Oberschule und am College führte mich auf dieses Ziel hin. Ich bereitete mich auch dann noch darauf vor, als ich anfangs als Hilfstrainer arbeitete. Ich besuchte Trainingsstätten und notierte mir alles sorgfältig. Bei mir sammelten sich ganze Berge von Informationen an, die ich wie besessen studierte. Das Resultat war eines der schönsten Bücher über Football, das man sich vorstellen kann. Das war das Buch meiner Träume. Es enthielt mindestens fünfzig verschiedene Läufe und dreißig verschiedene Zuspielmöglichkeiten. Das Buch hatte fünfzig Seiten.

Als ich dann endlich leitender Trainer wurde, war ich ganz aufgeregt. Ich war der Chef. Ich würde den entscheidenden Anpfiff eine Minute vor Spielende geben. Ich besaß viel Selbstvertrauen, und dank meines Selbststudiums und meines schönen Buches war ich davon überzeugt, daß ich eine Mannschaft aufbauen konnte, die gewinnen würde.

Als es Zeit wurde für das Frühlingstraining, sah ich, was mich mit meinem Team erwartete. Es war die schon früher erwähnte Mannschaft mit all den Spielern, die noch nicht einmal wußten, wie man in die Kniebeuge geht und den Football richtig hält. Sie waren dermaßen unbedarft, daß wir ganz von vorne mit den Grundregeln anfangen mußten. Mein Buch nützte mir dabei wenig. Zum Schluß verwendete ich nur ungefähr sechs Grundspiele. Als ich die Schule zwei Jahre später verließ, um als leitender Trainer an einer größeren Oberschule zu arbeiten, war mein Spielbuch nur noch zehn Seiten dick. Es enthielt nur die sechs Grundspiele, und mit diesen Spielen gelang es mir, an der neuen Schule ein Meisterprogramm aufzubauen.

Ich habe inzwischen gelernt, jeden von mir erdachten Plan zu vereinfachen, ob es sich um mein persönliches Sparprogramm oder eine Unternehmensentscheidung handelt. Eines der besten Beispiele ist ein von uns entwickeltes Instrumentarium, um Interessenten zu finden. Als unser Unternehmen groß genug geworden war, daß wir an weitere Absatzmöglichkeiten denken konnten (und es dauerte fünf Jahre, bevor wir uns selbstbewußt genug fühlten, um auch „Extras“ aufzunehmen), wollte ich ein Lehrbuch über Finanzen schreiben, das die Leser auch verstehen würden.

Es war auffallend, daß in all den Jahren jeder, mit dem wir

durch unser Geschäft in Berührung kamen, Schwierigkeiten mit seinen Finanzen hatte. Als Trainer verdiente ich 10 700 Dollar im Jahr. Angela und ich legten im Laufe von zweieinhalb Jahren mit Hilfe meiner Arbeit als Trainer und der Teilzeitarbeit für die Versicherung 42 000 Dollar zurück. Es war mir klar, daß es nicht nur darauf ankam, clever zu sein, sondern wir wußten genau, was wir zu tun hatten, um dieses Geld zu sparen.

Auf dem Markt wurden viele Bücher angeboten, die erklärten, wie man seinen Haushalt regelt, wie man für die Pensionierung spart und so weiter, aber alle enthielten viel Kleingedrucktes, überladen mit komplizierten Worten und Begriffen. Und die meisten lasen sich schwer und langweilig. Kein Wunder, daß die persönliche finanzielle Lage des Durchschnittsverbrauchers völlig chaotisch ist.

Ich träumte von einem Buch, das wertvolle Informationen enthielt, und zugleich so gestaltet war, daß Menschen wie ich dazu eine Beziehung herstellen konnten. Vor meinem geistigen Auge sah ich haargenau, was wir brauchten. Ich wollte es groß gedruckt, mit kurzen Kapiteln, großen Abbildungen und Graphiken wie in den Zeitschriften, und ich wollte den Text in einfachen, kurzen Sätzen. Dieses Buch begeisterte mich dermaßen, daß ich mich selbst daran machte, es zu schreiben. Die Leute vom Verlag arbeiteten rund um die Uhr, um es herauszubringen. Ich hatte keinerlei Zweifel daran, daß wir den Nagel auf den Kopf getroffen hatten.

Sogar der Buchtitel mußte einfach sein. Mir fiel dazu *Common Sense* (Gesunder Menschenverstand) ein. Als meine Familie das hörte, meinten alle: „Warum nennst du das Buch so? Alleinstehend ergibt dieser Titel doch gar keinen Sinn." Vielleicht hatten sie recht. Aber er war einfach, und ich spürte, daß jemand wie ich dazu eine Beziehung herstellen konnte.

Das Buch war fertig, und nun kommt der Clou: Von *Common Sense* wurden inzwischen über 14 Millionen Exemplare gedruckt, und das Buch gibt es bereits in spanischer und französischer Übersetzung.

Interesse zeigten vor allem Finanzämter, Behörden der Regierung und Verbände von Steuerberatern und dergleichen. Es wird als Unterrichtsmaterial in Volks- und Betriebswirtschaft und in Versicherungslehrgängen am College, an berufsbildenden Schulen und Oberschulen verwendet. *Das* sollte Sie wirklich vom Wert der Einfachheit überzeugen!

Mein Einsatz, die Dinge zu vereinfachen, hat sich in allen Bereichen unseres Unternehmens niedergeschlagen. Besonders stolz bin ich darauf, daß es nach wie vor die Philosophie unseres Unternehmens ist, weiterhin ein einfaches Produkt anzubieten. Für uns ist Versicherung nicht mehr als Schutz bei einem Todesfall. Wir sind absolut dagegen, das Bild für den Verbraucher dadurch zu komplizieren, daß die Lebensversicherung als Investition, Steuerflucht, Sicherheit für eine Anleihe oder irgend etwas anderes verwendet wird, so daß der Durchschnittsmensch kaum noch versteht, was er tatsächlich erhält. Unserer Ansicht nach ist es besser für den Verbraucher, wenn er getrennt investiert.

Im Gegensatz zu den meisten anderen Unternehmen besitzen wir ein Hauptprodukt, nämlich eine Lebensversicherung. Ich will Sie jetzt nicht mit Informationen über Lebensversicherungen langweilen, denn ich möchte lediglich unterstreichen, daß wir die Dinge vereinfachen. Andere Gesellschaften bieten Hunderte von Produkten an, mit denen man dicke Bücher füllen könnte. Unser Buch enthält dagegen genau eine Seite: Weil wir das beste Erzeugnis, das wir überhaupt verkaufen können, jedem anbieten.

Vielleicht stehen Sie gerade vor der Entscheidung, wie viele Speisen Sie auf Ihrer Speisekarte anbieten sollen. Machen Sie sie einfach. Oder vielleicht wollen Sie auch den Absatz in Ihrem Laden steigern. Bleiben Sie beim Einfachen. Was für ein Geschäft Sie auch immer haben mögen, betrachten Sie es aus der Sicht, wie Sie etwas Kompliziertes einfach formulieren können.

Ist Ihnen schon jemand begegnet, der Angst davor hatte, eine einfache Sprache beim Schreiben zu verwenden, weil andere ihn sonst für „dumm" halten könnten? Solch ein Mensch sucht stets nach komplizierten Worten oder verwendet besonders viele Fremdwörter, damit sein Brief gebildeter klingt.

Ist die Grammatik im Brief richtig, und enthält der Brief eine klare Botschaft, fragt sich der Leser keinen Augenblick lang, wo denn nun all die eindrucksvollen Wörter geblieben sind. Er erinnert sich lediglich an das, was der Schreiber ihm mitteilen wollte, und darauf kommt es an.

*Denken Sie daran:*
*Je kürzer Ihre Botschaft, desto größer die Wirkung!*

Ich schreibe aus Überzeugung kurze Briefe. Die meisten meiner Briefe bestehen nur aus drei oder vier Sätzen. Man sollte keine Angst davor haben, einfache, klare Botschaften abzuschicken. Ich mache dabei keinen Unterschied hinsichtlich des Empfängers. Einmal sind es Geschäftskollegen, ein anderes Mal Hochschulprofessoren. Die Menschen antworten schneller auf Briefe, die sie mühelos verstehen.

Wir alle könnten etwas von der Werbung lernen. Ich bin nicht immer gut auf sie zu sprechen, da sie sich nachteilig auf unsere Selbstachtung auswirkt durch ihre unrealistische Darstellung von Leben und Menschen. Aber davon abgesehen, gibt uns die Fernsehwerbung einen phantastischen Maßstab an die Hand für das, was bei Menschen „ankommt". Werbesprüche haben dank ihrer Kürze einen durchschlagenden Erfolg.

Betrachte ich mir zum Beispiel die Parolen, die in unserem Unternehmen im Umlauf sind – und wir lieben diese Slogans geradezu –, dann erweisen sich die Worte „Tu es!" als die beliebtesten und wirksamsten. Davon werde ich in einem späteren Kapitel noch ausführlicher sprechen, aber ich zitiere es auch hier, weil diese Botschaft in ihrer Einfachheit großartiger ist als jede zweistündige Rede von mir. Diese Botschaft kann man, gestickt und gerahmt, an den Wänden der Büros unseres Unternehmens in ganz Amerika sehen, genau wie auf T-Shirts, Ansteckknöpfen und Rundschreiben: überall.

Wenn ich auf einer Sitzung eine Rede halte, trage ich im allgemeinen ein Hemd mit den Großbuchstaben „NSD", die Abkürzung für „National Sales Director", die fast höchste Stellung, die man in unserem Unternehmen erreichen kann. Nur drei Buchstaben, aber die Botschaft gibt allen Anwesenden das deutliche Signal: „Streben Sie den NSD an!"

Und gibt es nicht auch solche Erzeugnisse in unserem täglichen Leben? Einige der umwälzendsten Produkte waren gleichzeitig die einfachsten. Können Sie sich noch ein Leben ohne Sicherheitsnadeln, Frottiertücher, Papiertaschentücher vorstellen? Ich könnte noch beliebig fortfahren, aber ich denke, Sie haben verstanden, worum es mir geht. Auf keinen Fall sollte man den Wert von etwas Einfachem unterschätzen.

## Einfachheit mit einer menschlichen Note

Der schlimmste Teil an der Vertreterarbeit ist das direkte Gespräch mit Menschen. So mancher Vertreter macht unglaubliche Anstrengungen, nur um einem direkten Kontakt mit einem Interessenten aus dem Weg zu gehen. Als ich in diesem Geschäft begann, mußte ich mich jeweils dazu zwingen, mit der nächsten Person zu sprechen. Mir wurde übel, wenn ich nur an den eisigen Blick und die Art, wie man mir „Nein!" sagen würde, dachte.

Jerry Byer, einer unserer landesweiten Verkaufsleiter in Michigan, unterschied sich in dieser Hinsicht in keiner Weise von mir. Jerry ging so weit aus sich heraus wie jeder normale Mensch, aber wenn eine Möglichkeit bestand, ein direktes „Nein!" zu umgehen, dann nutzte er sie. Damals schickten einige von uns Postkarten an mögliche Interessenten, um den Kundenkreis zu erweitern. Jerry und seine Organisation schickten davon Hunderte, und mit einigen hatte er auch Glück.

Aber ich erkannte, daß diese Sendungen uns schadeten, weil niemand gern seinen Briefkasten mit Reklame verstopft sieht. Ich empfahl, davon abzusehen. Diese neue Bestimmung schadete Jerry, und seine Organisation mußte wieder ganz von vorne anfangen, direkt mit den Menschen über unser Unternehmen und unser Angebot zu sprechen.

Jerry erlebte einen Geschäftsboom, wie man ihn nicht für möglich gehalten hätte. Plötzlich bekam er doppelt so viele Zusagen wie mit den Postkarten, und seine Geschäfte blühten. Heute hat Jerry mit seiner Organisation Bareinnahmen von über 500 000 Dollar jährlich, obwohl seine Mitarbeiter nur noch im direkten Gespräch mit Menschen neue Interessenten finden.

Rich Thawley, ein anderer Verkaufsleiter unseres Unternehmens in San Jose, Kalifornien, hat ein sicheres Gespür für Verkaufstalente. Er findet immer die richtigen Menschen, nimmt sie sich vor und macht aus ihnen Superstars. Rich ist begeisterungsfähig und motiviert, und bei seiner Suche nach neuen Mitarbeitern hat er stets unsere einfache Botschaft – wähle die Risiko-Versicherung und investiere die Prämiendifferenz – in den Mittelpunkt seiner Anstrengungen gestellt.

Vor ungefähr drei Jahren wurde auf einmal ein Referenzsystem große Mode. Tatsächlich handelte es sich bei diesem „System“ um nichts anderes, als daß man die Menschen fragte, ob sie jemanden kennen, der an unserem Unternehmen und dem, was wir anbieten, interessiert sein könnte. Rich und seine Organisation verliebten sich dermaßen in dieses System, daß sie beschlossen, etwas Aufwendigeres daraus zu machen. Statt also nur noch die Menschen zu befragen und dann die erhaltenen Namen auf ein Stück Papier zu notieren, hatten sie die Idee, besondere Karten drucken zu lassen, damit weitere Namen aufgeschrieben werden konnten. Sobald Rich mit den Karten zu arbeiten anfing, ließen seine Anstrengungen im Rekrutieren nach. Aber anscheinend war die kompliziertere Methode bei weitem nicht so wirksam bei den Menschen wie die einfache Namensliste auf einem Stück Papier. Mit der alten Methode erkannten die Kunden die Begeisterung über unser Unternehmen, sie sahen eine Echtheit, die bei den aufwendig gedruckten Karten völlig fehlte. Es braucht wohl kaum noch erwähnt zu werden, daß Rich die Karten aufgab und sich wieder der erprobten Methode zuwandte.

> *Denken Sie daran:*
> *Sorgen Sie für Einfachheit, und bedienen Sie sich der menschlichen Note.*

Als ich anfangs mit Interessenten über Versicherungen für den Todesfall sprach, war ich lediglich mit einem Rechner, einem Füller und einem Schreibblock ausgerüstet. Ich verfügte über keine bunte Broschüre, um zu überzeugen, ebensowenig trug ich ein Jackett und eine Krawatte, manchmal hatte ich sogar meine Trainer-Shorts an. Das klappte, weil keine Äußerlichkeiten *von der Botschaft an die Menschen ablenkte*. Sie konnten sich auf den wichtigsten Punkt konzentrieren: Wie ich ihnen beim Geldsparen helfen könnte.

## Glauben Sie an sich selbst!

Sich als den zu akzeptieren, der man ist, gehört dazu, um einfach zu bleiben. Man muß an sich selbst glauben und an welche Eigenschaften auch immer, die man vom Schöpfer erhalten hat. Versuchen Sie nicht, sie zu ändern, nur damit Sie sich anderen Menschen anpassen.

Wo wäre ich, hätte ich mich von der Tatsache, daß ich Trainer war, davon abhalten lassen, mehr über meine Versicherung zu erfahren? Ich hätte sagen können: „Na ja, das überlasse ich jemandem, der bei einer Versicherungsgesellschaft an einem sechswöchigen Ausbildungslehrgang teilgenommen hat." Ich nahm an so einem sechswöchigen Lehrgang teil, und wissen Sie, was ich feststellte? Ich erfuhr dabei soviel über Lebensversicherungen, um zu erkennen, daß ich noch vor meiner Teilnahme an diesem Kurs eine intelligente Entscheidung getroffen hatte.

Wo wäre ich heute, hätte ich Komplexe über meine Herkunft und darüber, wer ich bin? Auf keinen Fall würde ich reisen und vor Tausenden von Menschen in Seminaren und vor Investitionsbankiers in Europa sprechen, noch wäre ich je vom Präsidenten der Vereinigten Staaten empfangen worden.

Man muß an sich selbst und seine Herkunft glauben. Sobald Sie das tun, stellen Sie fest, daß man Sie akzeptiert und Sie um Ihrer selbst willen schätzt. Der Schlüssel ist der Glaube an sich selbst. Glauben *Sie* nicht an sich selbst, dann wird es auch sonst niemand tun.

In unserem Unternehmen gibt es einen Kleiderkodex, auf den ich stolz bin, und meiner Ansicht nach versinnbildlicht er eine Botschaft über meine Philosophie, die Dinge einfach zu lassen: Ob man nun draußen oder bei sich im Büro arbeitet, man braucht sich nicht „großartig" zu kleiden. Die Männer müssen kein Jackett und keine Krawatte bei der Arbeit tragen. Die meisten haben das an, was ich als bequeme Bekleidung bezeichne, nur wenige unserer Mitarbeiter tragen draußen oder im Büro einen Anzug. Im Schrank meines Büros hängt ein Anzug für „Notfälle", wenn meine Mitarbeiter das Gefühl haben, daß ich mich unmöglich in einem Sporthemd und -hosen zeigen kann.

Ich habe Ihnen das alles nicht erzählt, damit Sie als Bankier oder Investitionsberater jetzt einen Kampf für bequeme Arbeitskleidung beginnen (obwohl ich bezweifle, daß man auf der Wall Street einen Mann findet, der gerne eine Krawatte trägt), sondern ich wollte nur zeigen, daß wir auch in praktischen Dingen *einfach* sind. Unser Unternehmen will nicht etwas vorspiegeln, das wir nicht sind. Dieser Glaube an uns selbst ist auch ein Faktor, der uns dabei half, an die Spitze zu kommen.

Erlauben Sie mir noch eine Bemerkung über den Glauben an sich selbst. Vor einigen Jahren bat man mich, in Atlanta vor Anlageberatern einen Vortrag zu halten. Das war für mich ein Widerspruch, denn ich bin der Meinung, daß gerade Anlageberater die Öffentlichkeit irrtümlich in dem Glauben wiegen, Geldanlagen seien etwas Schwieriges. Aber einige meiner Mitarbeiter überredeten mich, aus PR-Gründen diese Rede zu halten. Ich zog also ein Jackett mit Krawatte an und ging zu ihrem monatlichen Arbeitstreffen. Man hatte mir geraten, mich vor dieser Gruppe etwas zurückzuhalten, und mich davor gewarnt, daß diese Menschen sich bemühen würden, mich zu diskreditieren, wenn sie konnten, da ich oft gegen ihre Philosophie über die Hochfinanz Sturm gelaufen war. Deshalb hatte ich eine etwas andere Rede vorbereitet, wie ich sie sonst halte vor Menschen, die sich für unser Unternehmen interessieren.

Ich stieg aufs Podium und sah in einen Saal voller Menschen, die hauptsächlich mit ihrem Teller beschäftigt waren und sich unterhielten. Nachdem ich bereits fünf Minuten gesprochen hatte, klapperten die Teller immer noch, und die Unterhaltungen gingen weiter. Niemand hörte mir zu, was mich zunehmend auf die Palme brachte. Ich traf eine Entscheidung. Ich legte meine Notizen weg und fing an, eine ganz klare Sprache zu verwenden. Ich sprach vor diesen Finanzleuten genauso wie ich vor Menschen spreche, die im ganzen Land an unseren Seminaren teilnehmen. Ich hielt die gleiche Rede, die ich halte, wenn ich weiß, daß ich vor Menschen, wie ich selbst einer bin, spreche.

Tisch um Tisch sah ich, wie man mir das Gesicht zuwandte. Ich sah, wie die Menschen ihr Besteck hinlegten und das Glas hinstellten. Die Privatunterhaltungen wurden eingestellt. Im Saal wurde es so still, daß man eine Stecknadel hätte fallen hören können. So sprach ich ungefähr dreißig Minuten lang, länger als die meisten Redner, die man sonst hier hört, und am Schluß dankte man mir mit brausendem Applaus.

Diese Männer und Frauen waren nicht beeindruckt von meiner Rede, die ich genau richtig für ihren „Typ" vorbereitet hatte. Diese Rede langweilte sie. Es waren Menschen, nicht anders als ich. Sie akzeptierten meine Einfachheit nicht nur, sie liebten sie!

Halten Sie inne, und bedenken Sie diesen Punkt. Fühlen Sie

sich wohl mit sich selbst? Fühlen Sie sich wohl genug mit sich selbst, um Sie selbst sein zu können, ohne daß Sie sich von etwas Kompliziertem und Hochgestochenem verführen lassen?

Das ist nämlich der kritische Punkt. Man muß als Mensch selbstbewußt genug sein, damit man sich durch diesen ganzen unnötigen Unsinn durcharbeiten und sich auf die Dinge konzentrieren kann, auf die es ankommt: Auf die Dinge, die Ihnen Kunden bringen, die Ihnen tatsächlich Geld einbringen; nicht auf Dinge, die Sie „aussehen lassen", als verdienten Sie Geld.

Es ist schwer zu gewinnen, das bedeutet aber nicht, daß es kompliziert ist. Träumen Sie von Großem, aber formulieren Sie es einfach.

# Kapitel 8
# Seien Sie stets positiv

*Positives Denken ist der Schlüssel zum Erfolg im Geschäft, in der Erziehung, im Profifootball, eigentlich immer ... Ich gehe auf das Spielfeld hinaus mit dem Gedanken, daß ich jeden Paß erfolgreich abschließe.*
*Ron Jaworski (berühmter Abwehrspieler in der National-Football-League)*

Man kann es nicht kaufen. Man erbt es nicht. Niemand kann es Ihnen geben. Sie können es nicht in der Schule lernen.

Aber es ist die Hauptwaffe in Ihrem Arsenal beim Kampf gegen die Versagerbotschaften der Gesellschaft und den eigenen inneren Feind: *Die positive Einstellung, die Einstellung, daß man gewinnt.*

Der Unterschied zwischen groß und durchschnittlich und gewöhnlich ist so gering, daß es nicht leicht ist, davon zu sprechen. Eine positive, gewinnende Einstellung bedeutet, daß man genau einen jener „kleinen Vorteile" besitzt, die den Unterschied zwischen Gewinnen und Verlieren darstellen.

*Denken Sie daran:*
*Wenn Sie 99 Prozent von allem richtig machen, aber keine positive, gewinnende Einstellung haben, dann verlieren Sie.*

Wenn Sie eine positive Einstellung haben und es lernen, sie im Geschäft und Leben zu nutzen, dann glaube ich, gewinnen Sie. Ich gehe sogar noch weiter. Meiner Ansicht nach bedeutet eine positive, gewinnende Einstellung den Unterschied zwischen gut sein und groß sein.

Ich erinnere mich noch klar an die Ereignisse, die zum längsten Tag meines Lebens führten. Ich war Hilfstrainer in Thomasville, einer großartigen Schule für Football in Georgia. Ich mochte meine Arbeit, aber ich wollte unbedingt *erster* Trainer werden. Also stellte ich mich bei einer Reihe von Schulen vor, und schließlich erhielt ich ein Angebot.

Nur wenige Tage später war das Gerücht zu hören, der erste Trainer an unserer Schule habe ebenfalls ein anderes Angebot erhalten. Daraufhin rief mich der Schuldirektor zu sich: „Art, Sie haben hier einen guten Ruf. Und sollte uns unser erster Trainer verlassen, möchten wir, daß Sie in Thomasville seine Stelle übernehmen. Ich habe gehört, daß man Ihnen eine andere Stellung angeboten hat, und wenn Sie das Gefühl haben, sie nehmen zu müssen, dann verstehe ich es."

Ich konnte es fast nicht glauben und fühlte mich wirklich geschmeichelt.

Ja, das war eine Schule! Es war eine der besten in Georgia. Sie hatte den Ruf, am laufenden Band zu gewinnen, und verfügte über großartige Einrichtungen. Für die Footballmannschaft gab es *acht* Vollzeit-Hilfstrainer. Es war wie ein wahr gewordener Traum.

Ich lief also, um mit dem ersten Trainer in Thomasville zu sprechen. Er sagte: „Ja, Art, ich hatte mehrere gute Angebote, aber ich habe abgelehnt und beschlossen, hier zu bleiben." Ich war enttäuscht und unterzeichnete den Vertrag mit der anderen Schule.

Ich ging an die neue Schule und stürzte mich geradezu in die Arbeit. Ich wußte, das war die Chance, um mich zu bewähren. Ich sprach in den anderen Klubs vor, und ich sprach mit allen Schülern. Siebenundsiebzig Jugendliche meldeten sich für die Mannschaft. Ich war begeistert.

Dann liefen die Dinge schief. Am Ende der ersten Woche waren vierundfünfzig dieser Jugendlichen nicht mehr da, so daß ich nur noch dreiundzwanzig hatte. Wir waren nicht einmal genug, um ernsthaft zu trainieren. Ich hatte nur einen Hilfstrainer. Die Einrichtungen waren bescheiden. Ja, eigentlich war *alles* bescheiden.

Während des Trainings stand ich auf der Tribüne und sah mir diese Jugendlichen an. Sie waren untrainiert und hatten keinerlei Erfahrung. Ungeachtet des Namens auf ihrem Trikot sah ich aus meiner Entfernung nur ein Wort: *Verlierer*.

Unvermittelt schlug mir die Realität ins Gesicht. Ich wußte nicht, was ich tun sollte. Ich wurde mir klar darüber, daß meine Situation die reinste Katastrophe war.

Drei Wochen nach Beginn des Frühlingstrainings trat der erste Trainer in Thomasville zurück.

Ich war sprachlos. Ich hätte *erster Trainer* einer der Spitzen-Footballmannschaften in Georgia werden können. Statt dessen befand ich mich hier in dieser aussichtslosen Situation. Ich ging nach Hause und wanderte zwei Tage lang in einem Zustand des Schocks umher. Immer wieder überdachte ich meine Lage. *Was hatte ich getan? Versucht jemand, mein Leben zu zerstören? Warum werde ich so gestraft? Ich hatte keinerlei Aussichten darauf, mit meiner Mannschaft zu gewinnen, und ich hätte doch die beste haben können*. Mir war wirklich sterbenselend zumute.

Damals veranstalteten die meisten Oberschulen sogenannte Schülerspiele am Ende des Frühlingstrainings. Ältere Absolventen und einige ehemalige Spieler kamen dann zurück, um gegen das neue Team anzutreten. Die vorherige Mannschaft hatte in zwei Jahren nur ein Spiel gewonnen. Es war das schlechteste Footballteam, das man sich vorstellen kann. Am Donnerstag, vor dem ersten Spiel am Freitag, verteilten wir nur die Dresses. Sie hatten nicht einmal einen Trainer und bereiteten sich nicht auf das Spiel vor.

Ich dachte, daß selbst wir in unserem traurigen Zustand diese Mannschaft mit 110:0 schlagen könnten. Die ganze Stadt war gespannt. Alle kamen, um den neuen Trainer und sein neues Team zu sehen.

Es war ein Alptraum, wir wurden von einer Gruppe von Burschen geschlagen, die nicht einmal einen Trainer hatten. Ich befand mich in einem Zustand der Erschütterung. Nie in meinem Leben war ich so gedemütigt worden. Dieses Gefühl vergesse ich nie.

Ich hielt mich für eine absolute Niete und dachte, daß ich nach dieser beschämenden Niederlage nie wieder als Footballtrainer auf die Beine kommen könnte.

An jenem Wochenende fühlte ich mich mehr tot als lebendig. Ich war fest davon überzeugt, daß Art Williams der größte Idiot auf der ganzen Welt war.

Ich kam mir völlig hilflos vor. Das Leben hatte mir eine schlechte Karte ausgehändigt, und ich konnte nichts daran ändern. Ich saß in der schlimmsten Falle, die ich mir nur vorstellen konnte: der Alptraum eines jeden Trainers. Ich konnte an nichts anderes denken als an den neuen Trainer in Thomasville, der eine großartige Mannschaft, eine großartige Ausrüstung und eine beneidenswerte Unterstützung erhielt. Alles, was *mir* hätte gehören sollen.

Meine Einstellung war das Problem! Ich hatte unendliches Mitleid mit mir selbst, und ich wälzte mich geradezu in all diesen Versagerbotschaften, daß es mir nicht einmal in den Sinn kam, an andere zu denken. Ich schob die Schuld für meine Lage auf alles und jeden. Ich war davon überzeugt, daß ich darin bis zum bitteren Ende stecken würde, und daß ich nichts daran ändern konnte. Ich war so unglücklich, wie man es nur sein kann.

Aber jener „schlimmste Tag meines Lebens“ erwies sich im nachhinein als einer der besten Tage. Damals sah es sicher nicht danach aus, aber in der Rückschau kann ich feststellen, daß das, was ich damals erlebte, mein ganzes Leben veränderte.

Es war mir bekannt, daß man eine positive Einstellung zum Leben haben sollte, aber für mich waren das nur Worte. Ich dachte, eine positive Einstellung könnte aus der Misere helfen, aber ich wußte noch nicht, daß sie meinen Lebensweg ändern würde.

Ich weiß nicht, was mir die Augen öffnete und mich veranlaßte, mir die Mannschaft anzusehen. Ich nehme an, daß mir mitten im schönsten Selbstmitleid die große Verantwortung ihr gegenüber einfiel. Ich überlegte eingehend, und dann ging mir ein Licht auf. Ich sagte mir: „Art, woran denkst du? Du bist ein Trainer. Als du diesen Jugendlichen gesagt hast, du würdest ein Programm aufstellen, mit dem sie gewinnen, glaubten sie dir. Sie vertrauten dir." Es wurde mir klar, daß ich als Trainer im Laufe der Jahre noch viele Jugendliche ausbilden würde, aber diese Schüler würden nie wieder eine andere Gelegenheit zum Footballspielen erhalten. Es hing von mir ab, ob ihre Zeit als Footballspieler etwas Besonderes war. Und ich hatte mich einfach davongemacht, um meine eigene „Mitleidsparty" mit mir zu feiern.

## Eine Änderung in der Einstellung

Ich traf eine Entscheidung, eine bewußte Entscheidung, nämlich meine Einstellung zu ändern: über diese Schule, über dieses Footballprogramm und insbesondere über diese Mannschaft. Ich beschloß, für sie ein großartiger Footballtrainer zu werden, auch wenn ich dabei meinen Kummer und meine Enttäuschung verbergen mußte.

Am Montag ging ich zurück in die Schule, und ich machte mich an die Arbeit. Ich fing an, die Spieler dort als Gewinner zu betrachten. Wir strichen den Umkleideraum und kauften neue Schließfächer; ich unternahm alles, was mir nur einfallen wollte, um diesen Jugendlichen ein wenig Stolz einzuflößen. Ich lobte alles, was sie auch nur annähernd richtig machten (und manchmal mußte ich mich dabei sehr anstrengen). Ich erklärte ihnen, welche großartigen Spieler sie sein würden und wie zäh sie waren.

Im Herbst nahmen wir unsere Vorbereitungen Wochen vor den anderen Mannschaften auf. Wir arbeiteten wieder und wieder die Grundregeln durch.

Wir gewannen unser erstes Spiel, dann unser zweites, und wir gewannen weiter. Bei unserem vierten oder fünften Spiel traten wir gegen das Spitzenteam des Staates an, das Team von der Waycross High School. Ich wußte, daß wir nicht gewinnen konnten, aber ich wollte, daß die Jungen auf den Platz gingen und kämpften.

Aber wir gewannen: 14:7. Nur wenige Monate vorher waren wir auf genau dem gleichen Platz von jenem Team ohne Trainer geschlagen worden, das in zwei Jahren nur ein Spiel gewonnen hatte. Damals bin ich an unserem Team verzweifelt und heute abend hatte unsere Mannschaft das Spitzenteam des Staates Georgia geschlagen.

Das Herz dieser Jugendlichen gehörte ganz dem Spiel, und als sie die Schule verließen, begleiteten sie einige ganz besondere Erinnerungen. Später trainierte ich noch viele andere Mannschaften, aber an diese erste erinnere ich mich besonders gerne. In jenem Jahr wurde ich zum Trainer des Jahres gewählt. Diese Erfahrung lehrte mich eine der wertvollsten Lektionen meines Lebens.

*Denken Sie daran:*
*Damit die Dinge sich bessern, muß man sich selbst bessern.*

Die Spieler in jenem kleinen Footballteam waren damals genauso am Boden zerschmettert wie ich. Sie sahen nicht, wie sie je etwas gewinnen könnten. Ich wollte eine großartige Mannschaft, und es war eine schlechte. Ich hatte nicht geglaubt, daß man daran etwas ändern könnte, aber dank *meiner* Einstellung trat ein Wandel ein. Nachdem ich beschlossen hatte, daß jenes Jahr gut für den Football werden würde, wurde es tatsächlich ein großartiges Footballjahr. Als ich die bewußte Entscheidung traf, das Jammern einzustellen und einen Traum aufzubauen, konnte ich meine Vorstellungen verwirklichen. Jene Jugendlichen wollten daran glauben, daß sie etwas Besonderes waren, aber sie brauchten jemanden, der an sie glaubte.

Als ich meine Einstellung zu dem, was ich tat, änderte, veränderte sich auch alles andere. Und es klappte jedesmal. Ich lernte, daß sich nichts im Leben ändert, wenn man sich nicht selbst ändert. Aber wenn man bereit ist, seine Einstellung zu ändern, kann man fast sofort sein Leben verändern.

## Die Grundregeln für eine Einstellung, mit der Sie gewinnen

Es gibt vier Grundregeln, um eine Einstellung, mit der man gewinnt, aufzubauen und beizubehalten:

Seien Sie stets begeistert!
Hören Sie auf mit den Entschuldigungen!
Seien Sie stets „obenauf"!
Gehen Sie eine totale Verpflichtung ein!

### 1. Grundregel: Seien Sie stets begeistert!

Ich hoffe, daß Sie inzwischen einsehen, daß es fürs Gewinnen keine Tricks gibt. Man muß sich tagtäglich und zu jeder Zeit anstrengen. Es ist mehr als alles andere eine Frage der Einstellung. Und begeistert zu sein, bedeutet zu über 90 Prozent, eine positive Einstellung zu haben. Es ist leicht, begeistert zu sein, wenn alles wie am Schnürchen klappt, aber weitaus schwieriger, wenn die Dinge nicht so glatt laufen: Wenn man sich nicht wohl fühlt oder sich mit dem Ehepartner gestritten hat, oder wenn das Geschäft wie ein Mißerfolg aussieht. Aber Sie müssen sich begeistern, und es auch bleiben, wenn Sie gewinnen wollen. Ihre Fähigkeit, sich mit negativen Erscheinungen oder Problemen auseinanderzusetzen – sich davon zu befreien und weiterzumachen –, ist entscheidend dafür, ob Sie erfolgreich sind oder nicht.

*Denken Sie daran:*
*Zu über 90 Prozent bedeutet Gewinnen, begeistert zu sein.*

Dieses ungeschriebene Gesetz möchte ich sogar noch ergänzen:

Zu über 90 Prozent bedeutet Gewinnen, begeistert zu sein, *selbst wenn man sich nicht begeistert fühlt.*

Jedesmal, wenn ich mich um einen positiven Anreiz bemühe, erhalte ich spätestens nach zwei Stunden einen Stups auf die Nase. Sie müssen, glaube ich, in der Lage sein, sich trotz aller Sorgen und Ängste tief im Inneren zusammenreißen zu können, damit Sie sich wieder aufrichten und weitermachen, wenn andere aufgeben.

> *Denken Sie daran:*
> *Die meisten Menschen können zwei oder drei Monate lang begeistert bleiben. Einige Menschen können zwei oder drei Jahre lang begeistert bleiben. Aber ein Gewinner kann zwanzig oder dreißig Jahre lang begeistert bleiben – auf jeden Fall so lange, wie er braucht, um zu gewinnen.*

Wer andere Menschen leitet, muß ein Vorbild sein, wie man sich begeistert und es bleibt.

> *Denken Sie daran:*
> *Niemand läßt sich von einem langweiligen, enttäuschten, frustrierten Vorgesetzten motivieren.*

Wer begeisterungsfähig ist, zieht die Menschen wie ein Magnet an. Alle wollen die gleiche Begeisterung nachempfinden.

## Begeisterung ist ansteckend

Als ich mich auf meinen Magistergrad an der Auburn Universität vorbereitete, schrieb ich meine Abschlußarbeit über die Motivierung der Athleten an der Oberschule. Ich führte ein Beispiel an, das ich von einer Kollegin gehört hatte, einer Englischlehrerin, mit der ich jeden Tag zu Mittag aß. Sie erklärte oft: „Art, ich weiß nicht, was mit den Kindern von heute los ist. Sie sind im Unterricht überhaupt nicht mehr aufmerksam. Ich kann ihnen nicht einmal Aufgaben für fünfzehn Minuten geben. Sie bemühen sich nicht im geringsten."

Und ich betrachtete mir dagegen mein Footballprogramm. Die Jugendlichen mußten sich freiwillig zum Football melden. Er gehörte nicht zu den Pflichtfächern. Sie hätten statt dessen mit einer Freundin flirten, Musik hören, ins Kino oder auch an den Strand gehen können, aber sie kamen freiwillig, um Football zu spielen. Sobald es läutete, und alle anderen Schüler draußen einfach spielten, zogen sich meine Jungs schnell um, setzten den alten Helm auf und kamen auf den Sportplatz – auf dem Trainer Williams sie anbrüllte und zu einem Sprint antrieb.

Nach der Footballsaison, wenn die Zeitung keine Namen mehr erwähnte und die Tribünen leerstanden, mußten sie in den Übungsraum hinunter und stundenlang Gewichte heben. Ich fing an, mir Gedanken zu machen. *Warum war das so? Warum kann ich diesen Jugendlichen so viel abverlangen, während die Englischlehrerin ihre Schüler nicht einmal fünfzehn Minuten lang für ihr Fach begeistern kann?*

Das hängt wohl, war meine Schlußfolgerung, von zwei Dingen ab.

Erstens: Motivation ist alles, wie ich schon weiter oben sagte. Diese Jungen waren dank der Freitagabende dermaßen motiviert, daß es sie über die restliche Woche bis zum nächsten Freitagabend trug. Diese Jungen kamen zum Training, weil sie es wollten, und solch ein Wunsch ist etwas ganz Individuelles.

Aber zweitens – und das ist vielleicht noch wichtiger – kamen sie, weil ihr Trainer seine Footballeidenschaft klar zeigte. Er gab ihnen das Gefühl, es lohne sich, Football zu spielen, es sei großartig und aufregend. Meine Leidenschaft war der Football. Ich mochte ihn nicht nur – ich liebte ihn. Die Jugendlichen spürten das, und diese Liebe und Begeisterung steckte auch sie an. Sie wollten dazugehören.

Wie jeder typische Footballtrainer verbrachte ich meine Zeit hauptsächlich mit der Mannschaft. Ich zog ebenfalls Shorts an und übte mit ihnen. Ich lief mit ihnen, und ich stemmte Gewichte mit ihnen. An Freitagabenden sprang ich wie ein Ball auf und ab, wenn sie ein Tor schossen, und ich feierte mit ihnen. Verloren wir dagegen, weinte ich mit ihnen.

Dagegen betrachte man sich den typischen Englischlehrer, der an seinem Pult sitzt und die Schüler nicht mitreißt, sondern sie nur zu Tode langweilt. Ich sagte meiner Freundin: „Wenn du willst, daß sich die Kinder für Englisch begeistern, mußt du dich zuerst dafür begeistern. Vielleicht solltest du auf den Tisch springen oder sonst irgend etwas Aufregendes machen. Dann erlebst du plötzlich, daß sie sich auch für Englisch begeistern können."

Haben Sie keine Angst davor, Emotionen zu zeigen. Man verliert, wenn man zu distanziert oder „professionell" ist wie die Englischlehrerin, aber man verliert nie durch zuviel Leidenschaft. Es ist kein Zeichen der Schwäche, wie einige Menschen denken, sondern eine unserer größten Stärken.

## Sie motivieren sich selbst

Niemand kann Sie motivieren außer Sie sich selbst. Einige Menschen erklären mir: „Art, du bist es, der motiviert. Du hast mich wirklich dazu gebracht, etwas zu *tun*." Das hält meiner Meinung nach nur einige Tage an, denn früher oder später fällt alles auf *Sie* zurück. Im vergangenen Jahr sprach ich in Salt Lake City, und ich erfuhr, daß in der Woche zuvor im gleichen Saal Vorträge über Motivation gehalten worden waren.

Sie verlangten ungefähr 200 Dollar für einen zweitägigen Kurs. Ganz impulsiv fragte ich die Teilnehmer unseres Treffens, ob ihn einige besucht hätten. Überall streckten sich Hände hoch. Gut, es schadet nicht, sich durch einen Vortrag motivieren zu lassen oder sich beim Autofahren eine Kassette mit einer motivierenden Rede anzuhören. Jede Hilfe ist willkommen. Das

Problem beginnt damit, daß viele Menschen meinen, sie werden erfolgreich, wenn man sie einige Minuten lang aufmuntert. Es ist eine Freude, Vorträge, die motivieren sollen, zu hören. Aber sie wirken nur kurzfristig, da sie das Unterbewußtsein nicht verändern.

Ich habe viele Männer und Frauen gekannt, die im Leben versagten, während sie auf jemanden warteten, der sie motiviert. Niemand kann einen anderen motivieren. *Sie* müssen sich selbst motivieren. Sie müssen sich für das Leben begeistern, sich über das Leben freuen.

## 2. Grundregel: Hören Sie auf mit den Entschuldigungen!

Wichtig für eine positive Einstellung ist es, sich zu weigern, einen Grund zu suchen oder zu akzeptieren, etwas *nicht* zu tun. Viele Menschen meinen, die Antwort liege schon darin, nur dem Negativen aus dem Weg zu gehen; aber Sie sollten es sich grundsätzlich angewöhnen, etwas Positives aktiv zu verfolgen.

> *Denken Sie daran:*
> *Das Leben ist zu 10 Prozent, was Sie daraus machen, und zu 90 Prozent, wie Sie es nehmen.*

Ich besuchte zwei Vizepräsidenten unseres Unternehmens ungefähr sechs Wochen, nachdem sie nach St. Louis umgezogen waren. Auf dem Weg vom Flughafen berichteten mir ein Vizepräsident und sein Partner, die von Colorado gekommen waren, wie schwer das Leben in der neuen Stadt sei. „Die Leute hier sind etwas skeptischer als dort, von woher ich komme", erklärte einer von beiden und meinte, daß die Menschen in Colorado etwas schneller glaubten und etwas schneller kauften und etwas schneller ans Werk gingen. Deshalb liefen die Geschäfte hier nicht ganz so gut.

Ich hörte sie mir ungefähr eine Stunde lang an, und dann holten wir noch ein weiteres Paar ab. Sie ließen das gleiche Klagelied ertönen. Sie waren aus Jackson in Mississippi gekommen, und sie erzählten genau dasselbe: Die Menschen in Mississippi entschieden sich schneller – um zu kaufen, um an die Arbeit zu gehen. Die Einwohner von St. Louis seien etwas schwieriger.

An jenem Nachmittag fand eine Sitzung der Geschäftsführer statt, und ich stand auf und berichtete von diesen Unterhaltungen. Ebenso konnte ich ihnen berichten, daß ich am Tag zuvor in Cleveland in Ohio gewesen sei, und der Mitarbeiter dort mir erzählt hätte, wie sehr ihm Cleveland gefalle und wie sehr er hoffe, er werde es *bald* zu guten Abschlüssen bringen, aber er habe festgestellt, daß man sich in Cleveland etwas von den Menschen in Atlanta unterscheide. (Wahrscheinlich haben Sie es schon erraten? Sie waren skeptischer und kauften etwas langsamer!) Weiter erklärte ich, vor zwei Tagen sei ich in Baton Rouge gewesen, wo ich genau das gleiche gehört hätte!

In Wirklichkeit sind die Menschen überall gleich. Die Mitarbeiter, die in eine neue Stadt gezogen waren, fühlten sich weniger selbstbewußt, etwas verzagter als in der ihnen bekannten Umgebung. Die Menschen in den verschiedenen Städten unterschieden sich überhaupt nicht voneinander. Was sich unterschied, war die Einstellung der Verkäufer.

Erinnern Sie sich an den Merksatz: *Das Leben ist zu 10 Prozent das, was man daraus macht, und zu 90 Prozent so, wie man es nimmt.*

### 3. Grundregel: Seien Sie stets „obenauf"!

Man kann das Leben als ein schmerzliches oder ein wunderschönes Erlebnis betrachten. Beschließen Sie, im Leben stets „obenauf" zu sein – im Geschäft, in der Familie und unter Freunden.

Jetzt sagen Sie gleich: „Art, es ist leicht für dich, das zu sagen, aber nicht für mich, es auch zu verwirklichen."

Ich habe nicht gesagt, es sei leicht. Die Erfahrung hat mich gelehrt, daß die menschliche Natur sich nun einmal gerne sorgt. Wer immer mit Verstand ausgerüstet ist, macht sich Sorgen. Das gehört zum Leben.

Sie bekommen Angst und sind niedergeschlagen und entmutigt, und Sie meinen, das bedeutet, daß Sie ein Versager sind. Aber es bedeutet lediglich, daß Sie ein Mensch sind. Sehen Sie, negativ zu sein, ist leichter, als positiv zu sein. Es ist oft schwierig, begeistert zu bleiben, positiv zu sein, glücklich zu sein, weiterzukämpfen.

Sich zu sorgen, liegt in der menschlichen Natur. Man kann die menschliche Natur überwinden, aber man muß sich darüber im klaren sein, daß das nicht über Nacht eintritt. Sie müssen daran arbeiten. Man vergeudet seine Zeit damit, sich Sorgen zu machen, denn 99 Prozent all der Dinge, um die man sich sorgt, treten nie ein.

Verschwenden Sie Ihre Zeit nicht!

> *Denken Sie daran:*
> *Erlauben Sie Kritikern und Miesmachern nicht, Sie zu verändern und Sie negativ werden zu lassen!*

Stanley Beyer, ein großartiger persönlicher Freund von mir und ein überaus erfolgreicher Mann, hielt in unserem Unternehmen eine eindrucksvolle Rede darüber, wie man sich eine positive Einstellung bewahrt. Stanley sagte: „Die meisten denken, wenn man eine hochrangige Stellung erreicht, also Geld, Anerkennung, Erfolg hat, dann ist alles jederzeit großartig und wunderbar. Sie glauben, wir sind unaufhörlich positiv, wir haben nicht die gleichen Probleme. Soll ich Ihnen etwas verraten? Alle großen Menschen, die ich je kennengelernt habe, leiden unter den gleichen Problemen. Auch sie sind nur für eine bestimmte Zeit positiv eingestellt.

Anfangs fühlt man sich vielleicht für ein paar Sekunden selbstbewußt und positiv, aber dann kommt die negative Stimmung wieder durch. Später hat man ein bißchen mehr Erfolg, und man wird mehrere Minuten lang positiv, danach einige Stunden, und dann einige Tage lang. Der selbstbewußteste, erfolgreichste, positivste Mensch, den ich je gekannt habe, war es auch nur für eine kurze Zeit. Jeder hat seine Zweifel und Ängste. Jeder bekommt hin und wieder Depressionen. Die erfolgreichsten Menschen der Welt zweifeln daran, daß sie es schaffen. Aber damit kann man nur fertigwerden, wenn man eine positive Einstellung hat, so daß man weiß, man braucht sich nur lange genug bemühen, dann regeln sich die Dinge wieder."

Schließlich kommt es nicht darauf an, welche Probleme Sie haben. Jeder hat sie. Das einzige, worauf es ankommt, ist, wie Sie Ihr Leben – mit Ihren Problemen – sehen. Sie können *zwei* Dinge unternehmen, damit Sie „obenauf" bleiben.

Erstens: *Lassen Sie es nicht zu, daß andere Menschen Sie entmutigen und Sie zum Aufgeben bringen!* Sie müssen aus Ihrem Leben so viel Negatives wie nur möglich bannen. Einige Menschen nehmen Ihnen den Wind aus den Segeln. Überall sehen sie nur das Schlechte. Sie kennen den Typ. Sie sitzen im Büro und arbeiten und fühlen sich wohl, dann kommt jemand auf einen Sprung, um zu plaudern. Er hat ein ganzes Dutzend von Schauermärchen parat über all die bösen Dinge, die sich ereignet haben. Er erzählt Ihnen, wie untragbar die Arbeit ist. Er stöhnt, wie schwer das Leben ist. Nach ungefähr zehn Minuten sind Sie bereit, in ein Loch zu kriechen und sich darin begraben zu lassen.

Hören Sie nicht auf diese Menschen! Achten Sie sorgfältig darauf, sie sich vom Leibe zu halten. Weigern Sie sich auf nette Art, all den schlechten Neuigkeiten zu lauschen. Wahrscheinlich hören Sie dann, daß Sie keine Gefühle hätten. Natürlich sollte man Menschen gegenüber, die wirklich Sorgen haben, nicht gefühllos sein. Ich sage lediglich, lassen Sie sich nicht von Menschen überrumpeln, deren Lebenszweck es ist, sich zu beklagen. Umgeben Sie sich mit positiven, begeisterten, glücklichen Menschen, die das, was sie tun, mit Vergnügen ausführen. Seien Sie selbst das Vorbild für eine positive Einstellung.

Zweitens: *Reichen Sie das Negative nach oben und das Positive nach unten weiter*! Das betone ich in unserem Unternehmen immer wieder. Gleichgültig, auf welcher Ebene in der Geschäftsführung Sie sich auch befinden, suchen Sie sich jemanden auf Ihrer Ebene oder einer darüber, wenn Sie ein Problem besprechen müssen. Befreien Sie sich davon. Das wirkt wie ein Sicherheitsventil. Auf diese Weise sind Sie nicht versucht, Ihre Enttäuschungen und Frustrationen nach unten an die Menschen, deren Vorgesetzter Sie sind, weiterzugeben. Jemand auf der eigenen Ebene oder darüber kann sich besser mit Ihren negativen Gefühlen auseinandersetzen als irgendein jüngerer Angestellter, der von Ihnen Rat und Unterstützung erwartet. Ihre Untergebenen sollten Sie nie negativ erleben. Sie sollten Sie stets „obenauf" sehen.

## 4. Grundregel: Gehen Sie eine totale Verpflichtung ein!

Schon früher habe ich erwähnt, wie wichtig das Sich-Verpflichten auf dem Weg zum Gewinnen ist. Die totale Verpflichtung hilft Ihnen, eine positive Einstellung zu bewahren. Es ist erstaunlich, wie man ein Problem in Möglichkeiten umwandelt, wenn man die Option, aufzugeben, abschafft. Wenn Sie sich verpflichtet haben zu gewinnen – komme, was wolle –, betrachten Sie Leben und Geschäft mit ganz anderen Augen. Man kann mit Negativem *nur* fertigwerden, indem man es in etwas Positives umwandelt.

> *Denken Sie daran:*
> *Eine totale Verpflichtung verleiht Ihnen genau jenes extra Gramm Mut, das Sie zum Gewinnen brauchen.*

Paula Smith, eine unserer besten landesweiten Verkaufsleiterinnen, war Professorin mit zwei oder drei Universitätsdiplomen am College in Georgia. Nachdem sie mehrere Jahre unterrichtet hatte, war Paula ausgebrannt und frustriert. Sie war Mitte dreißig und hatte nie geheiratet, aber sie hatte einen Adoptivsohn. Paula beschloß, sie wolle die Pädagogik an den Nagel hängen und sich in die Geschäftswelt stürzen. Das wäre aufregender, eine Änderung, und sie konnte mehr Geld verdienen als am College.

Paulas Onkel erfuhr, daß sie nicht mehr unterrichten wollte, und er riet ihr, bevor sie sich etwas anderes ansehe, mich anzurufen. Als er ihr erklärte, die A. L. Williams verkaufe Versicherungen für den Todesfall und Geldanlagen, erwiderte sie: „Ja, Dozent mag schon schlecht sein, aber *so* schlecht auch wieder nicht. Auf keinen Fall verkaufe ich Versicherungen!"

Trotz ihrer Proteste stimmte Paula einem Gespräch mit mir zu, nur um ihrem Onkel eine Freude zu machen. Kurz und gut, Paula beschloß, sich vom College beurlauben zu lassen und bei uns zu arbeiten.

In den ersten acht oder neun Monaten hatte sie es schwer. Nach zehn Monaten bat sie, mich zu sprechen. In zwei Monaten sei ihre Beurlaubung abgelaufen und sie müsse dann entweder ihren Unterricht wieder aufnehmen oder aber ihre Stellung kündigen. Sie erzählte mir, wie sehr sie das Unternehmen liebe und wie gerne sie bleiben würde, aber sie könne es nicht ertragen, ihre Arbeit am College zu verlieren. Was wäre, wenn etwas schiefginge? Was wäre, wenn sie nicht genug Geld verdiente? Wie konnte sie die Sicherheit dieser Arbeitsstelle für eine aufgeben, in der sie lediglich eine Provision erhielt?

Genau das war das Problem. Solange Paula wußte, daß sie auf etwas anderes zurückgreifen konnte, würde sie einer totalen Verpflichtung zur A. L. Williams aus dem Weg gehen. Sie gab nicht ihr Bestes. Sie war nicht intensiv genug. Ihre Arbeit gefiel ihr, aber sie war nicht *begeistert* über das, was sie gerade tat. Paula war nicht „völlig eingenommen", nicht so intensiv und positiv, wie man es sein muß, wenn man gewinnen will.

Vier oder fünf Wochen lang hörte ich nichts mehr von Paula.

Dann rief sie mich eines Tages an. Sie sagte: „Art, ich konnte nicht schlafen. Ich habe mich immer an die Sicherheit geklammert. Aber weißt du was? Ich kann nicht zurückgehen und unterrichten. Das wollte ich doch aufgeben. Ich habe eine entsetzliche Angst, aber ich tue es. Ich weiß noch nicht, wo, und ich weiß auch noch nicht, wie oder warum, aber ich weiß, daß ich eigentlich jemand sein sollte."

Paula gab ihre Stellung als Dozentin auf und zog mit ihrem Sohn nach Augusta in Georgia. Drei Monate später tätigte sie in einem einzigen Monat mehr Abschlüsse, als sie zuvor für ein ganzes Jahr erhalten hatte. Wieder drei Monate später war sie schon so erfolgreich, daß sie zur stellvertretenden Bezirksvorsitzenden ernannt wurde. Heute gehört Paula zu den Spitzenkräften unseres Unternehmens.

Das Geheimnis ist die totale Verpflichtung. Solange Paula nicht die Brücken hinter sich abgebrochen und erklärt hatte: „Hier gebe ich mein Ganzes. Hier werde ich jemand Besonderes", solange klappte es bei ihr nicht. Nachdem sie jedoch beschloß, sich dafür voll einzusetzen, änderte sich ihr ganzes Leben. Sie konnte es sich nicht länger leisten, bei der A. L. Williams „nur zu spielen". Sie mußte es schaffen oder aufgeben, und es gab keinen Weg zurück. Als Paula sich total ihrer Arbeit verpflichtete, stimmte alles.

## Die Einstellung ist alles

Man kann, meine ich, jedes Problem im Leben überwinden, außer das mit der Einstellung. Ich habe als Erwachsener viel Zeit damit zugebracht, den Weg von Männern und Frauen zu studieren, um herauszufinden, warum die meisten verlieren und nur wenige gewinnen. Ich brauchte lange, bis ich wirklich verstand, daß die Einstellung eine große Rolle bei einem Erfolg spielt.

*Denken Sie daran:*
*Einstellung ist nichts Nebensächliches, sie ist alles.*

Wenn Sie sich an nichts anderes aus diesem Buch erinnern, denken Sie an die drei Regeln, die für Ihren Erfolg in allen Lebensbereichen entscheidend sind:

1. *Seien Sie stets positiv!*
2. *Seien Sie stets positiv!*
3. *Seien Sie stets positiv!*

# Kapitel 9
# Behandeln Sie die Menschen „gut“

*Und wie ihr wollt, daß euch die Leute tun sollen, also tut ihnen auch.*
*Lukas 6, 31*

Gleichgültig, in welchem Geschäft oder welcher Laufbahn Sie sind, Sie arbeiten nicht allein. Je erfolgreicher Sie sind, desto wahrscheinlicher ist es, daß auch andere Menschen zu Ihrem „Erfolgsteam“ gehören. Wie Sie mit diesen Menschen umgehen, entscheidet darüber, ob Ihr Unternehmen erfolgreich ist oder nicht. Sie müssen sie aufrichtig und integer behandeln, falls Sie erwarten, von diesen Menschen ebenso behandelt zu werden.

Sie können in allen bisher diskutierten Bereichen großartig sein – den starken Willen besitzen, einen großen Traum haben, sich nachdrücklich für etwas einsetzen und auch eine phantastische Einstellung haben – und trotzdem versagen, wenn Sie die menschliche Natur nicht verstehen. Aber bevor Sie damit beginnen können, sich in der Kunst der Menschenführung zu üben, müssen Sie einige Ihrer Anschauungen ändern.

### Sie müssen an das Gute im Menschen glauben

Bevor Sie Erfolg haben können, müssen Sie an das Gute im Menschen glauben. Leider glauben die meisten nicht daran. Viele Menschen wurden von anderen dermaßen verletzt und enttäuscht, daß sie nicht mehr daran glauben können, daß jeder Mensch im Grunde gut ist. Statt dessen erklären sie: „Jeder versucht, mich zu betrügen; jeder will mich ausnutzen. Deshalb komme ich ihnen lieber zuvor.“ Die Menschen betrachten alles und jeden skeptisch. Aber mit diesen Ansichten können Sie keine Mannschaft aufbauen, die Ihnen beim Aufbau Ihres Geschäftes helfen soll.

Wissen Sie, die Menschen sind Ihnen ganz ähnlich. Daran sollte man sich erinnern. Sicher, es gibt einige schlechte Menschen auf der Welt. Aber in den meisten Fällen befürchten die von Ihnen eingestellten Menschen oder die, mit denen Sie es in der Arbeit zu tun haben, genauso wie Sie, betrogen zu werden. Auch sie wurden verletzt und zögern genau wie Sie, einem anderen Vertrauen zu schenken. Am besten kehrt man diese Situation um, indem man die Menschen verstehen lernt und sie so behandelt, wie man selbst behandelt werden möchte.

Ed „Mugsy“ Maguire verbrachte den größten Teil seines Lebens bei der Polizei in New Jersey. Als Detektiv arbeitete er für 22 500 Dollar jährlich fünfundsiebzig Stunden in der Woche. Aber es handelte sich dabei nicht um einen Routinejob bei der Polizei. Eds Arbeit war ungewöhnlich gefährlich. Er hatte es tagtäglich mit der Mafia von New Jersey zu tun. Er verbrachte seine Zeit mit der Suche nach Verbrechern und deren Verhaftung. Ständig log man ihn an, deshalb mißtraute er praktisch jedem. Eds Lage war so gefährlich, daß er durch eine „gute“ Behandlung der Menschen seinen Kopf hätte verlieren können. Er war ein zäher Bursche, umgeben von hartgesottenen Verbrechern.

Glauben Sie mir, Ed fing in unserem Unternehmen ganz sicher nicht wegen unserer Firmenphilosophie an. Er war verbittert, als er an den Seminaren teilnahm und hörte, wie andere davon sprachen, man müsse die Menschen richtig behandeln. Seiner Meinung nach war das „gestellt“ und nicht mehr als „Heuchelei“, auf die es nicht ankam. Früher oder später würden die Menschen doch die „Wahrheit“ über die Geschäftswelt herausfinden. Ed würde sich nicht „hereinlegen“ lassen. Er sagte sich, es handele sich ausschließlich um Geschäfte, und weiter würde er nicht gehen.

Ed machte seine Arbeit. Es war nichts Aufsehenerregendes, aber er verdiente seinen Lebensunterhalt. Aber dann fiel ihm etwas auf. Er erlebte, wie die Menschen Vollzeitbeschäftigungen aufgaben, um mit ihm im Geschäft zu arbeiten. Er sah, wie die

Menschen ihm vertrauten und an ihn glaubten. Und zum ersten Mal in seinem Leben als Erwachsener brauchten die Menschen ihn, damit andere wieder ihnen glauben konnten. Ed betrachtete die Menschen allmählich als seine Freunde. Er fing an, sich um sie und ihre Familie zu kümmern. Er verwandelte sich in einen so positiven und begeisterten Menschen, wie man es sich kaum vorstellen kann. Und sein Geschäft explodierte geradezu. Jeder wollte mit „Mugsy“ Maguire arbeiten. Einige Monate später wurde er zum Vizepräsidenten befördert; drei Jahre nach seiner Beförderung ist er einer unserer erfolgreichsten – und geachtesten – Geschäftsführer.

Man könnte mich *nie* davon überzeugen, daß etwas nicht klappt, wenn man die Menschen gut behandelt. Es hat bei Ed geklappt, und ich weiß, daß es bei Ihnen genauso ist. Sie müssen sich nur daran erinnern, daß in *jedem* Menschen ein Gewinner steckt, der es verdient hat, als *der* ganz besondere Mensch behandelt zu werden.

## Niemand möchte einen „Chef“

Während der vergangenen fünfundzwanzig Jahre hat man Geschäftsleitung in Amerika – und anderenorts – mit Einschüchterung verwechselt. Statt daß die Menschen ihren Chef als Leiter ihrer Mannschaft betrachten, haben sie Angst vor ihm! Das Wort *Chef* ist meiner Ansicht nach völlig unangebracht. Wie viele Menschen können entspannt sein und gute Arbeit in Gegenwart von jemandem leisten, dessen Aufgabe es ist, sie herumzukommandieren?

Irgendwann einmal hatte jemand die Idee, im Geschäft beherrsche man andere am besten durch Angst und Einschüchterung. Nichts könnte falscher sein! Es stimmt. Furcht funktioniert, daran besteht kein Zweifel. Man kann die Menschen zur Arbeit zwingen, indem man ihnen mit Kündigung droht. Aber damit interessieren sie sich weder für Sie noch für Ihr Geschäft, und langfristig kann man kein Geschäft mit anderen Menschen aufbauen, wenn sie nicht loyal und der gleichen Sache verpflichtet sind wie Sie.

Geschäftsführung durch Einschüchterung ist leicht. Die meisten Menschen beschreiten diesen Weg, weil sie der Ansicht sind, so „müsse" ein Chef nun einmal handeln. Ebenso ist es leichter, die Menschen einzuschüchtern, als sich die Mühe zu nehmen, ihnen Zeit zu widmen und eine andauernde Beziehung auf der Grundlage von gegenseitiger Achtung aufzubauen.

*Denken Sie daran:*
*Niemand braucht einen „Chef", jeder braucht jemanden an der Spitze.*

Gary Hazen arbeitete elf Jahre lang in einer größeren Tierfutterfirma. Fünf Jahre lang war es seine Aufgabe, den verschiedenen Vertretern ihr Gebiet zuzuteilen und dabei sicherzustellen, daß das Unternehmen in jedem Gebiet Höchstgewinne erzielte. Gleichgültig, wieviel ein Vertreter in einem bestimmten Gebiet verdiente, er konnte im Handumdrehen für ein anderes Gebiet eingeteilt werden, wenn solch eine Änderung für das Unternehmen von Vorteil war.

Gary erlebte einige häßliche Dinge. Menschen, die viel und lange gearbeitet hatten, mußten erleben, wie ihr Gebiet beschnitten oder ihnen genommen wurde. Vertreter, die nach Ansicht der Geschäftsleitung „zuviel verdienten" (ungefähr 70 000 Dollar), erhielten ein sehr viel größeres Gebiet, damit es ihnen im Jahr darauf schwererfallen würde, das gleiche zu verdienen. In extremen Fällen forderte die Geschäftsleitung Gary auf, dem Vertreter ein ganz anderes Gebiet zuzuteilen. Alle Vertreter lebten in ständiger Angst vor der Geschäftsleitung, mit anderen Worten, vor Gary und den anderen Verkaufsleitern.

Diese untragbare Situation führte Gary an einen Punkt, an dem er nachts nicht mehr schlafen konnte. Er fürchtete sich, sein Büro zu betreten und Entscheidungen treffen zu müssen, die

Menschen, die er als seine Freunde betrachtete, schadeten. Er wußte, daß sie jedes Jahr mehr Angst vor ihrem „Chef" hatten. Gary befürchtete sogar, daß auch seine Stelle nicht sicher war.

Als Gary bei uns zu arbeiten anfing, brauchte er zwei Jahre, um sich zu „deprogrammieren". Wie ein Kleinkind mußte er langsam wieder lernen, daß man auch als erfolgreicher Geschäftsmann die Menschen gut behandeln darf. Heute geht es Gary in seinem Geschäft vor allem darum, den Menschen, die mit ihm arbeiten, das Gefühl zu verleihen, daß sie „besonders" und geliebt sind. Gary hat auch gelernt, daß er und seine Familie mehr Erfolg haben, je mehr er anderen hilft, erfolgreich zu sein. Gary ist landesweiter Verkaufsleiter bei der A. L. Williams und einer der am besten bezahlten Geschäftsleiter in unserem Unternehmen.

## Lob ist das Geheimnis

Die Dinge haben sich für Gary zum Guten gewendet, aber wie können *Sie* sich verändern? Wie lenken Sie Ihr Geschäft mit Hilfe dieser Philosophie, die Menschen gut zu behandeln, auf die Straße zum Erfolg?

Das ist die Antwort: mit Lob.

Nichts ermutigt den Menschen mehr und treibt ihn an, mehr zu arbeiten und erstklassige Ergebnisse einzubringen, als daß man seine Leistungen bemerkt und lobt.

Ich bezeichne das Lob als „das Geheimnis", denn jahrelang gehörte diese Art von Motivation zu den am besten gewahrten Geheimnissen im Geschäft. In der herkömmlichen Geschäftsleitung vergißt man es oft, aber erfolgreiche Geschäftsführer haben stets um seinen Wert gewußt.

In den letzten Jahren haben nun mehr Geschäftsleiter erkannt, was großartige Führungskräfte – und großartige Eltern – schon immer wußten: daß die Menschen auf Lob besser reagieren als auf Bestrafung. Bei Motivation unterscheidet sich ein Erwachsener nicht von Kindern. Kritisiert man seine Kinder jedesmal, wenn sie einen Fehler machen – sagen Sie ihnen, sie taugen zu nichts, sie sind ein trauriger Haufen, sie sind faul –, werden die Kinder unglücklich und frustriert und verlieren das Selbstvertrauen. Jedes Kind sehnt sich nach Liebe und Lob. Lobt man die Kinder und gibt man ihnen das Gefühl, daß sie etwas Besonderes sind, sind sie glücklich, selbstbewußt und bereit, die Welt zu erobern.

*Denken Sie daran:*
*Echtes Lob ist eine der stärksten Formen der Motivation.*

Auch bei Erwachsenen funktioniert dieser Grundsatz. Ständig kann man von Untersuchungen lesen, die beweisen, daß die Menschen von einer Arbeit mehr als nur Geld erwarten. Sie arbeiten aus allerlei Gründen: um ihr eigener Chef zu sein, um Geld für die Familie zu verdienen; aber zu den wichtigsten Dingen, die sie sich von ihrer Arbeit erwarten, gehört Lob.

Ich glaube, zur guten Behandlung von Menschen gehört auch, daß sie sich bei ihrer Arbeit wohl fühlen. Am besten erreicht man das, indem man die positiven Dinge belohnt, statt sich bei den von ihnen begangenen Fehlern aufzuhalten.

Möchten Sie, daß jemand Erfolg hat, beginnen Sie damit, ihn zu loben, sobald er etwas richtig erledigt hat. Wenn man zum Beispiel in unserer Branche einen neuen Vertreter ermutigen will, Termine zu vereinbaren, behandelt man ihn wie einen Helden. Man lädt ihn zum Mittagessen ein, unterrichtet die ganze Gruppe davon und stellt ihn ganz allgemein auf ein Podest. Sie mögen zwar schon Hunderte von Terminen hinter sich haben, aber Sie müssen sich daran erinnern, daß es für den Neuen wahrscheinlich das Schwerste ist, was er je unternommen hat, nämlich einen solchen Kontakt herzustellen. Er verdient es, für diese Leistung belohnt zu werden.

Jeder hört gerne ein Lob für eine gut durchgeführte Arbeit. Fangen Sie an, jemanden für erfolgreiches Verhalten zu loben, möchte er die gleiche Anerkennung noch einmal hören. Er bemüht sich, jene Handlungen zu wiederholen, die ihm zu solch einem schönen Gefühl der Leistung verhalfen. Dann – und darauf kommt es an – müssen Sie ihn nicht mehr dazu zwingen, sich um weitere Termine zu bemühen, er ist eifrig darauf bedacht, es allein zu tun.

In unserem Unternehmen sind wir schon so daran gewöhnt, uns so zu verhalten, daß wir darüber manchmal vergessen, wie es in der „wirklichen Welt“ sein kann. Kürzlich unterhielt ich mich mit einem unserer Spitzenkräfte, der in der Vergangenheit in einem bedeutenden Jugendamt tätig war. Er sagte: „Art, ich habe dort fünf Jahre gearbeitet, und drei Jahre lang hatte ich in diesem Amt eine sehr wichtige Stellung. Während der ganzen Zeit hatte ich keinerlei persönlichen Kontakt zu dem Amtsleiter, nicht einmal brieflich oder telefonisch, außer einem zweimaligen Händedruck.“

Lob ist mehr als nur ein positiver Einfluß. Es kann dazu beitragen, daß man sein Leben ändert. Wenn Sie noch immer den Wert von Lob anzweifeln, lesen Sie jetzt über einen unserer landesweiten Verkaufsleiter in Illinois, der ein lebendes Beispiel für die Macht eines Lobes im Leben eines Menschen ist.

Jeff wurde im Raum Chicago geboren und wuchs dort auch auf. Beide Elternteile waren Kinder von Einwanderern, die nach Amerika gekommen waren, schwer gearbeitet hatten und denen es nun gutging. Jeff, seine Eltern, sein älterer Bruder und seine Schwester führten in einem Vorort von Chicago ein ganz gemütliches Leben.

Als Jeff erst sechs Jahre alt war, stellten sich bei seinem Vater ernste emotionale Probleme ein. Er wurde arbeitsunfähig und verlor bald seinen Arbeitsplatz. Die Dinge gingen aus den Fugen, und die Familie verlor alles, wofür sie gearbeitet hatte. Sechs Monate später beging Jeffs Vater Selbstmord. Unmittelbar danach erlitt Jeffs Mutter einen Nervenzusammenbruch. Sie starb zwei Jahre später, als Jeff acht Jahre alt war.

Obwohl Jeff in der Gegend Verwandte besaß, hinderten damals die Vorschriften in Chicago die Verwandten daran, sich der Kinder anzunehmen. Sie wurden getrennt, Jeff und seine Schwester kamen in ein Waisenhaus, sein älterer Bruder in ein anderes. In den kommenden Jahren lebte er abwechselnd im Waisenhaus und bei zwei verschiedenen Pflegeeltern. Jeff, der es müde geworden war, sich immer am falschen Ort und als Außenseiter zu fühlen, packte seinen Rucksack und ging in Chicago einfach auf die Straße. Er war erst zwölf Jahre alt.

Allein in der Stadt schlief er in abgestellten Wagen oder kleinen Gassen, und was er zum Überleben brauchte, stahl er. Dann trat eine „Besserung" ein. Auf der Straße lernte er einige „Hippies" kennen, die auch mit Drogen handelten. Sie nahmen ihn auf, kauften ihm ein Fahrrad mit zehn Gängen und beauftragten ihn damit, die illegalen Drogen zu verteilen, die sie in der ganzen Stadt verkauften. Wenn die Polizei ihn aufgriff und in ein Jugendheim steckte, lief er wieder davon. Es war ein hartes Leben.

Jeff ließ sich treiben, einmal lebte er bei dem, dann bei einem anderen. Als er hörte, daß seine Hippiefreunde in den Süden nach Elkville gezogen waren, folgte er ihnen. Aber etwas hatte sich geändert. Diese Männer waren Christen geworden, hatten die Straße verlassen und führten nun ein geordnetes Leben. Sie teilten untereinander, was der Herr ihnen gab. Jeff, der in jenen schwierigen Jahren kaum einen Gedanken an Religion verschwendet hatte, hielt sie für verrückt.

Sie nahmen ihn in die Kirche mit, und der dortige Prediger übte bald den stärksten Einfluß auf Jeffs Leben aus. Er interessierte sich aufrichtig für den Jungen und wurde sein gesetzlicher Vormund.

Wenn Jeff heute zurückblickt, ist er kaum dazu in der Lage, von dem gewaltigen Wandel zu sprechen, den dieser Mann in seinem Leben bewirkte. Jeff wurde Christ, beendete die Oberschule, und sein Leben wurde in die richtige Bahn gelenkt.

Jeff erinnert sich noch an viele Dinge im Zusammenhang mit diesem Mann, der ihm wie ein Vater geworden war, aber vor allem erinnert er sich an die Einstellung des Predigers.

„Ich hatte lange Haare, die mir in einem Pferdeschwanz den Rücken hinunterhingen. Er war sehr konservativ, und ich fragte ihn, ob ich meine Haare abschneiden müsse. Überrascht war ich, als er es verneinte. Er kritisierte mich überhaupt nicht! Er hatte unendlich viel Geduld mit mir. Er liebte mich, und er lobte mich unermüdlich. Sobald ich etwas falsch machte, hielt er sich nie damit auf; er sagte mir lediglich, ich hätte alles durcheinandergebracht, und jetzt solle ich mich aus dem Staub machen und von vorne beginnen.

Ich war ein Kämpfer", erzählte mir Jeff. „Aber ich besaß kein Selbstbewußtsein. Jahrelang habe ich wie ein Tier gelebt. Wer mich kannte, sagte mir oft: ‚Jeff, aus dir wird nie etwas.' Ich hatte das Gefühl, die ganze Welt ist gegen mich. Und dann nahm mich dieser Bursche auf und erklärte mir: ‚Jeff, ich glaube an dich. Ich weiß, daß du es schaffst. Du bist genausogut wie alle anderen Kinder in der Schule.'

Dieser Mann sagte mir unaufhörlich, ich könnte sein, was immer ich wollte, und daß ich die Vergangenheit vergessen und mir eine Zukunft aufbauen müsse. Er glaubte an mich, lange bevor ich selber an mich glaubte."

Heute ist Jeff Geschäftsführer in unserem Unternehmen. Einer der Gründe dafür ist die am eigenen Leib erlebte Lektion, Menschen durch Lob zum Erfolg zu verhelfen, die ihn der Mann lehrte, der ihm sein Leben ändern half.

Man braucht kein Universitätsdiplom, um etwas von der menschlichen Natur zu wissen und zu lernen, wie man den Menschen Selbstvertrauen gibt.

*Denken Sie daran:*
*Die Menschen werden so, wie man es von ihnen erwartet.*

Im allgemeinen erreichen die Menschen genau das Niveau, das Sie für sie bestimmt haben. Vertrauen Sie Ihrer Fähigkeit, neue Talente zu entwickeln und ihre Leistung zu verbessern, dann glauben auch sie schon bald, daß sie es tatsächlich können.

Als ich Trainer an der Kendrick High School war, hatten wir zwei Verteidigungsspieler. Einer wog ungefähr fünfundsiebzig Kilogramm, der zweite etwa achtzig. Wer etwas von Football versteht, weiß, daß das für einen Verteidiger praktisch Fliegengewichte sind. Schon die meisten Abwehrspieler wogen weitaus mehr!

Aber wir hatten nun einmal keine anderen Verteidiger. Daran war nichts zu ändern. Ich wußte, ich mußte ihnen das Gefühl geben, daß sie die zähesten, wildesten und gefährlichsten Verteidigungsspieler unseres Verbandes waren. Ich log sie nicht an, aber sobald sie etwas richtig machten, erfuhren sie, wie großartig das war. Jede Woche fragte ich mich, ob sie weitermachen konnten, und jede Woche stürmten diese Burschen auf den Platz und spielten, als hätten sie ein Gewicht von 100 Kilogramm. Einer meiner damaligen Hilfstrainer war zwar als Mensch großartig, aber seiner Ansicht nach gab es nichts, womit ich diese Jungs so motivieren konnte. Aber sie brauchten nur zu hören, daß sie zäh waren, und schon stürmten sie hinaus und waren zäher als alle anderen auf dem Platz. Ich kann Ihnen etwas verraten: Viele Mannschaften, gegen die wir spielten, hätten darauf geschworen, daß diese beiden Spieler wenigstens 115 Kilogramm wogen!

## Loben Sie in der Öffentlichkeit!

Wollen Sie jemanden für etwas loben, das er richtig gemacht hat, ist es großartig, wenn Sie es ihm sagen, aber noch großartiger ist es, wenn Sie es ihm in Gegenwart anderer sagen. Für die Menschen, die Sie loben, ist es noch viel angenehmer, und für die Zuhörer bedeutet es Motivation, alles zu tun, um ebenfalls gelobt zu werden.

Öffentliche Anerkennung ist einer meiner Grundsätze für unser Unternehmen. Auf jeder Sitzung und Konferenz wird Zeit eingeplant, um jene Menschen anzuerkennen, die eine großartige Leistung erbracht haben. Und ich habe festgestellt, es ist wichtig, mehr zu tun, als nur zu sprechen. Geben Sie den Menschen eine Erinnerung an Ihre Anerkennung, etwas, was sie mit nach Hause nehmen können. Nicht auf die Kosten oder die Größe der Belohnung kommt es an, sondern auf die Anerkennung. Jeder Mensch hat es gerne, wenn er sich als etwas Besonderes von anderen abhebt.

Zur Gründungsfeier unseres Unternehmens planten wir ein Bankett in Stone Mountain außerhalb von Atlanta. Ich wollte denjenigen, die gute Leistungen erbracht hatten, eine Plakette überreichen, aber für 25 Dollar konnte ich nur einige kaufen. Eines Tages hatte ich eine Idee: Ich würde als Belohnung T-Shirts verteilen, genau wie ich als Trainer den Footballspielern an der Oberschule T-Shirts geschenkt hatte. Ich ging in ein T-Shirt-Geschäft und kaufte fünfundzwanzig T-Shirts.

Als ich nach Hause fuhr, um Angela zum Bankett abzuholen, war ich ganz aufgeregt. Ich fühlte mich großartig, wenn ich an die Hemden dachte. Als Angela sie erblickte, war sie besorgt: „Art, du kannst Erwachsenen kein T-Shirt als Auszeichnung geben. Schließlich erwarten sie nach ihren Anstrengungen etwas mehr als nur ein T-Shirt. Sie werden meinen, du wüßtest sie nicht zu schätzen." Ja, ich war besorgt, denn Angela hatte in diesen Fällen meistens recht, aber bei den Hemden hatte ich ein gutes Gefühl. Ich führte meinen Plan aus. Ich vergab die „Auszeichnungen", und die Menschen waren begeistert davon. Die Parolen waren einfach, einige waren lustig, und sie hatten eindrucksvolle Botschaften wie: „Kein Durchschnittlicher!" oder „Ich bin jemand!" Heute, zehn Jahre später und nach sehr viel mehr Erfolg, verteile ich viele unterschiedliche Auszeichnungen, aber T-Shirts als Belohnung sind immer noch am beliebtesten ... und am lustigsten.

Jeder Mensch hat es gern, wenn er Anerkennung findet, und es ist unwichtig, ob er ein T-Shirt für 5 Dollar erhält. So gehe ich zum Beispiel auf eine Sitzung, deren Teilnehmer im Jahr 500 000 bis zu einer Million Dollar verdienen, und verteile auch dort T-Shirts als Auszeichnung. Diese Menschen gehören zu den Spitzenkräften des Unternehmens, sie haben einen hohen Lebensstandard und sind in der ganzen Welt herumgereist. Wenn diese Erwachsenen, diese Geschäftsführer zu den Sitzungen kommen und keine Auszeichnung erhalten, sind sie geradezu enttäuscht. Es ist erstaunlich, wieviel ihnen ein T-Shirt bedeuten kann und wie entschlossen sie sind, niemals die Gelegenheit zu versäumen, ein weiteres zu erhalten.

Das beweist nur, daß man nie genug Anerkennung erhalten kann. Man wird nie zu „groß" oder zu bedeutend oder man verdient nie zuviel Geld, als daß man sich nicht nach Anerkennung und Lob sehnen würde.

Auch muß sich Anerkennung nicht unbedingt in etwas Aufwendigem ausdrücken. Es braucht nur eine handgeschriebene Notiz mit Worten wie: „Sie leisten Großartiges. Ich bin stolz auf Sie!" zu sein oder ein Anruf, in dem Sie sagen: „Meine Glückwünsche! Ich freue mich, daß Sie zu uns gehören!"

*Denken Sie daran:*
*Wer Menschen zu leiten versteht, teilt seinen Erfolg stets mit seinen Mitarbeitern.*

Wer Menschen gut zu leiten versteht, weiß, daß es seinen Mitarbeitern wichtiger ist, Anerkennung zu erhalten, als ihm selbst. Als ich meine erste Stellung als erster Footballtrainer antrat, rief mich mein Trainer an der Oberschule, West Thomas, zu sich und sagte: „Art, vergiß das nicht, ein guter erster Trainer lobt immer seine Hilfstrainer und Spieler, wenn die Mannschaft gewinnt. Laß dir im Gespräch mit der Presse nie die Gelegenheit entgehen, sie als die für den Sieg Verantwortlichen anzuerkennen. Aber denke auch daran, daß der erste Trainer bei einer Niederlage die ganze Schuld auf sich nimmt."

Diesen guten Rat sollte man auch im Geschäftsleben befolgen. Leistet Ihr Unternehmen oder Ihre Abteilung etwas Besonderes, lassen Sie Ihren Mitarbeitern alles Lob und alle Ehren zukommen. Als Ihr Vorgesetzter erhalten Sie ohnehin Ihren Anteil an der Anerkennung für eine gut geleistete Arbeit. Aber Ihre Mitarbeiter würden übersehen werden, wenn Sie nicht auf ihren Beitrag hinweisen. Dann wissen sie, daß sie für ihren Erfolg genausogut wie für ihren eigenen arbeiten. Ein guter Vorgesetzter läßt in seinen Mitarbeitern nie den Gedanken aufkommen, sie arbeiteten nur, um ihm zu einer Beförderung zu verhelfen oder um viel Geld zu verdienen.

## Lob muß spontan klingen

Ein wahres Lob muß einfach spontan sein. Man kann sich nicht vornehmen: „Ja, ich will sie einmal in der Woche loben." Man muß einen echten Grund finden, um sie loben zu können. Haben Sie keine Angst vor Übertreibungen. Man kann seine Angestellten nie zuviel loben. Haben Sie ein gutes Wort für die Menschen bereit, jedesmal, wenn Sie ihnen begegnen, und lassen Sie sie es wissen, wenn Ihnen etwas auffällt, was sie gut gemacht haben.

In gewisser Hinsicht müssen Sie ein Botschafter des guten Willens werden. Seien Sie stets die Person, die über jemanden etwas Gutes sagt. Ich weiß, daß es eine Herausforderung sein kann. Manchmal muß man schon sehr genau hinsehen, um etwas Lobenswertes zu finden. Aber Sie werden es herausfinden, denn jeder hat gute Eigenschaften.

Lob muß ernstgemeint sein und aus dem Herzen kommen. Wenn Sie die Menschen wirklich mögen und Ihnen etwas an ihnen liegt, bauen Sie keine geheuchelte Beziehung auf.

## Die Grundeigenschaften eines Menschen lassen sich nicht ändern

Ein Vorgesetzter begeht oft den grundsätzlichen Fehler, die Menschen ändern zu wollen. Er konzentriert seine Energie auf den schwächsten Bereich eines Menschen und versucht verzweifelt, diese Schwäche in eine Stärke umzuwandeln. Erwiesenermaßen kann man das einfach nicht tun, jeder hat seine Stärken *und* Schwächen.

Kürzlich fiel mir dafür ein ganz extremes Beispiel ins Auge. Im Fernsehen wurde eine junge Frau vorgestellt, die ohne Hände, aber mit einem gewaltigen Willen geboren worden war. Sie hatte ihren Körper dermaßen trainiert, daß sie auch ohne Hände überleben konnte. Mit Hilfe einer Spezialausrüstung und ungemein viel Entschlossenheit konnte sie alles machen wie Autofahren, eine Mahlzeit kochen und in einer festen Stellung arbeiten. Sie wies wiederholt darauf hin, daß sie sich persönlich zwar nicht im geringsten von etwas ausgeschlossen fühle und nie als „behindert“ betrachtet habe, aber daß alle anderen darauf bestanden, nur ihre fehlenden Hände zu bemerken. Die junge Frau führte ein ganz normales Leben und fühlte, daß sie viele Stärken besaß. *Andere Menschen* hielten sich dagegen mit ihren angeblichen „Schwächen“ auf.

Gehört es auch zu Ihren „Schwächen“, Ihre gesamte Energie darauf zu konzentrieren, wie Sie die Menschen *gerne haben möchten*, statt sie so zu akzeptieren, wie sie sind? Haben Sie sich mit den „Behinderungen“ aufgehalten und übersehen Sie den Fortschritt? Jeder Mensch hat irgendeinen wirklich ganz besonderen Bereich. Finden Sie diesen Bereich der Stärke, konzentrieren Sie sich darauf, bauen Sie darauf auf – und vergessen Sie die Schwächen.

Man kann das Negative suchen oder aber auch das Positive. Wer Negatives sucht, entwickelt eine kritische, stets tadelnde Einstellung. Solange man nicht die Fähigkeit entwickelt hat, das Positive zu sehen, kann man auch keine produktive Beziehung aufbauen.

Man kann sich das Positive nicht nur gelegentlich herausgreifen, sondern man muß es konsequent jeden Tag und immer wieder suchen, bis es eine feste Angewohnheit geworden ist. Es darf keine halbe Verpflichtung bleiben.

## Die andere Seite des Lobes

Wenn ich davon spreche, nie jemanden zu kritisieren, höre ich immer wieder den Einwand: „Aber Art, wenn Sie nicht kritisieren, wie zeigen Sie den Menschen, daß sie etwas falsch gemacht haben? Manchmal muß man *etwas* tun!"

Richtig. Manchmal handelt jemand tatsächlich in einer Weise, die der Mannschaft oder dem Geschäft abträglich ist. Man muß ihm zu verstehen geben, daß man seine Handlungen nicht billigt. Oder man muß ihm zu verstehen geben, daß seine Leistung nicht den Erwartungen entspricht.

Aber das kann man auch, ohne zu kritisieren. Damit meine ich „die andere Seite des Lobs". So, wie die Menschen fast alles unternehmen, um von Ihnen gelobt zu werden, fällt es ihnen auf, wenn sie kein Lob erhalten.

Wenn jemand in Ihrem Team nachläßt oder schlechte Arbeit leistet, loben Sie jemand anders, statt die betreffende Person zu kritisieren. Mit dem Lob ist es wie mit der Liebe: Man kann nie genug davon bekommen, und wenn jemand sie zurückzieht, ist das nur schwer zu verkraften.

> *Denken Sie daran:*
> *Das Zurückhalten von Lob ist zehnmal wirksamer als Kritik.*

Die Menschen sehnen sich dermaßen nach Lob, daß sie praktisch alles tun, um Ihr Lob und Ihre Anerkennung zurückzugewinnen. Und Sie können darauf verzichten, etwas Gemeines zu sagen oder irgendwelche Drohungen auszusprechen, die die Beziehungen verschlechtern.

## Ein abschließendes Wort zur Kritik: Tun Sie es nicht!

Ja, Sie haben richtig gelesen. Kritisieren Sie niemanden, wenn er etwas nicht gut gemacht hat. Lassen Sie es mich unterstreichen:

Man wird nie eine Mannschaft aufbauen, noch wird man je gewinnen, wenn man Menschen kritisiert. Sie können ihnen neunundneunzig positive Dinge und eine negative Sache sagen, und sie erinnern sich stets nur an die negative.

Damit die Menschen Ihren Standpunkt verstehen und ihr Verhalten verbessern, arbeiten Sie am besten mit „Andeuten und Motivieren". Hat jemand ein Problem, nehmen Sie sich die Zeit, mit ihm darüber zu sprechen. Erwähnen Sie die eigenen Fehler und zeigen Sie der Person, daß auch Sie etwas falsch gemacht haben. Vielleicht hatten Sie sogar auf dem gleichen Gebiet Probleme. Deuten Sie andere Gelegenheiten an, bei denen Sie sahen, wie jemand anders etwas richtig machte.

Und dann, am Ende des Gesprächs, motivieren Sie die Person. Erkennen Sie die Anstrengungen an, die Sie beobachten konnten; bringen Sie Ihr Vertrauen in die Fähigkeiten der Person zum Ausdruck. Verlassen Sie die Person erst, wenn sie sich wieder wohl fühlt.

**Wie man ein Meister der Motivation wird**

**1.** Die Menschen für alles loben: für ihre Einstellung, ihre Ideen und ihren Erfolg. Nichts ist zu gering oder zu klein, als daß man es nicht loben könnte!

**2.** Erkundigen Sie sich nach dem Vornamen der Person und gebrauchen Sie ihn! Bei meinen Reden gebrauche ich die Vornamen von Menschen, die ich unter den Zuschauern erkenne. Sprechen Sie über Motivation!

**3.** Achten Sie darauf, daß jeder hört, wie Sie loben. Manchmal werden die Menschen, die gerade nicht gelobt werden, genauso stark motiviert wie Ihr Held. Sie strengen sich danach an, um als nächste gelobt zu werden!

**4.** Haben Sie Ihren Spaß beim Loben. Werden Sie schöpferisch mit Ihren Auszeichnungen! Ich verteile zwei Meter hohe Trophäen und Plaketten in Türgröße.

5. Nutzen Sie das Lob für eine freundliche Aufforderung. Manchmal verteile ich Belohnungen wie: „Bald bin ich ganz oben!" Aber geben Sie diesen Preis nur, wenn der Betreffende phantastische Fähigkeiten hat und den Preis als eine Herausforderung betrachtet.

6. Setzen Sie Lob, *nicht* Kritik ein, um Ergebnisse zu sehen. Regen Sie sich nicht über Menschen auf, die etwas falsch machen. Loben Sie dagegen jene, die etwas richtig machen, und die anderen verstehen den Wink dann von alleine. Wenn zum Beispiel die Verkäufe nachlassen, erklären Sie die Spitzenvertreter zu Helden. Damit erhalten auch die weniger Erfolgreichen dort draußen einen Ansporn, sich um ein Lob verdient zu machen.

7. Loben Sie einen Menschen, wenn er niedergeschlagen und bekümmert ist. Übersehen Sie es nicht, wenn Ihre Mitarbeiter niedergeschlagen sind; erinnern Sie sie an ihren Traum und bekräftigen Sie, daß sie etwas Besonderes sind.

8. Das Lob muß aufrichtig sein. Man lobt nie genug, solange es aufrichtig ist und aus dem Herzen kommt. Jeder Mensch hat einige gute Eigenschaften, die lobenswert sind. Möglicherweise braucht man etwas Zeit, bis man sie findet, aber dann sollte man loben! WARNUNG: Die Menschen erkennen und spüren es, wenn Sie nur heucheln.

9. Loben Sie auch zu Hause. Diese Grundsätze wirken ebenfalls Wunder in Ihrem Familienleben. Beginnen Sie bei Ihrem Ehepartner und Ihren Kindern. Geben Sie ihnen das Gefühl, etwas Besonderes zu sein.

10. Stellen Sie das Loben nicht ein. Möglicherweise müssen Sie jemanden 1000mal loben, bevor *er* gewinnt, wenn Sie ihn jedoch nur 999mal loben, verlieren *Sie*.

**Fürchten Sie sich nicht vor persönlichen Beziehungen!**

Es ist ein Irrtum, anzunehmen, daß Vorgesetzte auf eine gewisse Distanz zu ihren Angestellten achten sollten. Unsinn! Ihre Mitarbeiter sind lebenswichtig für Ihr Unternehmen. Ihr Leben und ihre Laufbahn hängen direkt mit Ihrem geschäftlichen Erfolg zusammen.

Heute nennt mich jeder, von der Empfangsdame bis zu den Vorstandsmitgliedern bei meinem Vornamen. Es würde mir nicht im Traum einfallen, von jemandem, mit dem ich täglich zusammenarbeite, zu erwarten, mit „Mr. Williams" angesprochen zu werden. Ich möchte, daß die Mitarbeiter der A. L. Williams das Gefühl haben, daß sie jederzeit furchtlos zu mir kommen und mich begrüßen können.

Ein Eisberg hat nicht viele Freunde, und er erlebt auch nicht viel Loyalität. Man fragt mich ständig: „Art, wie entwickelt man persönliche Beziehungen?" Nun, die Tatsache, daß so viele Menschen diese Frage stellen, sagt viel darüber aus, was geschehen ist.

Wenn Sie diese einfachen Richtlinien befolgen, kann das für Ihr Geschäft mehr bedeuten, als wenn Sie lernten, zäh zu sein.

**1.** *Die Leute, mit denen Sie in Kontakt stehen, interessiert nicht, wieviel Sie wissen, bis sie wissen, wie sehr es Ihnen darauf ankommt.*

Sie mögen durchaus ein Geschäftsgenie sein, aber wenn Ihre Mitarbeiter nicht wissen, daß Sie sich für sie interessieren, kommen Sie mit Ihrem Geschäft nicht weit. Erkundigen Sie sich nach dem Namen Ihrer Mitarbeiter, lernen Sie ihre Familie kennen, lernen Sie sie als Mensch kennen und zeigen Sie aufrichtiges Interesse an ihnen. Natürlich sollten Sie sich dabei nicht unbedingt aufdrängen. Sie können distanziert bleiben und trotzdem Interesse zeigen.

Nie werde ich meinen Trainer Tommy Taylor vergessen. Er war mir ein zweiter Vater. Als Trainer war Taylor hart. Während der Weihnachtsferien fanden stets Basketball-Turniere statt, und deshalb mußten wir auch in den Ferien mindestens zweimal täglich trainieren. Sogar an den Tagen, an denen wir spielten, trainierten wir, was damals beispiellos war. Natürlich schimpften wir leise darüber, daß wir sogar in den Ferien trainieren mußten. Aber nie hatten wir Ressentiments gegenüber unserem Trainer, obwohl er so hart mit uns verfuhr. Und wissen Sie warum? Weil wir alle wußten, daß es ihm auf jeden einzelnen von uns ankam. Wir wußten immer, er würde alles in seiner Macht Stehende für uns tun, und daß er sich mehr als alles andere wünschte, daß wir von der Oberschule herrliche Erinnerungen als Sportler mitnehmen würden. Er liebte seine Arbeit als Trainer wirklich, er liebte *uns*, und wir wußten es.

Deshalb noch einmal mein Hinweis: Sie müssen aufrichtig sein! Sie können Interesse nicht „heucheln". Sie müssen sich ernsthaft darum bemühen, für Ihre Mitarbeiter wirklich ein fürsorgliches Interesse zu entwickeln.

**2.** *Gehen Sie mit Ihren Mitarbeitern durch schlechte Zeiten wie durch gute!*

Unterstützen Sie Ihre Mitarbeiter nicht nur, wenn alles großartig klappt. Die tiefsten Beziehungen bilden sich gerade in einer schweren Zeit. Wenn Sie dann zu den Menschen halten, bauen Sie eine Beziehung auf, die jedem Problem im Geschäft standhält. Erinnern Sie sich an die Worte von Dr. Robert Schuller: „Schwere Zeiten währen nicht ewig, aber ein zäher Mensch schon."

**3.** *Fürchten Sie sich nicht davor, Emotionen zu zeigen!*

Heute fürchten sich die meisten Menschen dermaßen davor, im Geschäftsleben Emotionen zu zeigen, daß sie sich schließlich so benehmen, als hätten sie überhaupt keine. Seien Sie menschlich. Haben Sie keine Angst davor, zu lachen oder zu weinen. Berühren Sie die Menschen, drücken Sie sie an sich. Noch bin ich keinem Menschen begegnet, dem eine Umarmung zuwider ist.

Ginny Carter zählt zu jenen ursprünglichen fünfundachtzig

Personen, die mit mir die A. L. Williams gründeten. Wir beide haben sehr viel zusammen durchgemacht. Kürzlich fragte man sie, wie es ist, mit mir zu arbeiten, und sie erzählte, wie ich anfangs regelmäßig bei der Konditorei vorbeiging, um für uns alle Riesensahnetorten zu kaufen, damit wir auf der Sitzung etwas zu essen hatten. Es war etwas ganz Nebensächliches, aber jemand hatte es auch zehn Jahre später nicht vergessen. Sie können daran ermessen, wie Ihr Interesse und Ihre Fürsorge – in ganz kleinen Dingen – den anderen etwas bedeutet. So, wie ein Mensch nie harte Worte vergißt, vergißt er genausowenig etwas Freundliches. Denken Sie darüber nach!

**4.** *Gehen Sie eine „bedingungslose" Verpflichtung ein!*

Die Mitarbeiter in Ihrem Geschäft brauchen die gleiche Art von Verpflichtung, die Sie in anderen Lebensbereichen eingehen. Alle Eltern wissen, daß ein Kind sie manchmal braucht, und manchmal will es „selbst etwas machen". Manchmal ist ein Kind etwas Herrliches, und manchmal gibt es nur Ärger. Das gilt auch für Ihre Mitarbeiter.

Der entscheidende Unterschied liegt darin, daß viele Vorgesetzte ihre Untergebenen in guten Zeiten mögen, sie jedoch fallenlassen, sobald sie in Schwierigkeiten geraten. Mit Ihren Kindern würden Sie das doch auch nicht tun, oder? Die Menschen, die Sie für Ihre Mannschaft wählen, verdienen die gleiche „bedingungslose" Verpflichtung, die Sie anderen wichtigen Menschen in Ihrem Leben einräumen.

Ich liebe meine Frau mehr als alles andere auf der Welt, aber ich „mag" sie nicht jeden Tag. Und bei ihr gilt genau das gleiche für mich. Ich mache sie verrückt mit meiner Country-music, und sie geht mir auf die Nerven, weil sie vergißt, den Deckel der Zahnpastatube zuzuschrauben. Aber diese kleinen Dinge akzeptieren wir gerne, weil sie, im großen und ganzen betrachtet, unwichtig sind. Angela und ich sind bei unserer Heirat eine totale Verpflichtung eingegangen. Will man im Geschäft gewinnen, muß man sich total verpflichten, genau wie bei der Heirat.

*Denken Sie daran:*
*Eine Stellung macht keinen Menschen; ein Mensch macht eine Stellung.*

Ein Mensch macht eine Stellung zu etwas Besonderem, nicht andersherum. Für jemanden, der eine leitende Stellung hat, gibt es nichts umsonst. Man kann Menschen keine Achtung, Loyalität, Vertrauen oder Liebe abverlangen, man muß sie sich verdienen.

Man kann Aufrichtigkeit, Unbescholtenheit oder Glaube nicht vortäuschen, man muß sie wirklich haben.

Als jemand, der andere führt, müssen Sie sich daran erinnern, daß es nicht reicht, nur recht zu haben, die Menschen müssen daran *glauben*, daß man recht hat, bevor man ihr Vertrauen und ihre Achtung erwirbt.

**Lernen Sie den Faktor Mensch wieder zu schätzen!**

Schließlich bringen Ihnen nicht Erzeugnisse und Dienstleistungen Ihren Sieg ein. Geschäftspläne siegen nicht für Sie, die Menschen gewinnen, sie sind Ihr wertvollstes Gut. Sie helfen Ihnen, Ihr Geschäft an die Spitze zu heben. Sie verdienen Ihr Bestes, weil Sie sie auffordern, *ihr* Bestes für Sie zu geben.

Sorgen Sie sich nicht länger um das alte Bild vom Chef. Vergessen Sie den Faktor Angst und bringen Sie statt dessen den Faktor Mensch in Ihr Geschäft ein. Behandeln Sie die Menschen „gut“, und sie reagieren auf Sie und Ihr Geschäft mit einer neuen Art von Verpflichtung und Begeisterung. Und auch Sie sind zufriedener mit Ihrem Geschäft und sich selbst.

# Kapitel 10
# Geben Sie niemals auf

*Wenn scheinbar nichts mehr hilft, sehe ich einem Steinmetz bei der Arbeit zu, der unentwegt auf seinen Felsbrocken einschlägt, manchmal hundertmal, ohne daß sich auch nur ein Riß zeigt.*
*Aber beim einhundertsten Schlag splittert er in zwei Teile, und ich weiß, daß das nicht wegen des letzten Schlages geschah, sondern dank aller vorhergehenden Schläge.*
*Jacob Riis*

Es ist leicht aufzugeben.

Jeder kann aufgeben. Ja, die meisten tun es auch. Wenn alle dort draußen gleich zäh, entschlossen und engagiert wären, gäbe es bei den Gewinnern sehr viel mehr Gedränge. Das ist aber nicht so, weil die meisten Menschen kein großes Beharrungsvermögen haben, um zu warten, bis sie gewinnen. Wenn Sie den Mut und die Kraft haben weiterzumachen, und Sie sich weigern aufzugeben, dann steigen Ihre Chancen zu gewinnen, ganz erheblich.

Es gibt gute Gründe dafür, nicht aufzugeben. Der erste ist der, daß das Verlieren genau wie das Gewinnen zu einer Gewohnheit wird. Alle Aufgeber sind gute Verlierer. Geben Sie erst einmal auf, dann ist es beim zweiten Mal sehr viel leichter und beim dritten Mal noch viel mehr. Schon bald wird das Aufgeben zu einer festen Gewohnheit.

Der zweite – und weitaus wichtigere – Grund ist, daß Sie *jemand* sein wollten, daß Sie mit Ihrem Leben etwas Besonderes anfangen wollten. *Sie* wollten nicht wie der Durchschnitt leben. Geben Sie auf, ist die Chance, Ihre Träume zu verwirklichen, vertan. Wenn Sie einmal aufgeben, stehen die Aussichten gut, daß Sie nie wieder den Anschluß finden. Sie müssen sich dann für den Rest Ihres Lebens damit abfinden, daß Sie durchschnittlich und gewöhnlich sind. Und was noch schlimmer ist: Sie müssen mit diesem Gefühl des Versagens leben.

Nichts kann einem schlechte Zeiten leichter machen. Aber einige Regeln dafür, was man *tun* und was man *lassen* sollte, helfen Ihnen, den Ball im Auge zu behalten und Sie weiterzutragen, wenn Sie das Gefühl haben, daß jede Hoffnung verloren ist. Ich möchte Ihnen beweisen, daß Sie manchmal zwar meinen mögen, alles sei hoffnungslos, daß es aber doch mehrere gute Gründe dafür gibt, *nicht* aufzugeben.

Ziemlich am Anfang unserer Geschäftsgründung stellte ich Bobby Buisson ein. Auch er war Trainer, und ich kannte ihn als einen großartigen Menschen. Bobby war jung, verheiratet, hatte zwei Kinder und bestritt mit seinem Gehalt als Trainer knapp seinen Lebensunterhalt.

Bobby gab seine Arbeit als Trainer auf, um einer Vollzeitbeschäftigung in unserem neuen Unternehmen nachzugehen. Er hatte ein ganz gewaltiges Problem. Außerhalb des Sportplatzes war Bobby so schüchtern, daß er mit niemandem zu sprechen wagte. Es machte ihm Mühe, ein Verkaufsgespräch zu führen. Er trieb sich den ganzen Tag im Büro herum, statt Kunden zu besuchen. Gelang es ihm schließlich, einen Termin zu vereinbaren, wurde er schon Stunden vor dem Gespräch nervös. Wenn er aufbrechen mußte, war er in kalten Schweiß gebadet.

Er litt wirklich. Er fühlte sich elend bei dem, was er tat, obwohl er aus ganzem Herzen an unseren Feldzug glaubte. Es schmerzte mich aufrichtig zu sehen, wie er versuchte, mit seinen Schwierigkeiten fertigzuwerden, um seinen Lebensunterhalt zu verdienen. Während der ersten vier Monate tätigte er sehr wenige Abschlüsse. Wir fragten uns allmählich, warum er sich auch weiterhin der Folter unterzog.

Aber unabhängig davon, wie schlecht die Dinge liefen, er glaubte fest daran, endlich eine Gelegenheit, eine Chance gefunden zu haben, mit der er auch als Trainer aus seinem Leben etwas Besonderes machen konnte.

Obwohl er jedesmal innerlich fast starb, wenn er jemanden anrief oder für ein Verkaufsgespräch aufsuchte, machte er immer weiter, unermüdlich und immer wieder. Da er nicht sehr überzeugend klang, bekam er nicht viele Zusagen. Seine Welt bestand aus nichts anderem als „Nein“. Er verbrachte seine Tage in reinem Schrecken im Büro, wo er versuchte, Termine zu vereinbaren, und am Abend mußte er mit den Ablehnungen fertigwerden. Jeden Tag bezahlte er einen mörderischen Preis. Es war wirklich brutal.

Und doch stand Bobby jeden Tag auf und kam ins Büro. Jeden Tag zwang er sich dazu, Kunden anzurufen; jeden Abend zwang er sich dazu, Verkaufsgespräche zu führen.

Bobby hatte einen Feldzug, und er träumte von finanzieller Unabhängigkeit für seine Familie. Er besaß eine Entschlossenheit und einen Willen zu gewinnen, wie ich sie noch nie erlebt hatte. Der Bursche weigerte sich, einfach aufzugeben.

Schließlich gelang es ihm nach vielen Monaten, endlich einige vernünftige Termine zu vereinbaren. Gelegentlich konnte er sogar den einen oder anderen Abschluß tätigen. Dann noch einige mehr. Sobald er den richtigen Dreh herausbekam, war er nicht mehr aufzuhalten. Als er schließlich etwas Geld zu verdienen begann, war er der glücklichste Mensch auf der Erde.

Ich glaube, es gab keinen Preis, den Bobby Buisson nicht gezahlt hätte, um erfolgreich zu werden. Im ersten Jahr verdiente er weniger Geld wie vorher als Trainer. Im zweiten Jahr verdiente er genausoviel. Wie viele Menschen hätten diesen Preis bezahlt? Aber er blieb beharrlich, und zwei Jahre später verdiente er dank seiner Entschlossenheit mehrere Male sein Gehalt als Trainer.

Heute ist Bobby Buisson ein landesweiter Verkaufsleiter, in einer der höchsten Stellungen in unserem Unternehmen, und Multimillionär. Bobby begleitet mich oft zu Kongressen unseres Unternehmens, auf denen er ein geschätzter Redner ist, denn er versteht die Person sehr gut, die gerade begonnen hat und eine schwere Zeit durchmacht.

Bobby erlitt persönliche Demütigung und Ablehnung; er litt unter dem Wissen, daß seine Familie sich abmühte, während er sich auf die Suche nach einem besseren Leben gemacht hatte.

Aber Bobby war nicht bereit aufzugeben. Er durchlief voll den Schmerz und die Schwierigkeiten.

### Die Wahrheit über das Versagen

Viele Menschen befürchten ein Versagen dermaßen, daß sie nie etwas versuchen. Damit gehen sie dem Versagen aus dem Weg, aber gleichzeitig grenzt das auch ihren Erfolg ein. Streben Sie Großes an, erleben Sie unterwegs notgedrungen auch Mißerfolge.

Ich bin nun schon ziemlich lange in diesem Geschäft, und noch immer bringe ich jede Woche etwas durcheinander. Früher war das täglich der Fall, aber ich habe Fortschritte gemacht! Jeder verliert nun einmal hin und wieder. Man braucht sich nur den Super Bowl anzusehen. Da treten die beiden besten Mannschaften des Landes an, und eine von beiden muß verlieren. Gleichgültig, auf welcher Ebene eines Unternehmens Sie sich befinden, gelegentlich erleben Sie einen Rückschlag.

Aber dabei sollte man sich daran erinnern, daß ein *Mißerfolg nur dann das Ende ist, wenn Sie es dabei belassen.* Werden Sie durch einen Mißerfolg dazu veranlaßt aufzugeben, dann haben Sie tatsächlich verloren. Bob Miller, einer meiner sehr guten Freunde im Unternehmen, zitiert gern ein Sprichwort, das mir gefällt. Deshalb führe ich es hier als ein ungeschriebenes Gesetz an.

> *Denken Sie daran:*
> *Ein Mißerfolg ist eine Markierung auf dem halben Weg zum Erfolg.*

Das ist ein guter Gedanke. Ein Mißerfolg ist nur eine Etappe, die man auf dem Weg zur Spitze durchläuft. Jeder Gewinner hat ihn zum einen oder anderen Zeitpunkt erlebt. Robert Waterman bezeichnet den Mißerfolg in seinem Buch *The Renewal Factor* (dt. Der Faktor Erneuerung) als eine „geistige Einstellung“, nicht als etwas Absolutes, und er verweist auf eine Untersuchung, die beweist, daß große Menschen nie das Wort *Versagen, Mißerfolg* gebrauchten. Statt dessen verwendeten sie Wörter wie *Fehler* und *Ausrutscher*. Sie betrachteten sich einfach nie als jemanden, der *versagt* hat. Wir könnten alle daraus etwas lernen. Ein Mißerfolg bedeutet nie das Ende eines Weges – es sei denn, wir geben auf.

### Die Weigerung zu versagen

Frances Averett stieß vor einigen Jahren zu unserem Unternehmen. Ihr Mann hatte eine Baumschule besessen und verhältnismäßig gut verdient. Als seine Gesundheit jedoch nachließ, ging es mit der Baumschule abwärts. Der Mann hatte das ganze Vermögen der Familie ins Geschäft gesteckt.

Die Averetts hatten fünf Kinder, und Frances war zu Hause geblieben, um sie zu betreuen. Nachdem ihr Mann erkrankt war, mußte sie einspringen und versuchen, das Geschäft zu retten. Sie schaffte es nicht.

Als Frances bei uns anfing, wurde sie der Geldverdiener der Familie. Sie hatte keinerlei Erfahrung im Geschäft, mußte fünf Kinder aufziehen, und auf ihren Schultern lasteten Schulden von mehr als 400 000 Dollar. Niemand hätte niedergeschlagener sein oder mehr unter den bösen Folgen eines Mißerfolgs leiden können als diese Familie.

Aber Frances wollte auf keinen Fall den Offenbarungseid leisten; diesen Fleck auf ihrem Namen wollte sie unbedingt vermeiden. Niemand hätte ihr einen Vorwurf gemacht, hätte sie einfach aufgegeben. Aber sie war fest entschlossen, daß das letzte Kapitel im Leben ihrer Familie nicht Mißerfolg heißen würde.

Frances kämpfte sich vorwärts, und die Widerwärtigkeiten, die sie durchlitt, machten sie anscheinend nur noch stärker und entschlossener.

Im Dezember 1988 zahlte sie den letzten Cent ihrer Schulden zurück. Heute ist sie in unserem Unternehmen ein Superstar, und sie hat sich selbst ein Geschäft aufgebaut, das, wie es aussieht, auch in den kommenden Jahren weiterblühen wird.

Noch vor einigen Jahren hätte jeder erklärt, Frances und Lee, ihr Mann, hätten versagt. Heute würde das niemand mehr sagen, da die Averetts sich einer finanziellen Freiheit erfreuen, die sie nie für möglich gehalten hätten.

Ein Mißerfolg muß nicht endgültig sein, wenn man nicht aufgibt. Etwas zu versuchen, etwas zu tun, ist sehr viel besser, als nie versagt zu haben.

## Machen Sie weiter mit dem Weitermachen!

Wenn die Dinge schwierig werden, verlieren wir meistens den Mut und unternehmen weniger als vorher.

Das ist der schlechteste Zeitpunkt, passiver und langsamer zu werden. Die beste Kur gegen einen Rückschlag ist ein Verdoppeln oder Verdreifachen der Anstrengungen. Sie sollten sich zum Ziel setzen, irgendeinen Erfolg zu erringen, selbst wenn er noch so klein ist, um Ihre Ängste zu beheben und Sie für den weiteren Weg zu motivieren.

Selbst wenn Sie frustriert sind und nicht wissen, was genau Sie unternehmen sollen, tun Sie *irgend etwas*. Nichts wäre schlimmer, als stillzustehen und mit anzusehen, wie Ihre Träume um Sie herum einstürzen. Wann immer Sie tätig sind – gleichgültig, womit –, Sie setzen einen neuen Baustein in Ihr Geschäft ein. Machen Sie weiter!

## Noch ein weiterer Versuch

Vor fünf Jahren waren Frank und Nyla Caler völlig mittellos. Frank hatte vorher ein Geschäft besessen und damit einen gewissen Erfolg gehabt. Als die Wirtschaft sich jedoch einer Talsohle näherte, wurde auch Franks Geschäft rückläufig. Sie machten nicht Bankrott, aber sie beschlossen, die Schulden zu bezahlen und das Geschäft zu schließen. Damals war Frank Ende Vierzig.

Als er bei der A. L. Williams anfing, waren sie gerade nach Colorado Springs umgezogen, um ein neues Leben zu beginnen. Da beide neu am Ort waren, besaßen sie keine Bonität und keine Kontakte. Er und Nyla hatten weder Bargeld noch Kredite. Und Hunderte von Kleinigkeiten belasteten sie. Es sah so aus, als seien sie zu tief gesunken, um sich je wieder davon zu erholen.

Frank betrachtete unser Unternehmen als seine letzte Chance. Vier Jahre lang kämpfte er, schließlich konnte Frank seine schlechte finanzielle Lage überwinden. Allmählich kam sein Geschäft auf die Beine. In seinem fünften Jahr gab es Anzeichen dafür, daß er ein echter Gewinner sein würde.

Das Geheimnis hinter dem Erfolg von Frank und Nyla? Sie gaben nicht auf, als die Welt um sie herum zusammenbrach. Sie stürzten sich erneut ins Wasser und begannen von vorn. Der Erfolg kam nicht sofort, und die meisten Menschen hätten das Handtuch geworfen. Statt dessen verfolgten sie beharrlich ihren Weg. Frank wußte, daß das wahrscheinlich seine letzte Gelegenheit war, und nichts hätte ihn dazu gebracht, einfach aufzugeben. Heute ist Frank Vizepräsident im Unternehmen, er hat ein gesundes Einkommen und ein blühendes Geschäft.

Weitermachen auch in einer schweren Zeit – von diesem Teil der Erfolgsstory hört man im allgemeinen nichts. Aber der Erfolg stellt sich fast nie „sofort“ ein, obwohl Filme und Fernsehen uns das vorspiegeln. Fast jede Geschichte über einen echten Erfolg ist meistens gleichzeitig auch eine von großer Versuchung und Opfern.

## Was Sie tun müssen, wenn Sie aufgeben wollen

Sie haben schwer gearbeitet. Sie wissen, daß Sie den Wunsch haben, weiterzukommen. Sie haben einen Traum, der Sie inspiriert, und Sie setzen sich für ein Anliegen ein, das größer als Ihr Unternehmen ist. Und doch scheint es nicht zu klappen.

Sie sind kopfüber in eine Lage geraten, die Sie sich nur in Ihren schlimmsten Alpträumen vorstellen konnten. Jetzt zeigt sich, aus welchem Holz Sie geschnitzt sind. Sie sehen sich Ihrer größten Herausforderung gegenüber, die Sie je im Geschäftsleben überwinden mußten. Und Sie stehen der größten Versuchung gegenüber, die es geben kann: der Versuchung, einfach aufzugeben.

Hier trennen sich die Wege von Gewinnern und Verlierern.

Ich kenne diese Etappe aus eigener Anschauung. Als ich anfangs versuchte, mein Geschäft zu starten, hat es eine Reihe von Nächten gegeben, in denen ich davon überzeugt war, das Spiel sei vorbei. Ich sah einfach nicht, woher ich die Kraft zum Weitermachen hernehmen sollte. Ich fand für meine Probleme keine mögliche Lösung.

Zum Glück gab ich damals nicht auf, obwohl ich ganz nahe davorstand. Aber ich weiß, was für ein Gefühl das ist. Manchmal ist die Versuchung fast überwältigend.

Wann immer Sie solch eine schwere Zeit durchmachen, halten Sie sich die folgenden drei Grundregeln vor Augen; sie helfen Ihnen, zäh zu bleiben.

### 1. Grundregel: Greifen Sie zu den magischen dreißig Tagen!

Um überhaupt weitermachen zu können, wenn man eine schwere Zeit erlebt, setzt man sich am besten ganz spezifische, kurzfristige Ziele. Wir haben bereits gesehen, wie vorteilhaft langfristige Ziele sein können (siehe meine 300 000 Dollar für die finanzielle Unabhängigkeit). Kurzfristige Ziele sind genauso wichtig.

Weiter oben war schon die Rede davon, daß man sich kleine Erfolge leisten müsse, damit die langfristigen Ziele nicht ganz so überwältigend erscheinen. Wenn die Dinge schlecht laufen, können diese kleinen Siege den Unterschied zwischen Aufgeben und genug Hoffnung bedeuten, und Sie ermutigen, weiterzumachen, bis die Lage sich bessert.

Wenn Sie aufgeben wollen, nehmen Sie als letzten Strohhalm das Ziel mit den dreißig Tagen. Es sollte ein ziemlich schwieriges Ziel sein, denn damit soll ja Ihr Geschäft oder Ihr eigenes Leben erneuert werden. Das ist nicht die Zeit für eine mittelmäßige Anstrengung. Setzen Sie sich ein strenges Ziel, und planen Sie es für die kommenden dreißig Tage regelmäßig ein. Ich weiß nicht, welche Magie sich hinter diesen dreißig Tagen verbirgt, aber die Erfahrung hat mich gelehrt, daß dieser Zeitraum aus irgendeinem Grund am besten funktioniert. Er ist kurz genug, damit man ein Ende absehen kann, und er ist lang genug, damit man einen gewissen Schwung entfalten kann.

*Denken Sie daran:*
*Fast jeder kann fast alles dreißig Tage lang tun.*

Ich weiß, daß so eine Blitzkampagne das letzte ist, was Sie in schwierigen Zeiten tun möchten. Aber man kann praktisch alles leisten, wenn man weiß, daß es nur vorübergehend ist. Benötigt Ihr Geschäft dringend eine Adrenalinspritze, ist jetzt die beste Zeit dafür.

Im Verkauf rate ich zum Beispiel jemandem, der monatlich vier oder fünf Abschlüsse macht, sich ein Ziel von zehn Verkäufen zu setzen. Das ist ein ziemlicher Sprung, und ich weiß, daß dazu ein beträchtliches Maß an Arbeit nötig ist. Wenn die Person jedoch dieses Ziel im Laufe eines Zeitraums von dreißig Tagen erreichen kann, hat sie ihre Geschäfte zweifellos in eine bessere Bahn geleitet. Oft gewinnt sie damit jenen zusätzlichen Vorteil, der nötig ist, um die Dinge wieder in Gang zu setzen.

Versuchen Sie es! Ich habe unzählige Male erlebt, daß es funktioniert. Auf diese Weise verschiebt man den Gedanken an ein Aufgeben, das ist meine Erfahrung, und *tut* etwas, das genug Erfolg bringt, um den Gedanken völlig zu vertreiben.

## 2. Grundregel: Schaffen Sie sich Belohnungen und Strafen!

Belohnung und Strafe hängen eng mit dem Aufstellen eines Ziels zusammen. Wer sich ein Ziel absteckt, geht auch eine Verpflichtung ein. Man braucht etwas, das einen dazu zwingt, dieser Verpflichtung treu zu bleiben. (Es liegt in der menschlichen Natur, zu ermüden und die Ziele davongleiten zu lassen. Mit Belohnungen und Strafen schlägt man die natürlichen Neigungen der menschlichen Natur.)

Schon als Fußballtrainer setzte ich diese Methode mit Belohnungen und Strafen ein. Bei unserem Siegesgespräch am Donnerstag, vor dem Spiel am Freitagabend, sagte ich meinen Jungs:

„Ich will euch an unsere Ziele erinnern. Ihr geht morgen abend dort hinaus und setzt alles ein, was ihr habt, und ihr spielt so gut, wie ihr nur könnt. Wir werden die andere Mannschaft mit 21 Punkten schlagen oder aber ein großartiges Verteidigungsspiel haben und dafür sorgen, daß das andere Team punktlos bleibt. Am Montag gehen wir alle in Shorts auf den Sportplatz für ein kurzes Training. Stellt euch das vor: Am Montagnachmittag, wenn es nach der sechsten Stunde läutet und ihr herauskommt, steht dort Trainer Williams mit einem Lächeln auf dem Gesicht. Wir gehen hinaus und lockern uns dreißig oder vierzig Minuten auf. Jungs, das nennt man Leben!

Aber nehmen wir einmal an, ihr geht dort morgen abend hinaus und schludert. Ihr kommt daher, und wir gewinnen mit weniger als 21 Punkten, oder wir gewinnen, aber auch das andere Team erringt Punkte. Am Montag seht ihr, wenn es nach der sechsten Stunde klingelt und ihr auf den Platz kommt, Trainer Williams an der Tür zum Umkleideraum, das Gesicht in Falten. Statt nur Shorts anzuziehen, kriecht ihr in diese schwere, stinkende Uniform, und wir trainieren zwei oder drei Stunden. Statt zehn schnellen Sprints, laufen wir zweiundvierzig.

Aber stellt euch das vor. Sagen wir einmal, ihr geht morgen abend dort hinaus, und ihr verschludert es völlig und verliert.

Dann sehe ich euch früh am Samstagmorgen munter im Training!"

Alle haßten dieses Training am Samstag, aber es war zweifellos der beste Anreiz, am Freitagabend alles zu geben, was sie hatten!

Dieses Konzept von Belohnungen und Strafen gehört zu jenen „theoretischen" Techniken, die einem weiterhelfen, auch dann, wenn man eigentlich nicht will. Wenn man sich ein Ziel setzt und nichts geschieht, wenn man es nicht einhält, warum sollte man sich dann überhaupt ein Ziel setzen?

Vielleicht hört sich das zu *einfach* an, aber es funktioniert wirklich.

Der Großmeister im Boxen, Muhammad Ali, gestand ein, daß er die aufreibenden Vorbereitungen für einen Kampf haßte. „Ich haßte jede Minute des Trainings", sagte Ali einmal. „Aber ich sagte mir: ‚Gib nicht auf! Leide lieber jetzt, und verbringe den Rest deines Lebens als ein Meister.'"

### 3. Grundregel: Planen Sie Zeit ein, damit Ihre Anstrengungen sich konsolidieren können!

Am meisten frustriert bin ich, wenn ich sehe, wie jemand aufgibt, obwohl er fast den Wendepunkt erreicht hat. Es ist manchmal unglaublich. Er kann es nicht sehen, aber hätte er ein bißchen länger ausgehalten, hätte sich sein Geschäft wieder gebessert. In vielen Fällen ist Ungeduld das größte Problem. Es hat keinen totalen Mißerfolg gegeben, sondern der Erfolg trat nicht schnell genug ein.

Ich bin sicher, daß Sie mit dem „Zauber der Zinseszinsen" vertraut sind. Es handelt sich dabei um den einfachsten Begriff der Welt, aber nur wenige Menschen verstehen ihn. Es ist das unglaublichste Gesetz in der Finanzwelt. Der Zauber der Zinseszinsen ist am Werk, wenn Sie die Zeit für sich arbeiten lassen.

**Die einmalige Investition von 1000 Dollar**

| Zins- | | | Jahre | | | |
|---|---|---|---|---|---|---|
| satz | 20 | 30 | 40 | 50 | 60 | 70 |
| 5 % | 2 653 | 4 321 | 7 039 | 11 467 | 18 679 | 30 426 |
| 10 % | 6 727 | 17 449 | 45 259 | 117 390 | 304 481 | 789 747 |

Man sollte annehmen, um die Differenz zwischen 5 und 10 Prozent zu erhalten, multipliziert man nur mit zwei. Falsch! Der Unterschied ist fast nicht zu glauben, deshalb nenne ich ihn „magisch“.

Auch bei einer Anstrengung funktionieren die „Zinseszinsen“. Ich sagte weiter oben, daß über 90 Prozent aller geschäftlichen Unternehmen mißlingen, weil die meisten Menschen aufgeben, bevor sich ihre Anstrengungen auszahlen. Im ersten Jahr nach der Gründung der A. L. Williams ernannten wir nur einen Vizepräsidenten; zehn Jahre später ernannten wir über einhundert im Monat. In den ersten Jahren machten wir mehrere hundert Abschlüsse, zehn Jahre später hatten wir über eine Million Policen verkauft. In der Anfangszeit kam niemand von uns einem sechsstelligen Einkommen auch nur nahe, heute haben wir jeden Monat neue Mitglieder in unserem 100 000-Dollar-Klub. Manchmal war es entmutigend in jenen Anfangsjahren. Aber wir drängten vorwärts, steigerten unsere Anstrengungen, und wir machten beharrlich weiter, bis sich diese Anstrengungen mit der Zeit auszahlten.

Räumen Sie sich *Zeit* ein, um zu gewinnen. Jeden Kontakt, den Sie aufnehmen, jeder Kunde, den Sie sehen, jede persönliche Beziehung, die Sie anknüpfen, ist Bestandteil Ihrer „Investition“ in Ihr Geschäft. Über einen Zeitraum hinweg zahlen sich diese Investitionen aus. Ein Kunde verweist Sie an den nächsten. Jemand, den Sie bei einem Geschäftsessen kennenlernten, erinnert sich an Sie und ruft Sie an, wenn er Ihre Dienste braucht. Ein Anruf bei einer Person bringt Ihnen unter Umständen auch eine Transaktion mit deren Nachbarn. Jede von Ihnen im Rahmen Ihres Geschäftes durchgeführte Handlung bildet einen Baustein für Ihre Zukunft.

(Erinnern Sie sich an das ungeschriebene Gesetz: Man braucht drei bis fünf Jahre, bis man sein Geschäft etabliert hat.)

## Gründe, nicht aufzugeben

Vielleicht ist es Ihnen in der schweren Zeit nicht einmal aufgefallen, aber wahrscheinlich haben Sie schon einen langen Weg zurückgelegt, seit Sie diese neue Bahn eingeschlagen haben.

Sie haben viel gelernt; dank Ihrer Erfahrung sind Sie jemand geworden, der jetzt bessere Aussichten auf Erfolg als vorher hat. Wenn Sie jetzt aufgeben, war der ganze Fortschritt umsonst.

Sie haben einen Preis bezahlt. Denken Sie an all die Opfer, die Sie schon bei Ihren Versuchen, voranzukommen, gebracht haben. Wenn Sie jetzt aufgeben, war alles, für das Sie so schwer gearbeitet und gelitten haben, umsonst.

Sie haben sich Ziele gesetzt und Pläne gemacht, die die ganze Familie einbeziehen. Können Sie sich noch in die Augen blikken, wenn Sie jetzt einfach einpacken und nach Hause gehen?

Vielleicht haben Sie sich nicht genug Zeit gegeben, damit die „Zinseszinsen" zur vollen Entfaltung kommen können.

## Die harte Wahrheit über den Erfolg

Jetzt ist es an der Zeit, praktisch zu werden. Ich habe nie gesagt, es sei leicht, es zu schaffen. Ich betone nur immer, daß es sich lohnt. Ich möchte, daß Sie dieses Buch lesen und sich als einer von jenen Menschen betrachten, die mehr als alles andere „jemand sein möchten". Ich möchte Sie dazu motivieren, sich dafür einzusetzen. Aber ich will Ihnen nicht vormachen, daß es ein Zuckerschlecken ist. Das ist es keineswegs.

Das ist ein hartes Kapitel, und ich möchte nichts beschönigen.

Es macht nicht unbedingt Spaß, das folgende zu lesen, aber ich weiß aus Erfahrung, daß es stimmt. Vielleicht könnten Sie es auch so schaffen, aber ich halte es für wichtig, Sie mit den Tatsachen bekanntzumachen, damit Sie verstehen, daß Ihre Lage um nichts schlechter ist als die anderer. Und ich möchte versuchen, Sie am Aufgeben zu hindern, wenn Ihnen diese Realitäten begegnen.

Stellen wir doch einmal fest, wie es wirklich aussieht.

### 1. Tatsache: Sie gewöhnen sich niemals an Ablehnungen

Als ich die Lebensversicherung entdeckte und sie zu meinem persönlichen Feldzug machte, stellte ich mir vor, auch jeder andere würde die „Gerechtigkeit" der Sache sofort erkennen.

Falsch! Das trat nicht ein. Viele Menschen hielten mich für verrückt und fühlten sich durch mich gestört. Ich war mir so sicher, recht zu haben, daß ich nicht darauf vorbereitet war, wie es wirkte, wenn man mir in die Augen blickte und erklärte, man sei an dem, was ich anbot, nicht interessiert. Ich war keineswegs vorbereitet auf diesen ablehnenden Blick, der mir sagte: „Ich glaube Ihnen nicht, und es interessiert mich auch nicht."

*Denken Sie daran:*
*Nur weil Sie Ihre Tätigkeit lieben, müssen alle anderen sie noch längst nicht lieben.*

Nicht alle gleichen Ihnen. Einige Menschen sind klüger, und sehr viele sind dümmer. Aber selbst wenn Sie wissen, Sie haben recht, erwarten Sie nicht, daß sich die ganze Welt automatisch Ihnen anschließt. Das bedeutet nicht, daß Sie weniger aktiv werden sollten; im Gegenteil, machen Sie weiter mit dem, was Ihrer Ansicht nach für Sie richtig ist.

Erleben Sie eine Ablehnung, erinnern Sie sich an all die Menschen, die an Sie glauben, und hören Sie auf diese kleine Stimme tief in Ihrem Inneren, die sagt: „Ich weiß, daß ich recht habe, und nichts hält mich davon ab, erfolgreich zu sein."

### 2. Tatsache: Die Dinge sind weder so gut, wie es scheint, noch so schlimm, wie es aussieht

Wenn die Dinge gut laufen, können Sie nie voraussetzen, daß das bedeutet, jetzt sind Sie über den Berg. Wenn die Dinge schlecht laufen, können Sie ebensowenig annehmen, daß es aus ist mit Geschäft und Laufbahn. Dieses Geschäft, das man Leben nennt, ist nichts anderes als eine Sache des Schwungs.

Möglicherweise erwartet Sie schon am nächsten Tag der Verlust eines Spitzenvertreters oder ein finanzieller Rückschlag oder sonst irgendein Unglück, mit dem Sie nicht gerechnet haben. Wenn die Dinge also gut laufen, nutzen Sie sie voll aus.

Wenn die Dinge umgekehrt rückläufig sind, lassen Sie sich davon nicht umbringen. Möglicherweise stehen Sie ganz kurz vor einer Beförderung, so daß Sie wieder ganz oben sind. Die Sache mit dem Gewinnen fordert den ewigen Optimisten in Ihnen heraus. Am Tag darauf schlagen Sie vielleicht einen ganz neuen Weg zum Erfolg ein. Geben Sie nicht auf! Sie müssen sich einfach weiter bemühen.

In guten Zeiten sollten Sie nicht zu selbstzufrieden werden. Und in schlechten Zeiten sollten Sie nicht daran zweifeln, daß Sie es schaffen werden. Bewahren Sie sich Ihre Inspiration!

### 3. Tatsache: Bevor Sie gut werden können, müssen Sie schlecht sein

Ich nehme an, wir alle meinen, daß wir alles haben, was man braucht, um geradewegs zum Erfolg zu kommen und *alles* richtig zu machen. Vielleicht können einige Menschen tatsächlich fast alles machen. Aber die meisten von uns müssen sich durch den Lernprozeß nach vorn arbeiten.

Man ist im allgemeinen unrealistisch, wenn man erwartet, sofort wie ein Gewinner aufzutreten. Während meines ersten Jahres als Vertreter war mir jeden Tag speiübel. Jeden Tag sagte ich mir, ich würde mir morgen einen guten Arbeitsplatz suchen.

Statt dessen machte ich weiter, und schließlich wurde es leichter. Ich lernte sehr viel, und ich wurde besser.

Erinnern Sie sich daran: Bevor Sie groß werden können, müssen Sie gut sein. Bevor Sie gut sein können, müssen Sie schlecht sein. Aber noch bevor Sie schlecht sein können, müssen Sie es erst einmal *versuchen*.

*Denken Sie daran:*
*Gewinnen ist ein Lernprozeß, es ist nicht angeboren.*

Wenn Sie gerade jetzt dabei sind, befinden Sie sich auf dem richtigen Weg. Sorgen Sie sich nicht, weil Sie wissen, daß Sie nicht der Größte sind. Sie kommen schon dort hin.

Es ist wesentlich, große Träume und große Ziele zu haben. Aber ebenso wichtig ist es, sich daran zu erinnern, daß nicht alles so verlaufen muß, wie man es sich vorgestellt hat. So viele Menschen geben auf, weil die Realität ihres neuen Unternehmens nicht ganz der Schönheit ihres Traums entspricht. Das bedeutet nicht, daß am Traum etwas falsch war, sondern nur, daß man im wirklichen Leben die weniger als perfekte Welt ertragen muß.

Sie können die Lage meistern. Mit Hilfe einiger Tricks ist es leichter, sich eine positive Einstellung zu bewahren und die meiste Zeit über „obenauf" zu bleiben.

## Vergleichen Sie sich nicht mit anderen!

Etwas Konkurrenz ist immer gesund, aber man kann auch zu weit gehen. Im allgemeinen läuft es dann so ab. Sie haben etwas gefunden, dem Sie Ihr Leben widmen können, und Sie haben tatsächlich den Weg zu Großem eingeschlagen. Sie sind eine

Verpflichtung eingegangen, Sie machen das Richtige, Sie verdienen etwas Geld. Sie haben das Gefühl, daß Sie sich wirklich auf *dem* Weg befinden.

Dann begegnen Sie am Wochenende zufällig einem alten Freund, und ihm geht es dreimal besser als Ihnen. Er hat ein neues Auto und ein neues Haus und mehr Geld, als Sie sich jemals erträumten. Ganz plötzlich ändert sich Ihre Sichtweise. Sie sagen: „Was bin ich doch für ein Idiot! Niemand macht es sich so schwer wie ich. Werde ich je an mein Ziel kommen?“ Diese Zweifel bringen Sie buchstäblich um den Verstand. Vielleicht haben Sie noch nicht einmal einen Kunden, und dann hören Sie, wie sich Ihr Freund darüber beklagt, er habe so viele, daß er sich nicht um alle kümmern könne. Sie sagen sich: „Wer will mich hier bestrafen? Ich schaffe es nie!“ Und Sie meinen: „Dieser Bursche ist nun einmal schon großartig auf die Welt gekommen. Er muß nicht den gleichen Preis wie ich bezahlen.“ Falsch. Jeder zahlt den Preis. Alle diese Menschen haben irgendwo auf ihrem Weg ihren Preis gezahlt.

Räumen Sie sich eine Chance ein. Ich erzähle den Mitarbeitern in meinem Unternehmen, daß die Millionäre von morgen heute am unteren Rand auf der Liste der Spitzenmanager stehen. Und ich glaube daran auch und zitiere oft den Satz: „Man muß nicht immer an der Spitze stehen, aber den Mut besitzen, aufzuholen.“

Wo immer Sie sich auf Ihrem Weg zum Gewinnen befinden, auch wenn Sie soeben erst aufgebrochen sind, seien Sie stolz darauf.

## Sie brauchen sich für nichts zu entschuldigen

Aus meiner Erfahrung als Sportler weiß ich, daß jene Menschen im späteren Leben den größten Erfolg hatten, die ein großer Sportler werden wollten, dazu aber nicht das Talent besaßen. Sie arbeiteten schwer an sich, und sie erlernten dabei alle Werte, mit denen sie später Gewinner wurden. Manchmal müssen talentierte Jugendliche nicht so schwer arbeiten, und dann lernen sie nicht die Lektionen, die sie später auf den richtigen Weg leiten.

Ich hörte davon, daß der Präsident der Yale Universität einem Kollegen von einer anderen Universität folgenden Rat gab: „Behandeln Sie Ihre Einser- und Zweier-Studenten gut. Eines Tages kommen sie als gute Professoren an die Universität zurück. Aber seien Sie auch zu Ihren Vierer-Studenten nett. Eines Tages kommt einer davon zurück und stellt Ihnen ein 2 Millionen Dollar teures Forschungslabor hin."

## Lassen Sie sich nicht entmutigen!

Mein Freund Bill Anderton hat in diesem Zusammenhang eine großartige Story parat. Der Teufel beschloß eines Tages, sich vom Geschäft zurückzuziehen und dem Meistbietenden alle seine Werkzeuge zu verkaufen. Am Abend vor dem Verkaufstag stellte er sie alle aus: Bosheit, Haß, Neid, Eifersucht, Gier, Lüsternheit und Betrug befanden sich darunter. Daneben lag ein harmloses keilförmiges Werkzeug, das abgenutzter als alle anderen aussah.

Jemand fragte den Teufel: „Was ist das? Es ist so teuer."

Der Teufel antwortete: „Das ist Entmutigung."

„Aber warum ist es um soviel teurer als alles andere?" beharrte der Betrachter.

„Weil", erwiderte der Teufel, „ich mit diesem Werkzeug das Bewußtsein eines Menschen öffnen und darin eindringen kann, was mir mit allen anderen nicht gelingt. Sobald sich Entmutigung eingenistet hat, kann ich auch alle anderen Werkzeuge benutzen."

Entmutigung ist der Grund für so zahlreiche negative Handlungen. Man blickt ihr jeden Tag seines Lebens ins Gesicht. Wie man sich mit Entmutigung Tag um Tag auseinandersetzt, bestimmt weitgehend Erfolg oder Mißerfolg bei der Verwirklichung seiner Träume. Halten Sie Ihren Traum lebendig; streben Sie danach, Ihre Ziele zu erreichen; gewöhnen Sie sich eine positive, gewinnende Einstellung an – und geben Sie nie auf!

## Machen Sie es nicht fast gut!

Die meisten Menschen arbeiten *fast* schwer genug, um zu gewinnen.

Die meisten Menschen bleiben *fast* lange genug am Ball, um zu gewinnen.

Die meisten Menschen sind *fast* genug entschlossen, um zu gewinnen.

> *Denken Sie daran:*
> *Die meisten Menschen tun „fast" genug, um zu gewinnen.*

Ist es nicht leichter, in einer schwierigen Lage hartnäckig weiterzumachen, statt sich vor dem Fernseher in den bequemen Sessel fallenzulassen und zu wissen, daß man seine letzte Chance verspielt hat?

Wenn man aufgibt, vergibt man es sich wahrscheinlich nie. Wenn Sie aufgeben möchten, versprechen Sie sich, noch eine Woche auszuhalten, einen weiteren Monat, und wenn die Zeit um ist, wiederholen Sie das Versprechen.

Mein „perfektes" Spielbuch, auf das ich als beginnender erster Footballtrainer so stolz war, enthielt keine schlechten Spiele. Ich verbrachte Stunden mit einer Analyse unserer gefilmten Spiele, um herauszufinden, welche Spielarten die besten wären. Jedes Spiel war so geplant, daß es ein großartiges Spiel werden würde. Mit jedem sollten weitere Punkte auf die Tafel kommen.

Ich neckte meine Spieler mit den Worten, sie seien die glücklichste Mannschaft der Welt. Ich sagte ihnen, sie hätten gegenüber den Konkurrenten zwei gewaltige Vorteile: Sie hatten als Trainer einen der besten Ausrufer, den es überhaupt gab, und sie leisteten die besten Spiele im Football. Ich sagte ihnen, mir sei es unmöglich, ein schlechtes Spiel auszurufen, und wir hätten keine schlechten Spiele, deshalb müßten sie sich anschicken, diese Punkte auf die Tafel zu bekommen.

Ich erklärte: „Jungs, mit diesen Spielern schießt man garantiert ein Tor ... vorausgesetzt, man bringt sie nicht durcheinander."

Hier lag der Hase im Pfeffer. Wenn man sich hundertmal in einem Footballspiel zu einem Angriff gegen ein ebenso starkes Team anschickt, wie oft endet solch ein Spiel mit einem Tor? Im günstigsten Fall erlebt man zwei oder drei großartige Zuspiele oder großartige Läufe. Aber wie oft erlebt man, daß jemand eine Sperre verpaßt oder ein Zuspiel verliert oder einfach den Ball ungeschickt annimmt? Die Chance für ein Tor besteht zu 95 Prozent nicht.

Aber der Trainer, der das Spiel gewinnt, ruft die Spiele aus. Er ruft sie aus und ruft sie aus, selbst wenn sie zu 95 Prozent nicht funktionieren. Die Spieler denken unablässig, daß sie gewinnen.

Auch im Geschäftsleben funktionieren die Dinge zu 95 Prozent nicht. In unserer Branche kann man nicht in jemanden hineinblicken und im voraus sagen, wer gleich kaufen wird. Sie können nicht einfach ein Verhandlungsgespräch führen und davon ausgehen, daß Ihr Produkt jedem gefällt. Sie können nicht ein Geschäft eröffnen und im voraus wissen, daß sich Hunderte von Kunden hereindrängen.

Lassen Sie sich nicht entmutigen. Tun Sie nicht *fast* genug! Gleichgültig, wie schwer es wird, rufen Sie einfach weiter die Spiele aus. Jemand erhält früher oder später einen Punkt, und warum sollten nicht *Sie* das sein?

# Kapitel 11
# Das „Tu-es"-Prinzip

*Warten Sie nicht darauf, bis Ihr Schiff einläuft, schwimmen Sie ihm entgegen!*
*Anonym*

Sie und ich wissen, daß es in Ihnen etwas gibt, das Sie nicht durchschnittlich und gewöhnlich bleiben läßt. Deshalb lesen Sie ja dieses Buch. Einige von Ihnen lesen dieses Buch wahrscheinlich durch, gehen in eine Buchhandlung, kaufen ein weiteres dieser Art und lesen auch das. Die meisten von Ihnen verschieben den Beginn einer Veränderung Ihres Lebens mit den Worten: „Nächste Woche fange ich damit an", auf einige Tage später. Aber einige unter Ihnen, die wenigen Auserwählten, legen dieses Buch nieder und begeben sich daran, „es zu tun".

Alle übrigen Grundsätze in diesem Buch helfen Ihnen nicht, wenn Sie nicht danach handeln. Sie müssen handeln, damit Sie gewinnen. Sprechen ist billig. Jeder spricht gerne über ein gutes Spiel. Aber ein Gewinner bricht auf, um etwas zu unternehmen.

Wie schon weiter oben erwähnt, halte ich auf meinen Reisen durch Amerika mit Vorliebe meine „Tu-es"-Rede. Danach kommen die Menschen immer zu mir und fragen: „Art, was meinen Sie damit, wenn Sie sagen: ‚Tu es!' Was soll man *tun*?"

Darauf antworte ich einfach: „Es." „Aber Art, was ist *es*?" – „Eben das: *Es*."

Manchmal sind die Zuhörer dann frustriert. Sie möchten, daß ich ihnen genau erkläre, wie man „es tut". Das kann ich aber nicht, weil jede Situation anders aussieht, und ich nicht weiß, was jemand unternehmen muß, um es zu tun.

Das „Es" in „Tu es" ist nicht *irgendeine* Sache. Wenn Sie „es tun", brechen Sie auf, um genau das zu tun, was getan werden muß, um zu gewinnen. Richtig betrachtet, kann ein Buch es durchaus erleichtern, aber ein Buch kann „es" für Sie nicht

„tun“, genausowenig wie Ihr Ehepartner oder Ihre Freunde. Sie – und nur Sie allein – können aufbrechen und Ihren Traum verwirklichen.

Larry Weidel, einer meiner besten Freunde in Greensboro in North Carolina, fand vor einigen Jahren heraus, was ich mit „tu es“ meine. Larry war 1973 und 1974 Bauingenieur in Atlanta gewesen. Als der Immobilienmarkt eine Baisse erlebte, war es auch mit seinem Geschäft zu Ende.

Larry begann daraufhin, Versicherungen und Investitionen anzubieten, und er kämpfte wirklich. Niemals in seinem Leben hatte er etwas verkauft. In den ersten vier Jahren im Geschäft verdiente er mit Mühe gerade seinen Lebensunterhalt. Aber er war so anständig, loyal, engagiert und aufrichtig, daß wir Larry fragten, ob er bereit sei, nach North Carolina zu gehen, um den Bundesstaat wie geplant für die A. L. Williams zu erschließen.

Seine Arbeit war in den ersten sechs Monaten dort die reinste Katastrophe. Was immer er anrührte, brach auseinander; es gelang ihm einfach nicht, die Dinge in Gang zu bringen. Wir veranstalteten in einem Badeort in Georgia einen Kongreß, und Larry mußte sich von seinem Vorgesetzten 100 Dollar borgen, damit er teilnehmen konnte. Alle Paare hatten viel Spaß, aber Larry konnte aus Geldmangel nicht einmal seine Frau mitbringen.

Ungefähr drei oder vier Monate später änderten sich die Dinge auf einmal für Larry. Er wurde befördert und verdiente viel Geld. Ich hätte mich kaum mehr darüber freuen können, wäre es mein eigener Sohn gewesen.

Eine der größten Ehren, die wir in unserem Unternehmen erweisen, ist das Recht, auf einem Kongreß eine Rede zu halten. Da Larry so gut zurechtkam, bat ich ihn, auf unserem nächsten Kongreß zu sprechen. Ich sagte ihm, er solle sich eine Stunde nehmen – er nahm sich zwei. Er begann damit, Unterlagen zu verteilen. Dann hielt er eine große Rede über das von ihm entwickelte „System“ und darüber, daß dieses System der Schlüssel zu seinem Erfolg gewesen ist. Er behauptete, nach dem Kongreß in Georgia sei er zurückgegangen und habe sich einem System verpflichtet, und nachdem er dieses System dreißig Tage lang angewandt hatte, habe er begonnen zu gewinnen. Er sagte, er habe dank dieses Systems gewonnen.

Als Larry seine Rede endlich beendet hatte, klatschten alle Beifall und nickten anscheinend zustimmend zu Larrys großartigem „System". Ich stieg aufs Podium und erklärte: „Einen Augenblick bitte, Larry. Du irrst dich ganz gewaltig."

Und ich sagte Larry, was ich anderen erzähle, wenn sie meinen, irgendeinen prachtvollen Plan gefunden zu haben, um Kunden zu bekommen oder neue gute Mitarbeiter zu finden. Der Schlüssel zu Larrys Erfolg war nicht irgendein System.

Wissen Sie, warum Larry gewann? Weil er sich vier lange Jahre abgemüht hatte, und er nahm am Kongreß teil, und er war pleite, und er sah, wie alle anderen eine Auszeichnung erhielten. Er befand sich unter glücklichen, aufgedrehten Leuten, die Geld verdienten und Erfolg hatten, und er war so tief gesunken, wie man nur sinken konnte. Ganz plötzlich beschloß er nun zum letzten Mal, daß er aufhören wollte, davonzulaufen. Er entschied, er sei da, um zu gewinnen. Und dann ging er zurück und fing an, „es" zu „tun".

Larry entwickelte durchaus ein brauchbares System, aber seinen plötzlichen Erfolg verdankte er nicht dem System. Larry Weidel war es leid, durchschnittlich und gewöhnlich zu sein. Deshalb lernte Larry „es zu tun", nämlich zu tun, was immer nötig war, um zu gewinnen.

## Konkurrenz ist das Beste, was Ihnen passieren kann

Eines wünsche ich mir für Sie, denn es hilft Ihnen, „es zu tun". Ich kenne die Art Ihres Geschäftes nicht, aber gleichgültig, was es ist, hoffentlich haben Sie einen Konkurrenten. Damit meine ich jetzt nicht, daß Sie sich persönlich mit anderen vergleichen, sondern die ganz normale Geschäftskonkurrenz mit einem Konkurrenten. Ohne Konkurrenz fällt es einem tausendmal schwerer, sich selbst zu motivieren. Wenn man jedoch einen Konkurrenten hat, kommt die Motivation ganz automatisch.

Allerdings benutzen einige Menschen einen Konkurrenten auch als Entschuldigung, „es“ *nicht* „zu tun“. Sie reden sich dann gerne ein: „Na ja, mit diesen Burschen kann ich einfach nicht konkurrieren. Es lohnt sich überhaupt nicht, es zu versuchen.“

Ich sprach auf einem unserer Seminare in Dallas in Texas, und ein stellvertretender Bezirksleiter kam am ersten Abend zu mir aufs Podium und überreichte mir ein Paket Material von einem unserer Konkurrenten. Er sagte: „Art, du solltest einmal lesen, was sie über die A. L. Williams zu sagen haben. Mann, die wollen uns umbringen.“

Nun, das war das Falscheste, was man mir hätte sagen können. Ich blickte ihn an und erwiderte: „Was meinst du damit? Dachtest du vielleicht, es würde leicht sein? Hattest du dir vielleicht vorgestellt, daß die Konkurrenz einfach einpackt und verschwindet? Sie sagt nicht: ‚Willkommen, Ihr von der A. L. Williams! Herzlichen Dank! Halleluja! Nehmt unser Geschäft! Ihr seid phantastisch, uns einfach so k.o. zu schlagen, uns Konkurrenz zu machen und den Kunden zu erzählen, daß man es auch anders machen kann.‘“

Natürlich nicht! Wir mögen zwar davon überzeugt sein, daß wir das Richtige machen, das bedeutet aber noch lange nicht, daß die Konkurrenz keine Kunden mehr bekommt.

Und doch möchte ich Ihnen etwas verraten. Unsere Konkurrenz ist das Beste, was wir uns hätten wünschen können. Ich bin froh, daß es auch andere Versicherungsgesellschaften gibt. Ich möchte auch in Zukunft jeden Morgen aufstehen und sagen, unser Unternehmen ist die Nummer Eins, wir schlagen die großen Versicherungsgesellschaften. Wenn mir manchmal morgens nicht danach zumute ist, „es zu tun“, muß ich nur an die Konkurrenz denken, damit ich wieder ganz dabei bin.

Es ist schwierig, na und? Ihre Konkurrenz will Ihnen den Garaus machen, na und? Genau das gefällt mir an der freien Marktwirtschaft so gut. Ich möchte, daß wir alle eine Chance haben, so weit zu kommen, wie es uns dank unserer eigenen Fähigkeiten gelingt.

Ihr Erfolg hängt von niemandem als nur von Ihnen selbst ab: Wie sehr Sie ihn lieben, wie sehr Sie ihn wollen, wie sehr Sie daran glauben, und wie entschlossen Sie sind, zu gewinnen.

Und doch können Sie Ihre Ziele nicht erreichen, wenn Sie nicht bereit sind, jeden Morgen aufzustehen, hinauszugehen und sich in den Wettkampf zu stürzen. Allein schon durch diese Haltung gewinnen Sie einen großen Vorsprung. Denn die meisten Menschen sind nicht bereit zu konkurrieren. Da wiederholt sich wieder meine These: Man schlägt 90 Prozent der Menschen durch schwere Arbeit; weiter dadurch, daß man etwas findet, an das man glauben kann, und indem man ein aufrichtiger, integerer Mensch ist. Die meisten Menschen sind nicht bereit, die Schwerarbeit zu leisten, die nötig ist, um zu gewinnen.

Die Menschen, die echte Gewinner sind, suchen keine Almosen, sie suchen eine Gelegenheit. Gibt man ihnen die Gelegenheit, mit ihrem Leben etwas Besonderes anzufangen, ergreifen sie sie unverzüglich. Wissen Sie, warum Sie anders sind, wenn Sie dieses Buch lesen – wenn Sie es lesen und darüber nachdenken? Weil die meisten Menschen nicht dazu bereit sind, aufzubrechen, etwas zu wagen, etwas aufs Spiel zu setzen und an etwas zu glauben.

Nicht nur ich empfinde das so. Blicken Sie sich einmal um! Für Menschen, die im Geschäft erfolgreich sind, ist die Konkurrenz kein rotes Tuch. Gewinner haben keine Angst davor, die Konkurrenz zu erwähnen. Es ist ein offener Krieg, der in praktisch jedem Industriezweig geführt wird. Ich erinnere nur an den „Burger"-Krieg mit: „Wo ist das Rindfleisch?" und den Kampf um die Ferngespräche, in dem die Telefongesellschaft MCI kühn erklärte: „Bei uns sparen Sie 50 Prozent!" Heute kann man in der Pepsi-Werbung Coca-Cola-Dosen sehen oder man hört, wie VISA stolz erklärt: „American Express wird nicht akzeptiert", und das auf der Olympiade! Überall ist Konkurrenz am Werk.

Wenn Sie Konkurrenz haben, nehmen Sie sie nicht als Vorwand, „es“ nicht „zu tun“. Seien Sie dankbar dafür! Nutzen Sie die Konkurrenz voll aus! Nutzen Sie sie, um die Menschen, die für Sie arbeiten, anzufeuern. Eröffnen Sie eine Schlacht, wenn es sein muß. Nehmen Sie uns als Beispiel! Die meisten Unternehmen verfügen über einen Sitzungssaal für den Vorstand, bei der A. L. Williams gibt es einen „Kriegsraum.“

Nutzen Sie die Konkurrenz, um all jene Dinge zu erledigen, denen Sie aus dem Weg gegangen sind, weil Sie entweder Angst hatten oder weil Sie zu faul waren, um sie in Angriff zu nehmen. Ihre Konkurrenz hilft Ihnen dabei, „es zu tun“!

## Lernen Sie, Angst in den Griff zu bekommen

So erstaunlich es aus meiner Perspektive auch scheinen mag, für einige Menschen ist die Konkurrenz ein Grund, nicht einmal zu versuchen, „es zu tun“. Aber dafür gibt es noch einen anderen Grund. Man wird ihn nie als Entschuldigung hören, denn niemand gesteht ihn gerne ein, aber in neun von zehn Fällen, in denen man eine Entschuldigung hört, kann man auf *diesen* wirklichen Grund setzen: Angst. Lassen Sie mich etwas zur Angst sagen. *Angst lähmt.*

Angst nimmt uns die ganze Energie, leert die Batterien. Sie zerstört uns, und selbst wenn man etwas macht, was einem gefällt, lauert die Angst vor dem, was man aufschiebt, stets im Hintergrund. Sie zerstört alles auf ihrem Weg. Gleichgültig, wie sehr man sich auch bemüht, sie zu vergessen, wenn man Angst davor hat, etwas zu tun, wie ein Anruf bei einem Kunden oder Interessenten oder sogar Ihrem Chef, es wird Ihnen nicht gelingen, etwas Konstruktives zu leisten, wenn Sie sich von Ihrer Angst nicht befreien.

Chuck Noll war früher Stürmer bei NFL und ist heute Trainer der Pittsburgh Steelers, dem viermaligen Meister im Super Bowl. Noll beschreibt Angst so: „Die Angst vor Versagen lähmt einen Spieler, sie kann ihn als Menschen töten. Wer ständig vor dem Versagen Angst hat, ist schließlich so angespannt, daß er tatsächlich versagt ... Wir wollen uns gut auf ein Spiel vorbereiten, aber wir wollen uns keine Sorgen darüber machen, daß wir das Spiel verlieren."

## Angst führt zur Entstehung eingebildeter Schwierigkeiten

Als ich meinen ersten Vertrag als Trainer unterzeichnete, war ich begeistert. Darauf hatte ich mich jahrelang vorbereitet. Aber wissen Sie was? Das war auch das Einschüchterndste, was ich je getan hatte. Ich war verheiratet und hatte zwei Kinder, und ich hatte soeben einen Vertrag als Trainer unterschrieben. Der „Feind" in mir machte sich breit. Ich sagte mir: „Art, bist du auch gut genug? Bist du sicher, daß du den nötigen Schneid dazu besitzt? Was geschieht, wenn du dort hinausgehst und verlierst? Was geschieht, wenn du nur ein durchschnittlicher Trainer bist?"

Ich stellte mir alle Arten von Szenen vor, in denen ich gedemütigt und aus der Stadt vertrieben wurde. In einigen verloren wir jedes Spiel. Ich wurde entlassen. Ich stellte mir allerlei eingebildete Schwierigkeiten vor, obwohl ich in Wirklichkeit kein einziges Problem erlebt hatte.

## Angst verbreitet sich wie eine Krankheit

Angst speist sich selbst und vermehrt sich. Hat man Angst, etwas in Angriff zu nehmen, weiß es jeder. Die Menschen, mit denen Sie arbeiten und die für Sie arbeiten, spüren es, und sie werden wach für ein neues Problem. Sie betrachten Sie als ihren Vorgesetzten, und sie sagen sich, wenn Sie Angst vor etwas haben, dann sollten möglicherweise auch sie selbst Angst bekommen.

*Denken Sie daran:*
*Ein Vorgesetzter darf nie Angst zeigen, noch, daß er verletzt ist oder aufgeben will.*

Ich versuche nicht, Ihnen Angst einzuflößen. Das ist ganz und gar nicht meine Absicht. Aber ich möchte Ihnen vor Augen führen, daß die Angst Sie davon abhält, „es zu tun". Denn so eigenartig es auch klingen mag, Angst vertreibt man nur, indem man „es tut".

Im vorigen Kapitel habe ich von Bobby Buisson erzählt, dem früheren Basketball-Trainer, der nicht aufgeben wollte, denn er wollte Erfolg haben. Bobby kann Ihnen bestätigen, sein größtes Problem war anfangs nicht sein fehlendes Wissen übers Geschäft, sondern seine Unfähigkeit, überhaupt zu beginnen. Er konnte sich beim besten Willen nicht dazu bringen, „es zu tun". Alles ging auf Angst zurück; Angst vor Ablehnung, Angst vor Mißerfolg.

An einem einzigen Tag in seiner Laufbahn änderte sich für Bobby alles. Er hatte einen jungen Mitarbeiter gefunden, der gerade von New York nach Atlanta gekommen war. Er kannte in der Stadt keine Menschenseele und wußte demnach nicht, wo er anfangen sollte. Er befand sich in einer sehr viel schlechteren Lage als Bobby! Nachdem er sich ein paar Tage lang im Büro herumgedrückt hatte, kam dieser Bursche in Bobbys Büro und sagte: „Bobby, ich habe mich mit den Menschen hier unterhalten, und es sieht ganz so aus, als könne man mit ein paar Broschüren auf die Straße gehen und sich damit den Menschen vorstellen. Ich habe den Eindruck, daß ich so anfangen könnte. Willst du mich morgen einmal begleiten?"

Es war, als hätte Bobby einen Messerstich in den Magen bekommen. Er war der Vorgesetzte, und sein neuer Mitarbeiter forderte ihn auf, das zu tun, wovor er sich am meisten fürchtete, nämlich Interessenten zu suchen. Er reagierte dementsprechend: „Ich würde es sehr gerne, aber ich bin für die kommenden vier Monate voll ausgebucht."

An jenem Abend ging Bobby nach Hause und konnte in der Nacht nicht schlafen. Er sagte sich immer wieder: „Bobby, du Angsthase! Hier ist ein Bursche, der ins Geschäft kommen will und dich um deine Hilfe bittet, und du hast dermaßen Angst davor, hinauszugehen und mit Menschen zu sprechen, daß du ihn nicht einmal begleiten willst."

In jener Nacht beschloß Bobby, wenn er je ein Vorgesetzter sein würde, müßte er ein Beispiel geben. Wenn diesem Burschen nichts anderes übrigblieb, um sich den Menschen vorzustellen, dann würde auch Bobby diese Form der Suche nach Interessenten mitmachen müssen, um seinem neuen Mitarbeiter zu helfen. Er beschloß, am Samstag früh aufzustehen und von Tür zu Tür zu gehen. Das Problem war also gelöst, und Bobby schlief ein.

Was geschah dann am nächsten Samstag? Bobby fand eine Entschuldigung, nicht zu gehen. Bobby fand auch an vier weiteren Samstagen Entschuldigungen, und die ganze Zeit über nagte es an ihm. Schließlich zog Bobby an einem Samstagmorgen einen Anzug an und machte sich auf den Weg.

Er stieg ins Auto, fuhr um mehrere Häuserblocks, und schließlich zwang er sich, den Wagen zu parken. Im ersten Haus, auf das er zuging, öffnete ein Mann die Tür, und Bobby hatte keinerlei Ahnung, was er sagen sollte. Er hatte eine Todesangst. Er holte seine Visitenkarte hervor und erklärte: „Entschuldigen Sie bitte. Ich bin Bob Buisson, und ich bin Ihr Nachbar. Ich wohne weiter unten in der gleichen Straße. Ich möchte Sie am Samstag morgen nicht stören. Ich bin nur gekommen, um Ihnen meine Visitenkarte zu überreichen." Bobby hatte atemlos eine halbe Minute gesprochen. Schließlich nahm der Mann seine Karte und dankte ihm.

Danach ging Bobby an die nächste Tür. An jenem Tag klopfte er an achtundsechzig Türen. In fünf oder sechs Fällen war niemand zu Hause. Fünfzehn Personen baten ihn darum, sie jederzeit anzurufen, und mit fünf Leuten machte er einen festen Termin aus.

Ein einziges Mal erlebte er an diesem Tag, wie sich jemand ihm gegenüber leicht unangenehm verhielt. Er ging auf ein Haus zu, klopfte an die Tür, und eine Frau öffnete, und Bobby fing an: „Sehr verehrte Dame, ich bin Bob Buisson, und ich bin Ihr Nachbar ..."

Die Frau sagte barsch: „Hören Sie auf damit! Ich will nichts mit Vertretern an der Haustür zu tun haben."

Und Bobby sagte: „Vielleicht möchten Sie doch etwas mit diesem hier zu tun haben, der vor Ihnen steht?"

Sie sagte: „Das habe ich nicht gemeint", und schlug ihm die Tür vor der Nase zu.

Er brauchte keine Minute, bevor er zum nächsten Haus gehen konnte, und die Menschen dort waren zuvorkommend. Ja, die Menschen dort waren so zuvorkommend, daß Bobby anfing, sich bei seiner Tätigkeit wohlzufühlen. Einige Menschen wollten sich so lange unterhalten, daß er Mühe hatte, von ihnen loszukommen.

Ich erzähle diese Geschichte nicht, um Menschen, die im Verkauf tätig sind, zu einer Kampagne von Tür zu Tür zu überreden. Mir hat es nie zugesagt, auf diese Weise einen Kundenstamm aufzubauen, weil ich selbst unangekündigte Besucher nicht schätze.

Worauf ich damit hinweisen möchte, ist, daß Bobby zur Tat schritt. Er zwang sich, etwas zu tun, wovor er Angst hatte. Und obwohl er sich dieser Methode nie wieder bediente, hatte er einen enormen Schritt getan, um seine Angst vor dem *Start* zu überwinden.

Napoleon Hill sagt in seinem Buch *Denken und reich werden*: „Tun Sie die Dinge, vor denen Sie Angst haben, und die Angst stirbt garantiert."

Es ist tatsächlich eine Schlüsselerkenntnis: Haben Sie Angst vor etwas, von dem Sie sicher sind, daß es Ihnen behilflich sein kann, Ihr Leben zu verändern, „tun" Sie „es"!

Stellen Sie jetzt, sofort, eine Liste der zehn Dinge auf, die Sie am wenigsten machen möchten, die Ihnen jedoch im Geschäft helfen, und nehmen Sie sie in Angriff. Sobald Sie begonnen haben, sobald Sie die ersten Notizen auf Ihrer Liste ausgestrichen haben, haben Sie auch Fortschritte gemacht, um die Dinge zu verändern. Sie haben sich selbst bewiesen, daß Sie „es tun" können.

Während Sie „es tun“, schalten Sie Ihre Phantasie aus. Ersetzen Sie sie dagegen durch das positive Bild von sich selbst. Denken Sie an Ihre Stärken, an die Dinge, in denen Sie gut sind. Sorgen Sie sich nicht um Dinge, die nicht eingetreten sind.

## Ausgetretene Pfade sind für erschöpfte Menschen

Manchmal ist das, was Ihnen beim Gewinnen hilft, nicht etwas, das Sie sich zu tun fürchten oder das Sie nicht tun möchten, sondern etwas, das zu tun Sie kaum abwarten können – wofür Sie jedoch nicht den notwendigen Mut aufbringen. Sie schaffen es einfach nicht, solch ein großes Risiko auf sich zu nehmen. Aber ein wirklicher Gewinner ist jemand, der zu einem kritischen Zeitpunkt ein bedeutendes Risiko auf sich nimmt, kein dummes Risiko, sondern ein Risiko, das er sorgfältig bedacht und berechnet hat. Ein Risiko, bei dem die Person genausogut die Vorteile wie die nachteiligen Auswirkungen des Schrittes kennt.

Wenn Sie in Ihrem Leben etwas wirklich Besonderes machen möchten und lediglich dem Vorbild anderer folgen, können Sie es gleich vergessen. Die Verlierer der Welt begnügen sich damit, auf ausgetretenen Pfaden zu gehen. Sie zeichnen sich vor allem dadurch aus, daß *sie genau wie alle anderen sind*. Dabei fühlen sie sich wohl.

Ein Gewinner besitzt das gewisse Etwas, das ihn nachts wachhält und ihn von etwas Anderem, etwas Besonderem träumen läßt.

In einem Buch über Sport fand ich ein kleines Gedicht über das Risiko. Es ist sehr vielsagend, und man sollte es sich an sein schwarzes Brett im Büro stecken und darauf blicken, wann immer man sich zurück nach der Sicherheit des „ausgetretenen Pfades“ sehnt.

## Risiken

Wer lacht, läuft Gefahr, für einen Dummkopf gehalten zu werden. Wer weint, läuft Gefahr, für sentimental gehalten zu werden. Jemandem zu helfen, bedeutet, sich vielleicht engagieren zu müssen. Gefühle zu zeigen, bedeutet, vielleicht sein eigenes Ich bloßzulegen.

Seine Ideen, seine Träume vor einer Menge zu zeigen, bedeutet, sie möglicherweise zu verlieren.

Wer liebt, läuft Gefahr, nicht wiedergeliebt zu werden.

Zu leben bedeutet zu sterben.

Wer hofft, läuft Gefahr zu verzweifeln.

Wer versucht, läuft Gefahr zu versagen.

Aber Risiken muß man eingehen, denn die größte Gefahr im Leben ist es, nichts zu riskieren.

Wer nichts riskiert, tut nichts, hat nichts und ist nichts. Damit vermeidet man vielleicht Leid und Kummer, aber man kann nicht lernen, fühlen, sich ändern, wachsen, lieben, leben. An seine Einstellung gefesselt, ist man ein Sklave, hat seine Freiheit verloren.

*Denken Sie daran:*
*Nur wer etwas riskiert, ist frei.*

Es stimmt, daß Fortschritt immer ein Risiko mit sich bringt. Man kann nicht *fast* ein Risiko eingehen. Man kann sich nicht an seine Sicherheit klammern und gleichzeitig ein Risiko eingehen. Nur ein einziges Mal, wagen Sie es! Sie könnten eine Überraschung erleben.

Wenn ich von Risiko spreche (und davon, „es zu tun"), denke ich immer an meine großartige Freundin Ginny Carter. Wenn ich Ginny Zuhörern vorstelle, werde ich unweigerlich gerührt, denn sie gehört zu jenen Menschen, die mich rühren.

Ginny war etwa Ende Fünfzig, als sie zu uns kam. Sie war Alleinerziehende von vier Kindern.

Ja, der Neuanfang war schwierig für mich, denn ich ging ein Risiko ein und machte mich selbständig, und ich hatte Angst. Aber meine Frau, Angela, war Lehrerin mit einem festen Einkommen, deshalb wußten wir wenigstens, wir hatten etwas zu essen und ein Dach über dem Kopf, während ich mein Geschäft startete.

Ginny zog jedoch allein vier Kinder groß. Sie konnte sich ein großes Risiko eigentlich nicht leisten. Sie hatte in ihrem alten Unternehmen eine ziemlich gute Stellung und eine sichere Position.

Mein Sprung in die Selbständigkeit, die damals aus nichts mehr als einer Idee in meinem Kopf bestand, war ein großes Risiko. Und doch kam Ginny mit offenen Augen zu mir. Sie hatte gehört, wie ich sagte, unsere Aussichten zu überleben, seien gering, und wie ich jedem gegenüber immer wieder betonte, wir könnten es nur schaffen, wenn wir dazu fähig seien, „es auszuhalten".

Aber Ginny ging dieses Risiko ein. Sie glaubte an das, was ich tun wollte, und sie war bereit, sich dafür um der Gelegenheit willen einzusetzen, ihrer Familie ein besseres Leben zu geben – wenn es klappte –, obwohl es dafür keinerlei Garantien gab.

Ginny mußte aufbrechen und genauso schwer arbeiten wie ich, aber ohne jede Hilfe oder Unterstützung, in dem vollen Bewußtsein, daß ihre Kinder völlig von ihr abhingen. Ich sah oft mit Verwunderung, *wie* sie es schaffte. Sie ging eine totale Verpflichtung ein. Sie erklärte, niemand würde ihr diese Gelegenheit nehmen, und sie nutzte sie voll aus. Sie besaß nichts außer ihrem Wunsch und dem Willen zu gewinnen.

Ginnys Kinder sind heute groß. Sie hat sie durch das College gebracht und hundertmal besser für sie gesorgt, als die meisten Menschen es sich für ihre Kinder leisten können. Ja, dank ihrer finanziellen Lage konnte sie ihrer Familie und den Kindern Optionen bieten, die sie nie gehabt hätten – und alles nur dank des Mutes, es einmal zu versuchen.

## Hinweise, um „es zu tun“

Jetzt folgen einige Punkte, mit deren Hilfe Sie heute, nachdem Sie dieses Buch durchgelesen haben, damit beginnen können, „es zu tun“.

**1.** *Eignen Sie sich das „Ein-bißchen-mehr-Prinzip“ an!*

Die Menschen, die das meiste Geld verdient haben, haben schwer gearbeitet ... *und noch ein bißchen mehr*. Sie bezahlten den Preis ... *und noch ein bißchen mehr*. Sie besaßen Entschlossenheit ... *und noch ein bißchen mehr*. Sie hatten sich verpflichtet ... *und noch ein bißchen mehr*.

Es waren gute Menschen ... *und noch ein bißchen mehr*.

Pete Rose war kein Spieler, der den Ball besonders gut schlug, auffing und zurückwarf, genausowenig ein großartiger Läufer, aber Pete Rose war ein *großartiger* Baseball-Spieler. Rose hatte das „Ein-bißchen-mehr-Prinzip“ ausgezeichnet verstanden.

„Man muß bei allem, was man unternimmt, 110 Prozent von sich geben“, sagte Rose. „Denn wenn man nur 100 Prozent gibt, und der Bursche gegenüber auch nur 100 Prozent, erhält man ein Unentschieden. Aber wenn man noch weitere 10 Prozent gibt, hat man Aussichten zu gewinnen.“

**2.** *Setzen Sie sich nur für eine Sache ein!*

Man kann nicht alles machen. Man kann nicht in jedem Bereich hervorragend sein. Viele Menschen interessieren sich für eine Sache und versuchen es damit eine Zeitlang. Wenn es damit nicht klappt oder wenn sie sie langweilt, geben sie auf und beginnen etwas Neues.

Am besten greift man sich aber nur *eine* Sache heraus und macht sie zu seinem Lebenswerk. Setzen Sie dann 110 Prozent ein und weigern Sie sich, eine mögliche Niederlage zu akzeptieren.

*Denken Sie daran:*
*Sie haben nicht nur eine Chance zu gewinnen, aber auch nicht unendliche Gelegenheiten.*

Sie müssen eine Option herausgreifen, sich ihr verpflichten, und dann können Sie sie nicht einfach aufgeben, nur weil das Gras nebenan grüner aussieht. Welche Gelegenheit ist es? Ihre *erste* oder Ihre *letzte*?

**3.** *Lernen Sie, flexibel zu sein!*

Im Geschäft können sich die Regeln, nach denen man gewinnt, über Nacht ändern. Die Geschäfte der Zukunft – und die Menschen, die darin tätig sind – müssen flexibel sein, sich Änderungen anpassen können.

*Denken Sie daran:*
*Man kann nur wachsen, indem man Änderungen akzeptiert.*

Sony ist ein großes Unternehmen, das vergaß, diese Regel zu befolgen. Es stellte als erstes Video-Heimgeräte her, den Betamax. Einige Jahre lang wurde alles, was auf dem Videomarkt produziert wurde, Beta-kompatibel gemacht. Dann traten einige andere unternehmungslustige Firmen auf, die das VHS entwickelten. Der Erfolg war durchschlagend, denn den Verbrauchern gefiel VHS anscheinend besser. Kurze Zeit darauf fand man kaum noch Videos, die in ein Beta-Gerät paßten. Aber Sony hielt an seinem System fest. Die Geschäftsleitung, davon überzeugt, Beta sei das bessere System, weigerte sich, ein VHS herzustellen, obwohl jedes andere Unternehmen es produzierte und VHS in allen Video-Geschäften angeboten wurde. Sony stellte auch weiterhin Beta-Geräte her.

Endlich wachte in der Firma jemand auf, der den Beschluß faßte, Sony müsse ebenfalls das VHS-Gerät herstellen. Unterdessen hatte Sony wahrscheinlich Millionen von Dollar an Verkäufen an andere Unternehmen verloren.

Sie müssen lernen, Trends zu erkennen, auf Ihren gesunden Menschenverstand zu achten und immer aufgeschlossen zu sein für Flexibilität, wenn die Lage es erfordert.

**4.** *Suchen Sie sich ein Vorbild!*

Jeder muß sich von Zeit zu Zeit inspirieren lassen. Sind sie entmutigt und völlig am Boden, erinnern Sie sich an Ihr Vorbild. Es erinnert Sie daran, daß alle großen Menschen Rückschläge erlebten, aber sie hörten dennoch nicht auf, ihren Traum weiterzuverfolgen.

Während der zwei wichtigsten Jahre zu Beginn meiner Laufbahn als Geschäftsmann, zu einem Zeitpunkt, als alles davon abhing, daß ich beharrlich weitermachte, ging ich von Zeit zu Zeit in die öffentliche Bibliothek, um in der Biographie einer meiner Vorbilder zu lesen. Ich las über Patton, Winston Churchill, Vince Lombardi, Stonewall Jackson und andere, die genau wie ich anfangs durchaus gewöhnlich und durchschnittlich gewesen waren, die sich dann jedoch zu jemand Großem entwickelten. Das war eine inspirierende Übung.

Suchen Sie sich ein Vorbild, und lassen Sie sich von diesem Menschen dazu inspirieren, „es zu tun".

**5.** *Spielen Sie sich vor, daß Sie Angst haben!*

Wenn Sie Ihre Angst im Geiste durchspielen, ist das etwas ganz anderes, als *wirklich* Angst zu haben. Auf diese Weise machen Sie sich Ihre Angst bewußt und sind mit allen Ihren Sinnen auf mögliche Schwierigkeiten vorbereitet.

> *Denken Sie daran:*
> *Brauchen Sie je eine Garantie für Ihren Erfolg, wird er nie eintreten.*

Nehmen Sie sich das Prinzip mit dem „Zahlenspiel" zum Vorbild: Nur mit einer Reihe von Möglichkeiten vermeidet man es, zu verlieren.

Ich verstehe es einfach nicht, wenn Menschen die Voraussetzungen für eine Beförderung erfüllen möchten, indem sie genau die dazu erforderliche Anzahl von Verkäufen tätigen. Wenn dann ein Verkauf aus irgendeinem Grund durchfällt, haben sie verloren. Die Angst, es nicht zu schaffen, bedeutet, nie zu knapp zu kalkulieren. Brauchen Sie zehn Verkäufe, um Ihr Ziel fürs Einkommen zu erreichen, bemühen Sie sich um fünfzehn oder zwanzig. Die Angst, es nicht zu schaffen, bedeutet, Geld auf die Seite zu legen, wenn die Dinge gut laufen, als Vorsorge für eine Absatzkrise. Es bedeutet, heute zu arbeiten, als sei es Ihre letzte Gelegenheit, selbst wenn man weiß, daß es nicht stimmt. Seien Sie positiv, aber rechnen Sie damit, daß Ausrutscher einem gerade dann passieren, wenn Sie sie am wenigsten erwarten. Wenn Sie diese ganz natürliche Angst verdrängen, sitzen Sie schnell in einer Falle.

### Alles hat seinen Preis, auch der Erfolg

Eine abschließende Bemerkung: Sie sollten nicht einfach herumsitzen und warten. Ich verspreche Ihnen, *daß Sie auf dieser Welt nichts umsonst erhalten*. Entscheiden Sie sich, welchen Preis Sie für den Erfolg zahlen möchten.

Wenn ich durchs Land reise, spreche ich immer wieder davon, wie großartig es ist zu gewinnen. Aber eigentlich kann man es nicht erklären. Es ist genauso, als würde man in einer anderen Sprache sprechen. Die Zuhörer können sich mit dem, was man sagt, nicht identifizieren.

Jeder würde zustimmen, wenn ich mich mit unseren Rechtsanwälten hinsetzte und sie einen Vertrag aufsetzen ließe, der ein Jahreseinkommen von 100 000 Dollar garantiert. Das wollen Berufssportler. Sie möchten einen Vertrag mit Garantie, nachdem sie bezahlt werden, gleichgültig, ob und wie sie spielen oder nicht. Aber in der wirklichen Welt gibt es so etwas nicht. Es gibt keine Garantien. Man muß auch für das Gewinnen einen Preis bezahlen.

Sie werden erst verstehen, wie großartig es ist zu gewinnen, wenn Sie selbst gewinnen! Nur dann können Sie es nachvollziehen, und der von Ihnen gezahlte Preis erscheint Ihnen verhältnismäßig unbedeutend.

Sie werden Ihren Preis bezahlen, das müssen Sie wissen. Sie wissen noch nicht, wie hoch der Preis ist, aber Sie wissen, daß Sie einmal Erfolg haben werden, solange Sie nicht aufgeben. Wenn Sie dies verstanden haben, warum beginnen Sie nicht damit, „es zu tun"? Springen Sie über die erste Hürde, und fangen Sie sofort an!

Vergeuden Sie Ihr Leben nicht damit, nur davon zu träumen, „es zu tun". Viele Menschen *versuchen*, „es zu tun", viele Menschen wünschen sich, „es zu tun". Viele Menschen „tun es" *fast*.

Aber ein Gewinner *„tut es"*.

Was macht er?

Er packt zu, wo immer Arbeit erledigt werden muß.

Vielleicht sagen Sie jetzt: „Aber Art, ich weiß nicht, wo ich anfangen soll!"

*„Gut, tun Sie es nur."*

„Art, ich habe jeden Tag Todesangst."

*„Ausgezeichnet! Tun Sie es!"*

„Art, ich möchte so unbedingt weiterkommen, daß ich es kaum ertragen kann."

*„Herrlich! Tun Sie es!"*

„Art, ich habe Angst zu versagen."

*„Großartig! Tun Sie es!"*

„Art, ich weiß nicht, ob ich überhaupt noch im Konkurrenzkampf bestehen kann."

*„Ich verstehe Sie. Tun Sie es!"*

„Art, ich weiß nicht, ob ich den Preis zahlen kann."

*„Tun Sie es!"*

„Art, ich verdiene nichts. Was soll ich machen?"

*„Sie tun es einfach!"*

„Art, wenn ich nur diese Schulden bezahlen könnte!"

*„Genau. Tun Sie es!"*

„Art, ich weiß nicht, ob ich noch weitermachen kann. Was nun?“

*„Tun Sie es, und tun Sie es, und tun Sie es!“*

„Art, wenn ich nun mein Haus verkaufe, um auf die Beine zu kommen?“

*„Hört sich gut an. Tun Sie es!“*

„Aber Häuser lassen sich gerade jetzt nicht gut verkaufen.“

*„Gut. Tun Sie es trotzdem.“*

„Art, ich fange an, jetzt Geld zu sparen, damit ich das hier nie wieder durchmachen muß.“

*„Großartig! Tun Sie es!“*

„Art, meinen Sie, daß sogar jemand wie ich es tun kann?“

*„Ja, Sie müssen es wirklich tun!“*

„*Was* tun, Art?“

*„Tun Sie es, und dann tun Sie es noch einmal!“*

„Art, wenn ich mich nur daran gewöhnen könnte, ein Risiko einzugehen.“

*„Tun Sie es!“*

„Aber ich bin früher nie ein Risiko eingegangen!“

*„Tun Sie's trotzdem!“*

„Art, ich bin wirklich verletzt.“

*„Dann gehen Sie, und tun Sie es!“*

„Art, was mache ich in der schweren Zeit?“

*„Sie tun es einfach, und tun es, bis Sie gewinnen!“*

# Kapitel 12
# Warnung: Kommen Sie nicht auf die falsche Bahn

*Besser ist wenig mit Gottesfurcht als ein großer Schatz und damit Ärger.*
*Benjamin Franklin*

Legen Sie jetzt noch eine kurze „Spielpause" ein, bevor Sie den Weg zu Ihrem persönlichen Erfolgstraum einschlagen. Nehmen wir an, Sie verwirklichen Ihre Ziele: Sie erreichen den Erfolg und die Leistungen und die Anerkennung in Ihrem Arbeitsleben, die Sie sich immer wünschten.

Aber das ist noch nicht alles!

Sie können soviel Erfolg haben und soviel Geld verdienen, wie Sie wollen, aber wenn Sie Ihre Prioritäten nicht richtig geordnet haben, können Sie trotzdem noch versagen. Wenn Sie nicht in *allen Lebensbereichen* gewinnen, bleiben Sie schließlich doch ein *Verlierer*.

Andere Menschen mögen Sie ansehen und sich sagen: „Mann, dieser Bursche hat Geld, Ruhm und Glück, verfügt über Macht. Er hat einfach alles!" Aber Sie selbst sind Ihr strengster Kritiker: der einzige wahre Kritiker. Und wenn Sie sich im Spiegel ansehen und sagen: „Du bist der größte Verlierer, den es je gegeben hat! Wie konntest du nur dein Leben so übel durcheinanderbringen?" dann ist Ihr Leben kein Erfolg geworden.

Es gibt im Leben so viel mehr, als nur im Geschäft zu gewinnen. Erzählen Sie mir nicht, daß Sie ein Gewinner sind, wenn Sie viel Geld verdient haben, aber in Ihrem persönlichen Leben versagten – mit Ihrem Ehepartner, Ihren Kindern oder Ihren anderen persönlichen Beziehungen.

Das beste Beispiel, das mir dazu einfällt, ist Boe Adams. Er stellte für viele ein Vorbild dar. Ich habe gezögert, ob ich Boes Geschichte erzählen soll, denn Menschen können grausam sein, und die Erinnerung ist für ihn und seine Familie noch immer schmerzlich. Aber ich erzähle sie nun doch, weil sie ein klares Beispiel dafür ist, wie man sich in der irrigen Annahme befinden kann, Erfolg im Geschäft sei das einzige, worauf es ankommt, und weil es eine bemerkenswerte Geschichte mit einem Happy End ist.

### Alles verloren – und das Comeback

Boe Adams ist einer meiner engsten persönlichen Freunde und jahrelanger Geschäftspartner. Boe wuchs in einer armen zwölfköpfigen Familie in Leachville in Arkansas auf. Der fast zwei Meter große Boe erhielt beim Basketball in der Oberschule einen ersten Vorgeschmack auf den Erfolg. Als er sein Talent für Basketball entdeckte, verschrieb er sich dem Spiel. Jeden Abend nach der Schule warf er Körbe, bis es dunkel wurde. Es zahlte sich aus. Boe war gut genug, um von vielen bedeutenderen Colleges umworben zu werden.

Boe gehörte zu jenen seltenen Menschen, die anscheinend eine angeborene Disziplin besaßen. Er war hervorragend in allem, was er sich vornahm. Nach seinem College-Abschluß arbeitete er als Basketball-Trainer. Dann begann er mit dem Verkauf von Lebensversicherungen als Teilzeitbeschäftigung, und er hatte dabei solchen Erfolg, daß er seine Stellung als Trainer aufgab und nur noch Versicherungen verkaufte.

Damals war er Ende Zwanzig. Boe hatte großen Erfolg. Er zog nach Texas, um bei der Gründung einer neuen Versicherungsgesellschaft zu helfen. Noch vor seinem dreißigsten Geburtstag war Boe Chef dieser Firma. Sein Leben glich einem Märchen: Er war Multimillionär und Vorsitzender einer großen Gesellschaft. Er wurde in der Ruhmeshalle seiner Universität erwähnt, und seine Heimatstadt Leachville rief einen Boe-Adams-Tag aus, das einzige Mal, daß man diese Ehre jemandem verlieh. Er hatte eine wunderschöne Frau und fünf Kinder. Er reiste im Privatjet umher und verkehrte mit hochgestellten Personen. Man betrachtete Boe ehrfürchtig. Für einen Jungen aus Arkansas war das berauschend.

Dann trat etwas ein, das sein Leben veränderte. Irgendwo unterwegs hatte Boe seine Prioritäten durcheinandergebracht. Sein Wunsch nach Erfolg hatte alle anderen Lebensbereiche überschattet. Sein Eifer, „jemand zu sein", war Boe über den Kopf gewachsen. Er lief in einer eigenwilligen Clique mit. Für sie bedeuteten Transaktionen und Geschäfte nichts Besonderes. Seine sogenannten Freunde rieten ihm zu Tricks, die zwar lukrativ, aber nicht ganz legal waren. Boe wußte, daß er sich an seltsamen Geschäften beteiligte, aber seine Freunde versicherten ihm, „jeder tue es."

Plötzlich explodierte alles in Boes Händen. Er entdeckte, daß die geschickten Manöver, die angeblich „jeder ausführte", von den Bundesbehörden als Aktienbetrug bezeichnet wurden. In einem Wirbel von Verwirrung und Bedauern wurde Boes Leben zerstört. Status, Macht, Geld: Alles versank über Nacht. Innerhalb weniger Monate besaß er keinen Cent mehr, sein Familienleben war kaputt, und er verbrachte zwölf Monate für die Aktienvergehen in einem offenen Gefängnis. Aus seinem Traum war ein Alptraum geworden.

Boe verlor Vermögen und Status, und er verlor fast seine Familie. Er war völlig am Boden zerstört. Kummer und Leid waren fast unerträglich. Alle Freunde und Berater verschwanden, und Boe blieb allein mit seinem Irrtum zurück.

Für die meisten Menschen wäre das das Ende gewesen. Aber Boe war kein gewöhnlicher Mensch. Er war eine außerordentliche Persönlichkeit, die einen großen Fehler gemacht hatte, aber er war nicht gebrochen. Während seiner Gefängniszeit hatte Boe sehr viel Ruhe, um über seine Fehler nachzudenken. Er entdeckte die Bibel wieder, und in jenen zwölf Monaten las er sie von Anfang bis zu Ende dreimal durch. Was er dabei lernte, gab ihm die Fähigkeit – und die Stärke –, sein Leben zum Guten zu wenden.

Danach fing Boe von vorne an. Nachdem er sein geistiges Leben wieder geordnet hatte, begann er damit, den Schaden an seiner Familie gutzumachen. Als er seine Familie wieder hinter sich wußte, handelte Boe, daß es eine Art hatte. Er hielt den Kopf hoch erhoben, und er blickte nie zurück. Er entschied, er habe zwar einen fürchterlichen Fehler begangen, dafür aber einen hohen Preis gezahlt. Er würde sich davon nicht unterkriegen lassen.

Boe kehrte zurück in das Gebiet, auf dem er sich am besten auskannte, verkaufte Versicherungen, und er arbeitete wie nie zuvor. Wo immer er eine bessere Gelegenheit erblickte, ergriff er sie. Man mußte anerkennen, daß Boe hart arbeitete und sich mit seiner ganzen Kraft einsetzte.

Als ich Boe 1977 kennenlernte, wußte ich, hier ist jemand Besonderes. Seine Kenntnis des Versicherungswesens und sein Talent als Manager waren wirklich beispiellos. Ich spürte, ich war einem Genie begegnet. Ich bat ihn darum, für das von uns gegründete Unternehmen als Berater zu arbeiten. Damals waren wir noch klein, von kaum mehr unterstützt als einer guten Idee und sehr viel Engagement. Ich rechnete mir aus, wenn Boe bereit war, auf uns zu setzen, war ich meinerseits bereit, es mit ihm zu versuchen. Diese Wette habe ich dutzendfach gewonnen, da sich Boe für das kleine Unternehmen, das nicht lange so klein blieb, als unersetzlich erwies.

Ich wußte, daß Boe ein hervorragender Fachmann war, aber zu einem kritischen Zeitpunkt für unser Unternehmen bewies er, daß er auch Herz besaß. Die Dinge liefen gut, aber wir wollten in unserem Unternehmen eine neue Position schaffen, die unseren Vertretern eine neue Herausforderung bieten sollte. Wir hatten nur ein Problem: Wir konnten es uns nicht leisten, uns fehlte einfach das Geld. Wir spürten, das Unternehmen stand unmittelbar vor dem Aufstieg und diese Position wäre genau der Ansporn, den wir für unsere Leute brauchten.

Boe kam eines Tages zu mir und sagte: „Art, die A. L. Williams hat die Gelegenheit, im amerikanischen Geschäftsleben eine historische Tat zu vollbringen, und ich möchte daran teilhaben. Ich möchte das Zünglein an der Waage sein. Einmal in meinem Leben habe ich es mir verdorben, und alles, was ich möchte, ist, es als Gewinner zu beenden.“ Boe war damals nicht finanziell unabhängig, und er mußte eine Familie ernähren. Aber Boe verzichtete auf die Hälfte seines Honorars als Berater, damit ich die vom Unternehmen benötigte Stellung finanzieren konnte.

Wie es sich erwies, blühte unser Unternehmen bald auf, und Boe erhielt jenes Einkommen viele Male wieder zurück. Aber als er jenes Opfer brachte, war das keineswegs sicher. Fünfzehn Jahre nach seinem Zusammenbruch ist Boe zehnmal erfolgreicher als in den Jahren damals. Seine Karriere war größer und erfolgreicher, als er je erträumt hatte. Er war maßgebend am Erfolg der A. L. Williams beteiligt und ist heute Multimillionär. Boe hat auch das Leben von Abertausenden von Menschen in den gesamten Vereinigten Staaten beeinflußt. Mit seinem persönlichen Vorbild hat er andere Tausende motiviert, die die Hoffnung für ihr Leben aufgegeben hatten, weil der Erfolg zu schwierig schien.

Im Laufe der Jahre hat Boe mir unzählige Male versichert, er sei sofort bereit, auf Reichtum und Besitz zu verzichten, bevor er je wieder Ruf und Familie aufs Spiel setzen würde.

## Gefährden Sie Ihre Integrität nicht

Vielleicht befinden Sie sich nicht unbedingt mitten in einer Katastrophe, aber trotzdem laufen Sie möglicherweise Gefahr, es sich zu verderben. Es muß sich nicht um solche Unsummen wie bei Boe Adams handeln, um gefährdet zu sein. Jeder erlebt täglich kleine Versuchungen, die ihn zu einer Entscheidung auffordern.

Es ist so leicht, zur „kleinen Lüge“ oder zum „kleinen Buchhaltungstrick“ zu greifen, der Ihnen momentan hilft oder zu Ihrem Vorteil gereicht. Sie können sagen: „Niemand erfährt je etwas davon. Alle tun es." Richtig? Glauben Sie mir, es ist mit Sicherheit falsch.

Zu einem bestimmten Zeitpunkt setzten wir alle unsere Kräfte als Lobby ein für die Absetzung einer Gesetzesvorlage, die unserer Meinung nach unserem jungen Unternehmen einen tödlichen Schlag versetzt haben würde. Ich traf mit einigen Gesetzgebern in einem Motelzimmer zusammen, es glich einer Filmszene: Sie erklärten mir, wenn ich Ihnen 10 000 oder 15 000 Dollar geben würde, könnten sie die Gesetzesvorlage vom Tisch bekommen. Ich war versucht, darauf einzugehen, aber tief im Herzen wußte ich, daß es falsch war. Ich entschied, wenn ich zu solchen Mitteln greifen mußte, um zu gewinnen, wollte ich nicht daran teilhaben. So wollte ich nicht konkurrieren. Ich wollte, daß unser Unternehmen auf *gerade* Weise gewann. Die Dinge kamen zu unseren Gunsten ins Lot, und die Gesetzesvorlage wurde nie verabschiedet. Ich hätte jene Politiker bestechen können, ohne daß jemand je etwas davon erfuhr, aber ich hätte etwas in den Betrieb unseres Unternehmens eingeführt, an dem es schließlich zugrunde gegangen wäre.

In der A. L. Williams wache ich penibel über Aufrichtigkeit und Integrität. Ich breche mit einem Menschen zehnmal schneller wegen einer Handlung, bei der es um fehlende Anständigkeit und Unbescholtenheit geht, als wegen eines Irrtums, der das Unternehmen viel Geld kostet.

## Gehen Sie klug mit Ihrem Geld um!

Ebenso habe ich Menschen erlebt, die ihre Gelegenheit, erfolgreich zu werden und ein anderes Leben zu führen, sich damit verdarben, daß sie mit ihrem Geld falsch umgingen und es nicht richtig nutzten. Es ist dabei unwichtig, ob man ein mäßiges oder beträchtliches Einkommen hat; wesentlich ist, daß man das Geld, das einem zur Verfügung steht, auch gut verwaltet. Wer unvernünftig und auf diesem Gebiet nicht vorsichtig ist, der verdirbt es sich.

Ich glaube, die meisten Menschen, die sich selbständig machen, versagen, weil sie fürs Überleben nicht genug Bargeld besitzen. Sie machen Fehler, wie etwa, zuviel Geld zurück ins Geschäft zu stecken oder einfach ihren Lebensstandard zu stark anzuheben. Sie meinen, das Geld fließe unaufhörlich herein, und sie würden unaufhaltsam wachsen.

Aber erinnern Sie sich noch an mein ungeschriebenes Gesetz, daß in den ersten achtzehn Monaten in jedem Geschäft alles ein großes Durcheinander ist? Hier liegt der Trick. Ein Geschäft wächst im allgemeinen nicht in einem gleichmäßigen Tempo. Während der ersten drei bis fünf Jahre im Geschäft sitzt man sozusagen in einer Berg- und Talbahn. Jedesmal, wenn einem etwas gelingt, erlebt man anschließend unweigerlich einen Rückschlag.

Dabei kommt es auf die Fähigkeit an zu überleben, wenn es schwierig wird und eine Zeitlang kein Geld hereinfließt. Sie müssen liquide sein und viel Bargeld für die unvermeidlichen Notfälle zur Verfügung haben.

Hier ein Wink dazu, ob Sie sich in Ihrem Geschäft oder Ihrer Laufbahn auf dem richtigen Weg befinden. Wenn die Menschen um Sie herum Sie nicht als knausrig oder als einen Geizhals (wenigstens im Scherz) bezeichnen, gehen Sie mit den Finanzen Ihres Geschäftes wahrscheinlich nicht richtig um.

> *Denken Sie daran:*
> *Es kommt nicht darauf an, wieviel man verdient, sondern wieviel man davon behält.*

Mißverstehen Sie mich nicht. Ich sage nicht, Sie sollten es sich zum Ziel setzen, Geld anzuhäufen und geizig zu werden. Die Menschen, die über beträchtliche Mengen Geld verfügen, sind auch dazu verpflichtet, es in einer gewissen Weise wieder zurückzugeben, um ihren Mitmenschen zu helfen. Aber nur wer Geld verdienen und sparen kann, kann es auch ausgeben: für die Familie, für seine Nächsten, für seine Gemeinde. Viele hier und anderenorts verdienen sehr viel Geld und werfen es einfach zum Fenster hinaus. Meiner Meinung nach ist das ein falscher Weg.

Heutzutage hat das Motto: „Vortäuschen, bis man es geschafft hat!“ viele Anhänger. Und das geht so: Wer es nicht schafft, kauft sich einen großen Wagen, bezieht ein großes Haus und richtet sich ein großes Büro ein. Man sieht erfolgreich aus, obwohl man es nicht ist. Man zieht erfolgreiche Menschen an, man bewegt sich in „den richtigen Kreisen“. Vortäuschen ist alles.

Wieder falsch!

Ich begegnete dieser Theorie in Gestalt eines Freundes aus unserem Unternehmen. Ich besuchte ihn in seinem Büro in Portland in Maine, und er holte mich mit einem dicken Mercedes vom Flughafen ab. Wir fuhren vor ein schönes Bürohaus, vor dem noch drei weitere Mercedes parkten. Ich wußte, daß die Leute hier noch nicht soviel Geld verdienten und wunderte mich deshalb. Er erklärte, er und seine Gruppe versuchten, der Gemeinde „Erfolg zu zeigen“; ihrer Meinung nach brachte ihnen diese Art von „implizitem Erfolg“ die Kunden.

Das ist oberflächlich und künstlich, und es klappt damit meistens nicht. Anfangs kaufen die Menschen möglicherweise, aber früher oder später stellen sie fest, wer man wirklich ist. Außerdem, wer seine kostbare Zeit damit verbringt, derartige Pläne auszuhecken, vergeudet seine Mühe (ganz zu schweigen von der gewaltigen Geldverschwendung). Die Menschen sollten kommen, weil man ihnen etwas anzubieten hat, das gut und richtig für sie ist, nicht, weil man den größten Wagen, ein eindrucksvolles Büro und die teuersten Anzüge hat.

Ich fuhr einen Gebrauchtwagen noch lange, nachdem ich schon sehr viel Geld gespart hatte. Ich arbeitete in kleinen Büros und habe keine teure Kleidung getragen. Als ich in Teilzeit Versicherungen und Investitionen verkaufte, sparte ich das ganze damit verdiente Geld. Statt mit einem dicken Wagen und einem großen Haus und allem, was dazugehört, zu protzen, zeigte ich den Menschen meine persönlichen Investitionen. Nachdem ich zweieinhalb Jahre lang in meiner Nebenbeschäftigung gearbeitet hatte, hatte ich 42 000 Dollar investieren können. Den Menschen zu zeigen, wie ich diesen Betrag mit meiner Teilzeitbeschäftigung sparen und während jenes Zeitraums ausbauen konnte, sagte sehr viel mehr über meine Tätigkeit aus als Wagen oder Haus.

Obwohl ich während der ersten sechs Jahre im Versicherungsgeschäft nie mehr als 35 000 Dollar verdiente, hatten Angela und ich nach knapp sechs Jahren 100 000 Dollar gespart. Wir waren uns gegenüber unnachsichtig, denn wir hatten ein Ziel. Wir lebten weit unter unseren Mitteln, gaben nur das aus, was wir uns von meinem Gehalt als Trainer leisten konnten und sparten das Geld, das ich mit meiner Teilzeitbeschäftigung verdiente. Das ermöglichte es uns, unser Geschäft voranzutreiben.

*Denken Sie daran:*
*Achten Sie auf das Kleingeld, das „große" Geld kümmert sich um sich selbst.*

Es ist ein altes Lied, daß die Menschen mit den Fingern schnippen und über Nacht Millionär sein möchten. So geht es nun auch wieder nicht. Um zu 1 Million Dollar zu kommen, muß man erst einen Dollar sparen, dann 100 Dollar, dann 1000 Dollar, danach 10 000 Dollar und weiter 20 000 Dollar und so fort. Man baut etwas auf, indem man diesen ersten Dollar spart.

## Panik oder Gelassenheit?

Das Vorhandensein eines Fonds für Notfälle bedeutet manchmal den Unterschied zwischen Panik und Gelassenheit. Man sollte stets über eine Rücklage für Notfälle in der Höhe des drei- bis sechsmonatigen Einkommens verfügen. Wenn es dann einmal brenzlig wird, gerät das Geschäft nicht gleich in Gefahr, weil es am Geld fehlt.

Je höher Ihr Einkommen wird, desto größer sollte auch Ihre Rücklage sein. Wenn Sie ein ganz großes Einkommen haben, sollte Ihr Fonds sich auf zwei oder drei Jahreseinkommen belaufen.

Die 42 000 Dollar, die Angela und ich gespart hatten dank meiner Teilzeitbeschäftigung, gaben uns jenen „Sicherheitsgürtel", der es uns erlaubte, mich voll dem Versicherungsgeschäft zuzuwenden. Wir rührten dieses Geld nie an, aber wir wußten immer, es war da, sollten wir es benötigen; wir hätten davon auch mehrere Jahre lang leben können, wenn es hätte sein müssen. Als wir die A. L. Williams gründeten, hatten Angela und ich 200 000 Dollar in bar gespart, hauptsächlich dank meiner Teilzeitbeschäftigung als Vertreter für Versicherungen und Investitionen. Wir nahmen diese 200 000 Dollar und sagten: „Wir sind bereit, das in unser neues Geschäft zu investieren, um zu sehen, ob wir wirklich unsere Träume verwirklichen können." Dank dieses Geldes lief unser Geschäft. Wenn wir in eine fast unmögliche oder verzweifelte Lage gerieten, brauchten wir wegen der Finanzen nicht in Panik zu geraten. Man kann diese Art von Sicherheit nicht hoch genug bewerten, wenn man eine neue Laufbahn oder ein neues Geschäft beginnt.

*Denken Sie daran:*
*Leben Sie stets unter Ihren Verhältnissen!*

Viele Menschen sagen Ihnen, Sie könnten *innerhalb* Ihrer Mittel leben. Meiner Meinung nach ist das ein großer Irrtum. Will man ein besonderes Ziel erreichen wie zum Beispiel finanzielle Unabhängigkeit, muß man *unter* seinen Verhältnissen leben.

Ich stellte mir einige Richtlinien auf, als ich mich daran begab, finanziell unabhängig zu werden, und sie wirkten wie ein Zaubermittel für mich und meine Familie.

Ich beschloß, *50 Prozent jedes Schecks zu sparen, den ich für meine Arbeit erhielt*. Unvorstellbar? Nein. Sie können es, wenn es Ihnen mit Ihren Zielen ernst ist, und Sie bereit sind, unter Ihren Verhältnissen zu leben.

Als sich unser Einkommen besserte, wollte ich unseren Lebensstandard erhöhen, beschloß dann aber, *noch zwei Jahre zu warten*, bevor ich Änderungen vornahm. Sobald die meisten Menschen einen starken Anstieg ihres Einkommens erleben, kaufen sie sofort im ersten Monat ein großes Haus, ein Boot, eine Ferienwohnung oder irgendeinen anderen Luxus. Tun Sie es nicht, sondern planen Sie jene Rückschläge ein, die unweigerlich eintreten. Sobald man eine feste Einkommenshöhe erreicht und wirklich einen größeren Erfolg erlebt hat als in der Vergangenheit, wartet man am besten noch zwei Jahre. Geben Sie nichts aus! Verdoppeln oder verdreifachen Sie nur Ihre Investitionen. Langfristig zahlt sich das sehr viel mehr aus.

Ich beschloß, *jetzt zu sparen zu beginnen*. Zögern Sie nicht damit, ein seriöses Sparprogramm auf die Beine zu stellen. Wenn Sie jetzt damit beginnen, sind Sie anderen um mehrere Nasenlängen voraus. Warten *schadet*, und ich zeige Ihnen, warum.

Wenn man jeden Tag einen Dollar spart, den man dann mit 12 Prozent Zinsen investiert, erhält man im Alter von fünfundsechzig Jahren mit Zinseszinsen:

| | | *Sparsumme im Alter von 65 Jahren:* | *Verlust durch Warten:* |
|---|---|---|---|
| *Sparbeginn mit:* | 25 Jahren | 296 516 | — |
| | 26 Jahren | 264 404 | 32 114 |
| | 30 Jahren | 116 858 | 179 658 |

Wenn Sie fünfundzwanzig sind und das Sparen *nur für ein Jahr aufschieben*, verlieren Sie 32 114 Dollar. Wenn Sie es fünf – nur fünf! – Jahre aufschieben, verlieren Sie den erstaunlichen Betrag von 179 658 Dollar. Zeit und Beharrlichkeit sind die Schlüssel, um Sicherheit in Ihre finanzielle Zukunft einzubauen. Schieben Sie es nicht auf!

Beschließen Sie, *jeden Preis zu zahlen*. Die meisten Menschen zahlen im Laufe ihres Lebens mehrmals den Preis. Sie arbeiten schwer und verdienen zwei oder drei Jahre lang Geld. Dann werden sie ungeduldig und geben vier oder fünf Jahre lang das Geld aus. Dann müssen sie wieder von vorne beginnen. Und das wiederholt sich bei ihnen immer wieder. Statt den Preis mehrmals zu zahlen, arbeiten Sie lieber fünf bis zehn Jahre schwer, sparen Sie Ihr Geld und erreichen Sie Ihre Ziele – dann sind Sie für Ihr restliches Leben finanziell unabhängig. Ich beschloß, meinen Preis *früh* zu zahlen und mich zurückzuhalten, wenn ich etwas ausgeben wollte, denn ich wußte, daß es sich mit der Zeit auszahlen würde.

Klug mit Geld umgehen, ein guter Verwalter und verantwortungsbewußt sein, falsche Dinge nicht überschätzen und warten können, damit die Bemühungen auch Früchte zeigen – wenn irgendeine dieser Zutaten *fehlt*, haben Sie es sich möglicherweise verdorben.

## Sie dürfen nicht eigennützig oder egoistisch handeln

Ich habe es oft erlebt, daß die Laufbahn eines Menschen einstürzt, weil er an der Krankheit „Egoismus" leidet. Ich bezeichne dies als eine Krankheit wegen des Leids, das er im Leben eines Menschen und dem seiner Nächsten anrichtet.

Seien Sie auf der Hut vor den Symptomen dieser Krankheit.

Sie sagen „ich", „mein" und „mich" anstelle von „ihr" oder „das Team".

Was „Sie" wollen und brauchen, beherrscht Ihr ganzes Denken; nur selten denken Sie an die Bedürfnisse oder Wünsche von anderen.

Ihre gesamten Bemühungen richten sich auf *Ihren* Erfolg. Sie haben aufgehört, anderen Menschen zu helfen, ihre Ziele zu erreichen.

Sie betrachten den Erfolg anderer als eine Bedrohung Ihres eigenen Erfolgs.

Diagnostizieren Sie irgendeines dieser Symptome bei sich

selbst, legen Sie eine Pause ein und denken Sie über das nach, was ich „das Geben-Prinzip des Lebens" genannt habe.

*Denken Sie daran:*
*Die meisten Menschen versagen, weil sie das „Geben-Prinzip des Lebens" aus den Augen verlieren.*

Das Geben-Prinzip beruht auf der Bibel. Im sechsten Kapitel des Lukas-Evangeliums (Vers 38) heißt es: „Gebt, so wird euch gegeben werden." Wenn Sie anderen in allen Lebensbereichen, und dazu gehört auch Ihr Geschäftsleben, nichts geben, wachsen und entwickeln Sie sich nicht weiter.

Jeder Mensch braucht andere Menschen. Eigenartig beim Geben ist die Tatsache, daß, je mehr man gibt, man um so mehr zurück bekommt.

Je mehr man anderen hilft, desto größer ist der eigene Erfolg.

Je mehr Liebe und Hilfe man anderen zuteil werden läßt, desto mehr erhält man davon zurück.

Je mehr man sich darauf konzentriert, anderen durch sein Geschäft zu helfen, desto stärker wächst das eigene Geschäft.

Jetzt mag der eine oder andere sagen: „Art, wirklich. Dieses ‚Gebt, so wird euch gegeben werden', ist für den Konfirmandenunterricht. In der Geschäftswelt, in der die Gesetze des Stärkeren gelten, hat es keine Gültigkeit."

Glauben Sie mir, dieses Prinzip gilt auch in der Geschäftswelt. Unzählige Menschen machen sich selbständig, nur um sich selbst zu helfen, und das klappt dann nie. Jene Geschäfte wachsen und blühen, die ein Erzeugnis herstellen oder eine Leistung erbringen, mit denen anderen geholfen wird oder ihr Leben verbessert. Das ist eine Tatsache.

Als Egoist kann man sich eine Zeitlang behaupten. Einige Menschen und Unternehmen haben damit ein Vermögen aufgebaut. Es war aber selten von langer Dauer.

Befolgen Sie das Geben-Prinzip in Ihrem Geschäftsleben.

Machen Sie es zu einer Lebensaufgabe. Das ist nicht nur ein religiöser Aspekt, sondern es ist vielmehr eine Regel: Wer sich für andere zuständig fühlt, ist gleichzeitig zufrieden mit dem eigenen Leben und sich selbst.

## Sorgen Sie dafür, daß Ihre Prioritäten stimmen!

Wirklich erfolgreiche Menschen kennen das Geheimnis, wie man ein ausgeglichenes Leben führt. Es gelingt ihnen, ein entscheidendes Gleichgewicht zwischen Geschäfts- und Privatleben sowie ihrem geistigen Leben herzustellen.

Dabei dürfen Sie sich allerdings auch selbst nicht vernachlässigen. Menschen, die sich bei ihren Anstrengungen zu gewinnen, vernachlässigen, leiden später wahrscheinlich einmal unter schweren Gesundheitsproblemen oder bekommen geistige und emotionelle Schwierigkeiten.

Ein gesunder Körper ist eines der kostbarsten Güter im Leben. Das kann man leicht übersehen, aber ohne eine stabile Gesundheit kann man sein Leben nicht voll auskosten.

Der Nachdruck, den man heute auf die Gesundheit legt, ist eines der besten Dinge, die sich in den letzten Jahren ereignet haben. Buchhandlungen und Fernsehsendungen bringen viele wertvolle Informationen, wie man gesund wird und bleibt. Ich weiß, daß Sie jetzt einwenden: „Art, ich habe keine Zeit für diese Übungen.“ Bitte, nehmen Sie sich die Zeit. Sie können es sich nicht leisten, sie *nicht* zu haben. Wenn Sie Ihren Körper überfordern, leiden Ihre Nächsten, weil Sie nicht in Ihrer besten Form sind.

Ich denke, man könnte folgende Prioritäten für ein sinnvolles, glückliches und erfolgreiches Leben festlegen: eine ethische Lebensgrundlage (Gott), die Familie, das Unternehmen. Aber es ist nicht damit getan, es einfach nur zu wissen, man muß sich im Leben auch danach richten.

Es macht mich traurig, wenn ich Menschen im Geschäft erlebe, die der Ansicht sind, sie müßten 100 Prozent ihrer Anstrengungen ins Geschäft stecken und darüber ihre Familie vernachlässigen, um zu gewinnen. Heute beträgt die Scheidungsrate in Amerika – und wahrscheinlich auch anderenorts – 50 Prozent. Im Fernsehen hörte ich kürzlich, daß diese Zahl für Manager, die über 50 000 Dollar verdienen, bei bestürzenden 85 Prozent liegt.

Diese Menschen mögen durchaus im Geschäftsleben Erfolg haben, aber eines Tage wachen sie auf und stellen fest, daß sie nur noch ein Geschäft haben. Leider erfahren allzu viele Menschen zu spät, daß ein nur auf geschäftlichem Erfolg basierendes Leben kein glückliches Leben ist.

## Familie

Viele Menschen in Führungspositionen betrachten ihre Familie als etwas Selbstverständliches, um später feststellen zu müssen, welche schmerzlichen Ereignisse eintreten können, nur weil sie ihre Familie über ihrem Geschäft „vergessen" haben.

Sicher wissen Sie tief im Herzen, was Ihnen Ihre Familie bedeutet. Behandeln Sie sie nicht als etwas, das von alleine läuft, denn das tut sie nicht. Schenken Sie ihr die gleiche Aufmerksamkeit wie Ihrem Arbeitsleben; denn Erfolg bedeutet nichts, wenn man ihn nicht mit jemandem teilen kann.

Verkaufen ist ein anspruchsvolles Geschäft. Bei der A. L. Williams wollten Angela und ich ein Klima schaffen, in dem der Nachdruck auf der Familie liegt; deshalb gründeten wir einen Verband für die Ehepartner unserer Vertreter, und zwar für Männer wie Frauen. Über diesen Partnerverband haben auch die Ehepartner teil am Geschäftsleben des anderen. Partner sind stets zur Teilnahme an den Sitzungen, Tagungen, Kongressen oder jeder anderen Veranstaltung für unsere Vertreter eingeladen. Darüber hinaus finden für sie besondere Treffen und Aktivitäten statt.

Vor einigen Jahren gingen wir noch einen Schritt weiter. Angela und ich entdeckten in Texas eine großartige Organisation mit dem Namen *Family and Marriage Resources*, die es sich zum Ziel gesetzt hatte, das gesunde Familienleben zu fördern. Wir baten diese Organisation, uns in unserem Unternehmen bei jenen Menschen beizustehen, die Hilfe benötigten. Heute veranstaltet *Family and Marriage Resources* auf allen Tagungen der A. L. Williams Seminare über Ehe und Familie. Darüber hinaus reisen diese Menschen durch ganz Amerika, halten besondere Gruppensitzungen für unsere Leute ab und beraten auf Anfrage auch einzelne Ehepaare. Die Einführung dieses Programms in unser Unternehmen betrachten wir als eine unserer stolzesten Errungenschaften. Angela und ich fühlten uns unbeschreiblich glücklich, als ein Ehepaar aus dem Unternehmen mir die durchgerissenen Scheidungsunterlagen zuschickte zusammen mit einem Dank für die Hilfe, die es erhalten hatte, und für die Verpflichtung des Unternehmens, Familien zu erhalten.

Ich kann die Bedeutung, Prioritäten richtig zu ordnen, nicht stark genug betonen. Ich weiß, daß sich das leicht sagt, aber nur schwer durchführen läßt. Sie müssen damit rechnen, daß Sie sie täglich durcheinander bringen. Aber Sie müssen Ihre Versuche fortsetzen. Wenn Sie nicht gleichzeitig in allen Bereichen wachsen, verderben Sie es sich mit Ihrem Geschäft und sind zum Schluß ein gebrochener, unglücklicher Mensch. Die mir bekannten Menschen, die großen Erfolg hatten, teilen Ihnen bereitwillig mit, daß sie sich in *allen* Lebensbereichen verbessert haben.

### Geistiges Leben

Sobald jemand Erfolg hatte, meint er nur allzu oft, er brauche außer sich selbst niemanden. Ein Mensch wird allzu schnell so materialistisch, daß er statt Gott die eigenen Leistungen anbetet. Er sieht das Ergebnis seiner Leistungen oder Anstrengungen und rechnet es sich selbst als Verdienst an, statt Gott dafür zu danken. Und statt demütig, wird er egoistisch.

Man verdirbt es sich leicht, wenn es ums geistige Leben geht. Gott sollte an erster Stelle stehen, und diese Beziehung sollte alle anderen Lebensbereiche durchdringen.

Wenn Sie Ihr geistiges Leben hintanstellen, wenn Sie Ihr geistiges Leben verkümmern lassen, verweigern Sie sich selbst jenen inneren Frieden und die Stärke, die Sie durch die schweren Zeiten in Ihrem Leben bringt.

Ich bin Christ, und ich versuche täglich, Christus zum Mittelpunkt meines Lebens zu machen und mich ihm als dem Herrn meines Lebens zu unterwerfen. Dieser Glaubensweg wird gestärkt durch das Lesen der Bibel und durch Gebete. Mein geistiges Leben basiert auf meiner Beziehung zu Gott über Jesus Christus. Da ich weiß, er ist stets da, um mich zu stärken, weiß ich auch, daß ich „alle Dinge" tun kann, genau wie der Apostel Paulus es vor fast zweitausend Jahren sagte. Dieser Glaube läßt einen nicht untergehen, er läßt einen nicht im Stich.

Ich bin mir bewußt, daß Gott mich führt, sein Plan und Sinn für mein Leben sind immer die besten und werden es auch bleiben.

Ich muß jedoch ehrlich sein und eingestehen, daß ich mit meinem Menschenverstand nicht immer das Gute am Horizont erblicken konnte. So schloß zum Beispiel das kleine Unternehmen, das anfangs unsere Versicherungen übernahm, innerhalb von sechs Monaten seine Tore. Gleichzeitig lag in unserem Staat ein Gesetzentwurf vor, der unser Geschäft zerstört hätte, wäre er verabschiedet worden. Das war für uns eine katastrophale Zeit. Aber als wir uns mitten in diesem Durcheinander befanden, lernte ich Boe Adams kennen, und er machte uns mit einer größeren Gesellschaft bekannt. Einige Jahre später starb der Besitzer jener Gesellschaft unvermittelt, und sie stand zum Verkauf. Das war wieder eine Krise, und wir waren gezwungen, zum dritten Mal die Gesellschaft zu wechseln.

Selbst in diesen Unglücksfällen erkenne ich heute, daß Gott nie „die Kontrolle verlor". Er schloß eine Tür, nur um eine andere zu öffnen. Ich wurde gezwungen, mich mit einer größeren

Herausforderung auseinanderzusetzen, um zu wachsen und um mich in einigen Lebensbereichen zu verändern.

Ich weiß, daß Gott von mir erwartet, daß ich jeden Tag versuche, besser zu werden. In der Bibel hat er mir alle Grundsätze gegeben, die ich zum Leben brauche. Wenn ich diese Grundsätze befolge, erfülle ich seinen Willen und Zweck für mein Leben.

In unserem Geschäftsleben bete ich täglich zu Gott, die Anstrengungen unserer Mitarbeiter im Unternehmen zu segnen und unsere Ziele zu solchen zu machen, die ihm Freude bereiten. Ich wünsche mir ein Ziel, das darüber hinausgeht, anderen zur finanziellen Unabhängigkeit zu verhelfen. Ebenso wichtig ist mir das Ziel, ihnen dabei zu helfen, in allen Lebensbereichen ein erfüllterer Mensch zu werden.

Denken Sie nicht, Gott sei nur für den Sonntag da. Erinnern Sie sich daran, was *richtig* und *falsch* ist. Finden Sie Anschluß an Ihr geistiges Leben.

Ich ermutige Sie, Ihrem geistigen Leben die höchste Priorität einzuräumen. Als Geschäftsmann stehen Sie oft vor einer schweren Wahl und vor schwierigen Entscheidungen. Ohne dieses Fundament, das Ihnen Kraft gibt, Ihnen Seelenfrieden verleiht und Ihnen hilft, richtige Entscheidungen zu treffen, leiden am Ende Sie und Ihr Geschäft.

In seinem Buch „Success" (Erfolg), das vor fünfzehn Jahren erschienen ist, führt Glenn Bland das beste Beispiel für die Bedeutung von Prioritäten an, das ich je gesehen habe. Es zeigt anschaulich, daß Erfolg und Geld *allein* weder Glück noch Seelenfrieden bringen.

Bland berichtet von einem Treffen, das 1923 die erfolgreichsten Finanzleute im Edgewater Beach Hotel in Chicago zusammenführte. Im Hinblick auf Geld beherrschten diese Finanzriesen buchstäblich die Welt. Man werfe nur einen Blick auf die Namen und die Stellung: *Charles Schwab*, Vorsitzender des größten Stahlkonzerns in Amerika; *Samuel Insull*, Präsident des größten Dienstleistungsunternehmens; *Howard Hopson*, Vorsitzender der größten Gasgesellschaft; *Arthur Cutten*, der größte

Weizenspekulant; *Richard Whitney*, der Vorsitzende der New Yorker Börse; *Albert Fall*, Innenminister im Kabinett von Präsident Harding; *Jesse Livermore*, der größte Baissier von Wall Street; *Ivar Kreuger*, der Leiter des größten Monopols der Welt; *Leon Fraser*, Vorsitzender der Bank of International Settlements.

Das waren die „Macher", jene Menschen, die wir beneiden und an deren Platz wir sein möchten. Und doch ging etwas in ihrem Leben schrecklich daneben. Fünfundzwanzig Jahre später:

Charles Schwab machte Bankrott und lebte die letzten fünf Jahre von geliehenem Geld.

Samuel Insull starb im Ausland, auf der Flucht vor der Justiz, ohne einen Pfennig.

Howard Hopson wurde geisteskrank.

Arthur Cutten wurde zahlungsunfähig und starb im Ausland.

Richard Whitney wurde zu einer Gefängnisstrafe verurteilt.

Albert Fall wurde begnadigt und starb zu Hause, mittellos.

Jesse Livermore beging Selbstmord.

Ivar Kreuger beging Selbstmord.

Leon Fraser beging Selbstmord.

Wünschen Sie sich noch immer, den Platz dieser Männer einzunehmen? Sie besaßen alles, was man mit Geld kaufen und allen Erfolg, den man sich nur wünschen konnte. Aber sie sind der Beweis dafür, daß geschäftlicher Erfolg allein nicht genug ist.

Diese Lebensgeschichten sind ernüchternd, aber sie enthalten eine wertvolle Botschaft. Gehen Sie den geraden Weg! Bleiben Sie „knausrig und geizig", lassen Sie sich nicht zum Egoismus verführen, und vor allem – setzen Sie die richtigen Prioritäten!

Von diesem Augenblick an ist Ihr Leben eine unbeschriebene Seite. Füllen Sie sie mit dem Reichtum geistiger Erfüllung, mit Freude an der Familie und einem gesunden Geist im gesunden Körper. Ihre Ziele und Träume von Erfolg sind hundertmal aufregender und schöner, wenn Sie sie erst einmal verwirklicht haben.

# Nachbemerkung
# Tun Sie Ihr Bestmögliches

*All you can do is all you can do, but all you can do is enough.**
*Art Williams*

Sind Sie bereit, „es zu tun"? Jetzt haben Sie die Schlüssel dazu, wenigstens so, wie ich sie in meiner geschäftlichen Laufbahn erlebt habe. Wenn Sie sie benutzen und sich diese Botschaft zu Herzen nehmen, hoffe ich nicht nur, daß sie Ihnen hilft – ich *weiß* es. Ich habe gesehen, daß es damit in Dutzenden, ja in Hunderten von Fällen klappte. Bei der A. L. Williams habe ich erlebt, wie Menschen völlig ihr Leben verändern konnten, weil sie sich dafür entschieden, ihr Leben selbst in die Hand zu nehmen.

Zum Teil geht das darauf zurück, daß wir in unserem Unternehmen die unserer Meinung nach in vielen amerikanischen Unternehmen gemachten Fehler vermieden haben. Aber ich glaube, ein großer Teil des Erfolgs rührt daher, daß wir die Ideen und Techniken, die ich in diesem Buch beschrieben habe, anwendeten. Ich weiß, daß auch Sie damit Erfolg haben werden.

Ihre Aufgabe ist es nun, einige schwere Entscheidungen über Ihr Leben zu treffen. Wenn Sie diesen Punkt des Buches erreicht haben, dann nehme ich an, daß Sie zu jenen Menschen gehören, die unzufrieden mit ihrem Leben sind. Sie wissen, Sie wurden an Ihren Platz gestellt, um jemand zu sein, aber Sie wissen nicht genau, wo Sie anfangen sollen. Ich hoffe, mein Buch hat Ihnen den nötigen Anstoß gegeben. Jetzt liegt es an Ihnen, weiterzumachen.

Als erstes müssen Sie die Entscheidung treffen, sich zu ändern. Das ist die schwerste von allen. Sind Sie bereit, sich zu än-

* Das Wortspiel von Art Williams ist so genial einfach, daß es nicht adäquat übersetzt werden kann (d. V.).

dern? Wer gewinnen will, *muß* sich als Mensch ändern. Setzen Sie in Ihrem Leben andere Prioritäten! Seien Sie bereit, Ihren Preis zu zahlen. Suchen Sie sich sorgsam etwas aus, für das Sie sich einsetzen können. Beginnen Sie damit, Fortschritte im Leben zu machen – nicht im kleinen, sondern im großen. Wer sich ändern will, versucht eines der schwersten Dinge, die es gibt. Gleichzeitig ist die Fähigkeit, sich zu ändern, eines der größten Geschenke, die wir als Menschen erhalten haben. Es ist nicht leicht, aber wir verfügen über die Fähigkeit, uns zu ändern.

Man kann von negativem Denken zu positivem umschalten, man kann seine Leistungsfähigkeit steigern, seine geistige Verfassung stärken und von Passivität zu Aktivität übergehen.

Sie können Ihr Leben verändern, und zwar innerhalb von dreißig Tagen, wenn Sie es wirklich wollen – beginnen Sie auf der Stelle!

Aber verstehen Sie mich nicht falsch. Wenn ich von ändern spreche, meine ich, daß Sie selbst sich bessern ebenso wie Ihr Leben. Das bedeutet nicht, daß Sie jetzt irgend jemand anderen einfach kopieren. Sie können sich durch andere inspirieren lassen, aber Sie können nicht jemand anders sein – und Sie brauchen es auch nicht. Seien Sie Sie selbst. Versuchen Sie nicht, Art Williams zu sein. Versuchen Sie nicht, Lee Iacocca zu sein. Versuchen Sie nicht, Ihr Nachbar zu sein.

Wenn *Sie* gewinnen wollen, müssen Sie *Ihr* Bestmögliches tun – *Ihres*, nicht das anderer. Sie müssen alles das sein, was Sie persönlich sein können. Und das ist dann genug.

Ich kann Ihnen keinen sofortigen Erfolg versprechen, und ich kann Ihnen nicht versprechen, daß Sie in den nächsten Jahren Millionär werden. Aber ich glaube, daß ich im Laufe der letzten zwanzig Jahre genug gelernt habe, um eine Reihe von Versprechungen zu machen über das, was eintritt, wenn Sie die schwerwiegende Entscheidung treffen, Ihr Leben zu ändern:

Ich verspreche Ihnen eine Chance, wieder zu träumen.

Ich verspreche Ihnen eine Chance, wieder voller Hoffnung in die Zukunft zu sehen.

Ich verspreche Ihnen eine Chance, daß Sie jemand werden können, auf den Sie stolz sind.

Ich verspreche Ihnen eine Chance, wieder auf sich stolz zu sein und Ihre Familie auf Sie stolz zu machen.

Ich verspreche Ihnen, daß die meisten Menschen, die dieses Buch lesen, den entscheidenen Schritt nicht tun werden. Die meisten von Ihnen gewinnen nicht.

Ich verspreche Ihnen, die meisten Menschen werden nicht finanziell unabhängig oder erfolgreich, weil der Preis zu hoch ist.

Ich verspreche Ihnen, daß die meisten von Ihnen unterwegs müde werden. Einige wollen sich ausruhen, und andere werden aufgeben.

Aber ich verspreche Ihnen auch, daß einige von Ihnen nicht aufgeben.

Ich verspreche Ihnen, daß einige eines Tages auf den heutigen Tag zurückblicken und darüber staunen, daß sie soviel von ihrem Leben vergeudeten, bevor sie sich ernsthaft an die Arbeit machten.

Ich verspreche Ihnen, daß einige von Ihnen in den Spiegel blicken und sich über die Person, die sie dort ansehen, freuen.

Ich verspreche Ihnen, daß einige von Ihnen gewinnen werden.

Ich verspreche Ihnen, daß es nicht leicht ist.

Aber ich verspreche Ihnen, daß es sich wirklich lohnt.

Ich verspreche Ihnen, daß Sie nur Ihr Bestmögliches tun können, aber ich verspreche Ihnen auch, daß dieses Bestmögliche genug ist.

Ich erinnere Sie noch einmal an meinen Weg – und Ihrer wird kaum leichter sein:

Als ich mit diesem Geschäft begann, hatte ich kurz zuvor meinen Vater verloren. Ich erlebte, wie meine Mutter wirklich leiden mußte, weil mein Vater keine ausreichend hohe Lebensversicherung abgeschlossen hatte. Als mir mein Cousin von dem Konzept einer *anderen* Lebensversicherung erzählte, war ich so begeistert davon, daß ich sie zu meinem persönlichen Feldzug machte. Ich war meinem Tun dermaßen verpflichtet, daß es mir nicht einmal einfiel, andere könnten nicht meine Begeisterung teilen und sofort sagen: „Ja! Ich will die Versicherung, die Sie anbieten!“ Ich war absolut davon überzeugt, den richtigen Weg gefunden zu haben.

Aber wissen Sie, was geschah? Ich betrat ein Haus und erklärte den Menschen das Konzept. Ich war so begeistert, hatte wirklich Feuer gefangen. Ich bereitete einen Voranschlag vor, leistete für die Menschen hervorragende Arbeit und versuchte, ihnen viel Geld zu sparen. Und dann blickten mich die Leute über den Küchentisch hinweg an und sagten: „Nein!“ „Nein, nein, nein!“ „Nein, danke!“ „Nein, ich will keine Versicherung!“ „Nein, kein Interesse!“ „NEIN!“ Und jedesmal lächelte ich und sagte, was man so sagt, zum Beispiel: „Na ja, Tom. Schön, Sie kennengelernt zu haben, und Ihre Frau und Kinder sind wirklich reizend. Und wenn Sie Ihre Meinung ändern, rufen Sie mich an! Wenn Sie von jemandem hören, der eine Versicherung für den Todesfall möchte, lassen Sie es mich doch wissen.“

Und noch bevor ich die Tür erreicht hatte, fand in Gedanken ein Wettrennen statt, und ich sagte mir: „Art, du bist solch ein Dummkopf! Woran fehlt es bei dir? Warum hast du diesen dritten Satz gesagt? Er war so dumm. Warum hast du nicht etwas anderes gesagt? Art, wie konntest du nur wieder alles so durcheinander bringen? Warum gibst du es nicht zu? Menschen wie du sollten es eigentlich nicht schaffen. Wirf das Handtuch hin. Geh zurück und verdiene dir deinen Lebensunterhalt als Trainer.“

Es zehrte an mir. Die Absagen quälten mich, ich fühlte mich jedesmal elend, am Boden zerstört.

Dann starb unvermittelt einer meiner Klienten, und ich konnte der Witwe ihre Forderung nach diesem Todesfall übergeben; sie erhielt über 150 000 Dollar. Hätte ich nicht mit dieser Familie gesprochen, würde sie knapp 22 000 Dollar erhalten haben.

Etwas änderte sich. Ich sagte mir: „Das ist unglaublich. Ich habe soeben einer Familie das Leben gerettet. Ich habe diese Witwe und ihre Kinder davor bewahrt, völlig mittellos zu werden.“

Und dann verstand ich es. Ich hatte nur noch die Absagen beachtet. Jetzt dachte ich wieder an die vielen Abschlüsse und wieviel Geld ich damit diesen Menschen gespart hatte. Ich erkannte jetzt, welche Hilfe ich den Familien war, für die ich arbeitete. Und ich erkannte ebenfalls, daß nicht jeder sofort sehen konnte, daß ich recht hatte, obwohl ich davon überzeugt war. Nicht jeder konnte mir auf Anhieb Glauben schenken. Aber das bedeutete nicht, daß mein Einsatz nicht richtig war. Aber entscheidend war, es bedeutete nicht, daß ich ein Verlierer war, nur weil jemand *nein* gesagt hatte.

Das klingt wahrscheinlich ein bißchen banal, aber es war ein bedeutendes Ereignis für mich. Damit änderte sich meine ganze Denkweise. Von jenem Zeitpunkt setzte ich mich bei jedem Verkaufsgespräch voll ein. Und die Menschen sagten auch weiterhin *nein*. Aber jedesmal, wenn ich eine negative Antwort erhielt, lächelte ich und sagte: „Danke, Bill, schön, Sie kennengelernt zu haben. Ihre Frau und Kinder sind reizend. Bla, bla, bla, wenn Sie es sich anders überlegen, rufen Sie mich an, ja?"

Ich erreichte die Tür, und bevor ich draußen stand, sagte ich mir: „Weißt du etwas, Art? Im letzten Jahr hast du Hunderte von Policen durchgesehen, und von allen schlechten Policen, die du gesehen hast, hat dieser Bursche die schlechteste. Aber dieser Bursche ist der Verlierer, nicht Art Williams. Er ist nett, aber er macht einen großen Fehler, du kannst daran nichts ändern." Ich machte weiter. Ich lebte jetzt für die Menschen, die *ja* gesagt hatten. Nach jahrelanger Frustration verstand ich endlich, daß gleichgültig, wie schwer man arbeitet, und gleichgültig, wie sehr man sich verpflichtet, nicht alles so klappt, wie man es plant. Nicht jeder Einsatz bringt ein Ergebnis. Aber man kann nur sein Bestmögliches tun. Prägen Sie sich diese sechs Worte ganz fest ein! *Man kann nur sein Bestmögliches tun.*

Unabhängig davon, wie gut Sie in Ihrer Arbeit sind, nicht jeder erkennt es an; nicht jeder kauft; nicht jeder kommt, um mit Ihnen zu arbeiten; nicht jeder meint, Sie seien großartig. Aber wenn keiner kauft, was Sie anbieten, bedeutet das, daß Sie im

Unrecht sind? NEIN. Werden Sie deshalb zum Verlierer? NEIN! Sie sind noch immer der gleiche aufmerksame, einsatzbereite Mensch, der Sie immer gewesen sind. Sie haben sich nicht verändert. Sie müssen lernen, für die *Richtigkeit* dessen, was Sie tun, zu leben, für die Ziele, die Sie sich und Ihrer Familie gesetzt haben. Sie können nicht dafür leben, von jedem Menschen, den Sie in Ihrem Leben kennenlernen, akzeptiert zu werden. Sie verdanken Ihre Liebe und Loyalität jenen Menschen, die an Sie glauben, den Menschen, die bereit sind, mit Ihnen zu arbeiten; den Menschen, die an das glauben, was Sie machen.

Was die übrige Welt sonst auch tun mag, Sie müsen standhalten und kämpfen. Dieses Ungreifbare ist ein wesentlicher Schlüssel für den Sieg. Das ist einer der Unterschiede zwischen Sieg und Niederlage. Und es hängt ganz von Ihnen ab!

**Übernehmen Sie die Verantwortung für Ihr Leben!**

Sie bauen Ihre Karriere auf oder Sie zerstören sie. Wenn Sie sich anschicken, aufzustehen und für Ihre Zukunft zu kämpfen, müssen Sie Verantwortung akzeptieren. Sie können sie niemandem übertragen. Wenn Sie Ihr Leben selbst in die Hand nehmen, können Sie anderen nichts vorwerfen. Sie sind verantwortlich für die guten Dinge, die sich in Ihrem Leben ereignen, genau wie für die schlechten.

Nichts ermüdet mich mehr, als jene Footballtrainer zu hören, die verlieren, und das erste, was man dann in der Zeitung liest, sind ihre Entschuldigungen. Sie schieben die Niederlage einem anderen in die Schuhe. Wenn der Trainer gut ist, sollte die Mannschaft trotz allem, was sich ereignen kann, gewinnen. Er sollte nicht nur gewinnen, wenn alles in Ordnung ist, wenn er alle Chancen hat. Er sollte eigentlich immer gewinnen – gleichgültig, unter welchen Umständen.

*Denken Sie daran:*
*Entschuldigungen zählen nicht.*

Gleichgültig, wie oft Sie ein „NEIN!“ hören, Sie sollten trotzdem gewinnen. Sie können die Schuld für Ihr Versagen nicht jemand anderen oder etwas anderem zuschieben, das schiefging. Sie können weder vom Ehepartner noch den Freunden erwarten, daß sie Sie unablässig motivieren. Sie müssen lernen, Mißerfolge einzustecken und weiterzumachen. *Sie* müssen sich selbst motivieren, das können nur Sie. Wenn ich auf einem Kongreß unseres Unternehmens spreche, kommt manchmal jemand anschließend zu mir und meint: „Art, wenn ich nur jeden Tag in Ihrer Nähe arbeiten könnte, würde mein Leben ganz anders aussehen.“

Das ist ganz falsch und gleicht dem Trainer, der seine Footballmannschaft motiviert. Er kommt vor dem Spiel herein und feuert seine Spieler an. Er ist so ansteckend, so hart, und die Spieler hören ihm zu und können kaum noch auf der Bank sitzen. Sie wollen hinaus und die andere Mannschaft schlagen.

Nun, das hält einige Minuten lang vor. Sie fühlen sich vereint; sie fühlen sich als eine Mannschaft. Aber ich habe schon vor langem festgestellt, daß Football eigentlich kein richtiges Mannschaftspiel ist. Natürlich muß die Mannschaft zusammen trainieren und arbeiten, damit das Spiel überhaupt funktioniert. Aber im Grunde ist Football doch ein Spiel für den Einzelnen. Jeder kämpft gegen den Burschen gegenüber im andersfarbigen Trikot. Und der, der gewinnt, ist jener, der ein bißchen zäher ist, ist der, der den Sieg stärker anstrebt.

Nehmen wir einmal den „schlimmsten Fall“ an. Sagen wir, die Zeit ist gleich um, und Sie haben Ihr Ziel nicht ganz erreicht. Wenn Sie aber wie Pete Rose 110 Prozent einbringen und nichts zurückbehalten, dann haben Sie das befriedigende Wissen, daß Sie Ihr Leben wie ein Gewinner führten, selbst wenn Sie es nicht schafften. Sie können sich im Spiegel ansehen und zu sich sagen: „Vielleicht habe ich die Welt nicht bewegt, aber auf jeden Fall gab es wenigstens ein leichtes Zittern.“

Zu versagen ist keine Schande, wenn man wirklich alles von sich gegeben hat. Anders ist es, wenn man es nie versucht hat.

Was wirklich schmerzt, ist dieser Wunsch im Herzen, der nie auf die Probe gestellt wurde.

Die Welt ist voller Menschen, die ihr Potential nur zur Hälfte oder einem Drittel nutzen. Brechen Sie nun auf, um Ihr Bestmögliches zu tun: Gewinnen werden Sie zwar nicht unbedingt jedesmal, aber Sie gewinnen häufiger, als Sie verlieren. Und wenn Sie abtreten, sind Sie all das gewesen, was Sie meinten, daß Sie es werden könnten.

### Wir sind nur für einen Augenblick hier

Wir sollten bedenken, daß unsere Zeit auf der Erde nur ein kurzer Augenblick ist. Ich erinnere mich noch gut daran, als mein Sohn Art auf die Welt kam. Ich ging nach Hause, um eine Aufnahme der ganzen Familie zu machen. Damals lebte noch meine Urgroßmutter, und mit dem kleinen Art gab es von der Familie Williams nun insgesamt fünf Generationen. Damals sah ich meinen Vater und meine Mutter als alte Menschen, meine Großeltern erschienen mir als unglaublich alte Greise. Wie sah ich nur meine Urgroßeltern? Ich weiß es nicht mehr genau, aber ich konnte es nicht begreifen, wie jemand so alt werden konnte.

Heute bin ich in der Familie der älteste, und bin bereits selbst Großvater. Manchmal kann ich es nicht glauben. Ich bin sechsundvierzig Jahre alt, und ich fühle mich nicht älter als sechzehn. Ich habe nicht sehr viele Haare, und die, die ich habe, sind schon grau. Aber trotzdem fühle ich mich keinen Tag älter als damals, als ich sechzehn war. Ich glaube immer noch, daß ich zu allem fähig bin wie früher. Ich weiß einfach nicht, wohin die ganze Zeit geflogen ist.

Vielleicht läuft den meisten Menschen die Zeit davon, weil sie sich immer wieder sagen: „Meine Zeit kommt bald“, und ganz plötzlich ist es vorbei, und sie nehmen sich nichts vor, für das sie sich einsetzen könnten. Das Leben gleicht einem kurzen Augenblick und fliegt vorbei. Es wartet nicht auf irgendeine besondere Zeit, um anzuhalten, damit *unsere Zeit* kommt.

Viele Menschen warten darauf, daß sich etwas Besonderes ereignet. Aber das ist nur eine weitere Entschuldigung. Sie haben nicht verstanden, daß das Leben nicht gibt, was man gerne hätte, was man sich wünscht. Das Leben gibt uns, was wir annehmen.

| |
|---|
| *Denken Sie daran:*<br>*Die Welt hält nicht an, um auf Sie zu warten.* |

Ich brauchte lange, um auf dieses ungeschriebene Gesetz zu kommen. Heute weiß ich, daß die Sonne am Morgen aufgeht und am Abend untergeht, und daß sie am Tag darauf aufgeht und am nächsten Abend untergeht. Ist das nicht umwälzend? Ist das nicht erstaunlich? Aber diese Tatsache ist so einfach, daß sie uns nicht beschäftigt.

Wissen Sie, wie ich darauf gekommen bin? Weil ich jeden Morgen mit dem Gedanken aufwachte, die Welt breche auseinander. Ich habe eine große Vorliebe für Geschichte. Ich denke gerne zurück, um mir Probleme anzusehen, die wir in der Vergangenheit hatten. Und ich habe festgestellt, daß sie sich nicht von unseren heutigen Problemen unterscheiden. Oft genug gab es in der Geschichte Zeiten, in denen die Menschen jede Hoffnung zu verlieren glaubten. Aber am Tag danach und danach und danach ging die Sonne doch wieder auf.

Wir können uns nur darauf verlassen, daß die Zeit fortschreitet. Erlauben Sie mir, ein weiteres ungeschriebenes Gesetz zu bringen:

| |
|---|
| *Denken Sie daran:*<br>*Die Dinge sind genauso, wie sie immer waren.* |

Was meinen Sie dazu? Und die Dinge sehen auch in der Zukunft genauso aus wie in der Vergangenheit. Sie und ich befinden uns hier nur für einen Augenblick. Die Welt wird noch da sein, lange nachdem wir sie wieder verlassen haben. Ich kenne keinen schnelleren Weg zum Mißerfolg, als daß man sich darum sorgt, daß die Welt auseinanderbreche, die Wirtschaftslage schlecht sei und die Dinge schlimmer als je zuvor seien und so weiter und so weiter. Schalten Sie dreißig Minuten lang die Nachrichten ein, und wenn Sie sie abschalten, sind Sie dermaßen niedergeschlagen, daß Sie es kaum ertragen können. Sie haben den Eindruck, alles und jeder sei in einem furchtbaren Zustand. Die Welt ist einfach zu schwierig, als daß man sie ändern könnte.

Aber wir befinden uns hier nur für einen kurzen Augenblick. Ich weiß nicht, ob es einen Krieg in der nahen Zukunft gibt, aber ich setze mich nicht in meinen bequemen Sesel, um mir Sorgen darüber zu machen. Ich weiß nicht, ob jemand uns eine Bombe auf den Kopf wirft, aber ich verbringe deshalb nicht mein Leben damit, darauf zu warten. Denken Sie daran, das Leben eines einzelnen dauert nur einen kurzen Augenblick.

Nehmen Sie sich die Zeit, sich auf sich selbst und Ihren Platz in der Welt, so wie sie ist, zu konzentrieren.

## Die Person im Spiegel

Sie können ihr nicht aus dem Weg gehen.
Sie werden sich nie von ihr befreien.
Jeden Tag müssen Sie sich bei ihr melden.
An Ihrem Lebensende ist sie dort.
Niemand sonst kann sie sehen.
Niemand sonst ist ganz so wichtig.

Diese Person ist der Mensch im Spiegel. Diese Person im Spiegel ist jeden einzelnen Tag Ihres Lebens Ihr endgültiger Buchprüfer. Spät abends, wenn Sie ins Bad gehen und die Tür schließen, ist sie da.

Schlimm daran ist, daß Sie der Person im Spiegel nichts vormachen können. Man kann sie nicht überlisten. Es ist ihr Urteil und nicht das anderer, auf das es ankommt. Sie mögen von aller Welt hochgepriesen sein, alle mögen erklären, was für ein großartiger Mensch Sie sind, jeder mag gute Dinge über Sie sagen – aber der Person im Spiegel können Sie nichts vormachen.

Sie können ihr nicht gerade in die Augen blicken, wenn Sie versagt haben. Wenn Sie genau dort sind, wo Sie in Ihrem Leben hinkommen wollten, ist das ausgezeichnet. Aber wenn Sie weniger sind, als Sie sich vorstellten; weniger, als Sie einmal vorhatten, dann mögen Sie sie vielleicht nicht ganz so sehr. Vielleicht vermeiden Sie es manchmal auch, sie anzublicken, weil es zu schmerzlich ist.

Aber wenn Sie sich dort mitten in der Nacht allein mit dieser Person im Badezimmer befinden, kommt es nicht darauf an, was man über Sie sagt. Sie wissen, wie viele Punkte Sie wirklich haben. Sie wissen, ob Sie diese Person anblicken und anlächeln können, oder ob Sie jenen Mann – oder jene Frau – sehen, die dort hätte sein können, es aber nicht ist.

Gehen Sie, und „tun Sie es!“ Sie haben nichts zu verlieren und alles zu gewinnen. Halten Sie sich nicht zurück, weil Sie meinen, Sie müßten sich vor Enttäuschung schützen. Sie schützen sich nur vor dem Leben.

Allerdings muß man in diese Einstellung erst „hineinwachsen“. Als Heranwachsender akzeptiert man alles als selbstverständlich. Heute denke ich, daß ich mich als Jugendlicher mehr anstrengen würde. Ich würde jeden Preis zahlen. Ich würde das Herumspielen einstellen und durch Energie und Anstrengung und Entschlossenheit ersetzen, die ich damals nicht hatte. Wenn ich daran denke, um wieviel einfacher ich es gehabt hätte, dann ärgere ich mich regelrecht. Ich spielte nur mit dem Leben; ich tat nichts von dem, was ich hätte machen können.

Vor zehn Jahren sah ich mir mein Leben an und stellte fest, daß es lediglich eine Wiederholung war. Jede Etappe wiederholte die vorhergehende. Ich machte meine Sache, verglichen mit den meisten Menschen, ziemlich gut, aber ich wollte nicht nur ein bißchen besser als die meisten sein. Das hatte ich mit meinem Leben eigentlich nicht vorgehabt. Ich wollte mich für etwas einsetzen; ich wollte aus meinem Leben etwas machen.

Es ist schwer, wenn man sein Leben verschwendet, wenn man alles nacheinander ausprobiert und dabei denkt, diesmal ist es das richtige, um dann plötzlich festzustellen, daß es wieder nicht klappt. Das erträgt man im Leben nur schwer.

So blickte ich vor ungefähr zehn Jahren in den Spiegel, sah mir Art Williams an, und was ich sah, gefiel mir gar nicht. Und ich konnte es nicht ertragen.

Ich versuchte herauszufinden, was mir fehlte. Ich sagte zu mir selbst: „Warum hast du keinen Erfolg, Art? Woran fehlt es bei dir, Art? Spielst du immer noch nur so mit dem Leben herum?"

Es ist mir heute ganz klar, daß ich nicht so schwer arbeitete, wie ich konnte und nicht so fest glaubte, wie ich es sollte, denn ich war mir nicht sicher, ob Art Williams wirklich gewinnen würde. Ich war nie der Beste bei irgend etwas, das ich je unternahm, und im Laufe der Jahre muß ich wohl eine Einstellung entwickelt haben, die ungefähr so lautete: „Ich weiß nicht, ob ich dazu fähig bin, jemand zu sein. Statt aufzubrechen und alles, was ich habe, einzusetzen, halte ich mich zurück, um auf meine Chance zu warten."

Dann erlebte ich eine Überraschung. Ich war mir plötzlich ganz sicher, daß ich diese Art zu leben aufgeben mußte.

Ich entschied, daß ich es satt hatte, ständig etwas zu bereuen. Ich sagte mir: „Ich weiß nicht, ob ich gut genug bin, aber dieses eine Mal stelle ich mich auf die Hinterbeine und kämpfe, um der Welt zu beweisen, daß ich alles geben kann, was in mir steckt; um meiner Familie und allen zu sagen, daß sie mich nach dem beurteilen sollen, was ich gerade jetzt mache. Ich halte nichts zurück. Wenn ich es nicht tun kann, dann kann ich mir selbst den Stempel eines Versagers aufdrücken. Dann kann ich mir das Etikett durchschnittlich und gewöhnlich anheften."

Vor zehn Jahren ging ich eine totale Verpflichtung ein, ich setzte mich mit allem, was ich hatte, ein – und ich gewann.

Die meisten Menschen im Geschäftsleben beurteilen jemanden danach, wieviel Geld er verdient. Das ist ein Kriterium, aber nichts kommt dem gleich, wenn man mit sich selbst zufrieden ist.

Ich kann mich heute im Spiegel ansehen, und ich bin mir wirklich sympathisch.

Ich habe so viele Feinde, daß Sie mich kaum damit übertreffen werden. Aber es ist unwichtig, was jemand über Sie denken oder sagen mag. Es kommt darauf an, was die Person im Spiegel über Sie sagt.

Glauben Sie mir, es fängt alles *heute* an, deshalb mein Rat: Es ist an der Zeit, das Davonlaufen aufzugeben, und es ist an der Zeit, die Hoffnung auf eine bessere Lage, bessere Zeiten oder eine magische Gelegenheit aufzugeben.

Bitte setzen Sie sich gleich am kommenden Wochenende hin, und nehmen Sie sich die Zeit, nachzudenken. Lösen Sie sich von allen Tagesproblemen für eine Zeitlang, denken Sie nur nach. Überlegen Sie sich, an welchem Platz Sie im Augenblick stehen. Beschließen Sie, daß nichts und niemand Ihnen sagen kann, daß Sie *es* nicht tun könnten. Treffen Sie in Gedanken die Entscheidung, daß Sie *es* versuchen. Nehmen Sie sich vor, daß Sie glücklich und positiv werden, und daß Sie sich ein besseres Leben als in der Vergangenheit aufbauen wollen. Und beginnen Sie *jetzt* damit! Denken Sie daran, wie sehr Sie gewinnen möchten. Denken Sie über den Preis nach, den Sie zu zahlen bereit sind. Und stellen Sie sich die Alternative zum Gewinnen vor.

Stellen Sie sich vor, daß Sie etwas Großes machen. Träumen Sie wieder! Greifen Sie nach den Sternen. Sofort unterscheiden Sie sich von den anderen – von Menschen, die nicht beschlossen, ihr Leben zu ändern.

Wie viele Chancen haben Sie noch? Wir sollten das Leben nicht als etwas Selbstverständliches betrachten. Wir meinen, wir seien unverletzlich, und denken, uns stünde soviel Zeit zur Verfügung, wie wir uns nur wünschten.

Das ist leider ein Irrtum.

Im letzten Jahr meiner aktiven Footballzeit war ich Abwehrspieler. Als ich mir beim fünften Spiel den linken Arm brach, war ich verzweifelt und konnte es nicht fassen.

Vor diesem Unfall glaubte ich, jene Freitagabende gingen unendlich weiter. Plötzlich war es aus mit meiner Laufbahn. Ich hatte keine weiteren Aussichten mehr. Noch schlimmer war die Tatsache, daß die Mannschaft auch ohne mich weiterspielte und gewann.

Wie viele Chancen bieten sich Ihnen noch, um Erfolg zu haben? Ich bin davon überzeugt, daß jeder mehr als eine Chance hat, aber um *wie viele mehr*? Wenn Sie es nicht jetzt tun, wie sieht Ihre Zukunft aus? Wenn Sie in fünf Jahren in den Spiegel sehen, sieht Ihre Vergangenheit dann genauso aus wie heute?

Denken Sie lange und viel darüber nach! Laufen Sie nicht davon, sondern nehmen Sie sich vor, jener Mensch zu werden, der Sie eigentlich hätten werden sollen. Brechen Sie auf! Sie müssen nicht alles immer ganz perfekt machen, um zu gewinnen. Sie müssen nur Ihr Bestmögliches tun.

Da Sie nur Ihr Bestmögliches tun können, ist dieses Bestmögliche auch *genug*.

*

## Stimmen zu Art Williams und zu seinem Buch

„Art Williams hat es wieder einmal fertiggebracht! In diesem Buch beweist er sein großes Feingefühl für Menschen und sein Gespür fürs Geschäft, denen er beiden seinen Erfolg verdankt. Meiner Meinung nach ist er reif für einen Ausflug auf den Mond."

*Alan Shepard, Astronaut*

„Mir gefällt dieses Buch von A. L. Williams. Man kommt zu überraschenden Ergebnissen, wenn man sein Bestmögliches gibt. Dieses Buch hat mich wirklich motiviert. Ich meine, es ist großartig!"

*Dr. Norman Vincent Peale*

„‚Tun Sie nur Ihr Bestmögliches', dieses Lebensmotto von Art Williams rührt an *alle* Grundsätze. Es ist nüchtern und praktisch mit einer inspirierenden Botschaft der Hoffnung, basierend auf zeitlosen Grundsätzen und Methoden – ein solider Helfer für jeden, der sich ein besseres Leben wünscht."

*Zig Ziglar*

„Die Erfolgsstory, die in jedermanns Mund ist. Art Williams gibt uns vielleicht einen Vorgeschmack auf die Kapitäne der Industrie im 21. Jahrhundert."

*Newsweek*

*„Die Unternehmenskultur bei Williams paßt manchmal eher zu den ‚Washington Redskins' als zu einer Versicherungsgesellschaft. Aber sie motiviert die Truppen."*

*BusinessWeek*

„ … 15 Jahre, nachdem Williams den Kriegen auf dem Footballplatz den Rücken gekehrt hat, sammelt er im ganzen Land ansehnliche Punkte im Lebensversicherungsgeschäft."

*Time*

„Anfänger lernen eine neue Lektion: Man verkauft nicht, man gewinnt."

*Wallstreet Journal*

„Art Williams hat mit einer ungewöhnlichen Mischung von persönlichem Charisma, religiöser Glut und Geschäftsverstand das wachstumsträchtigste Versicherungsimperium der Welt aufgebaut."

*The Philadelphia Inquirer*